Susan Seligson

Brot

Susan Seligson

Brot

Eine Kulturgeschichte für Leib und Seele

Aus dem Englischen
von Holger Wolandt

Claassen

Die Originalausgabe erschien 2002 unter dem Titel
Going with the Grain. A wandering bread lover takes a bite out of life
bei Simon & Schuster, New York.

Der Claassen Verlag ist ein Verlag
des Verlagshauses Ullstein Heyne List GmbH & Co. KG

ISBN 3-546-00343-8

Gesetzt aus der Sabon und Benguiat bei
Franzis print & media GmbH, München
Druck und Bindung: GGP Media, Pößneck
Printed in Germany

Für Howie

INHALT

Einleitung
Heute keine Kostproben

On n'arrête pas le murmure
Du peuple quand il dit:»J'ai faim,
Car c'est le cri de la nature:
Il faut du pain. Il faut du pain.«
CHANSON VON PIERRE DUPONT (1821–1870), DICHTER UND BOHEMIEN

Mein Mann lud einen neuen Bekannten und seine Frau zu uns nach Hause zum Abendessen ein.»Wir haben gehört, Sie schreiben ein Buch über Brot!«, sagten sie begeistert. Mit den Augen suchten sie die Küche ab und rieben sich schon die Bäuche.»Wir haben gehofft, dass es ein paar Kostproben gibt!« Leider waren die einzigen Kostproben, die ich ihnen anbieten konnte, ein paar Probetexte. Ähnliches ist mir in den letzten zwei Jahren häufig widerfahren – Leute erwarten, in ein herrliches Brot beißen zu dürfen, schließlich schreibt diese Frau ja ein Brotbuch. Um die Wahrheit vorweg zu nehmen: Ich bin keine Bäckerin. Ich backe weder Kuchen noch Pies, aber wenn mein Verlangen groß genug ist, hin und wieder mal Plätzchen. Das einzige Brot, das ich zu Hause backe, ist das *Challah*-Brot zu Ehren meiner jüdischen Vorfahren. *Challah*-Brot ist einfach. In den Teig kommen so viele Eier, dass er garantiert aufgeht und kaum etwas schief gehen kann. In Ei getränkt und in der Pfanne gebraten, ist *Challah*-Brot ein Leckerbissen.

Leute, die über Brot schreiben – und es gibt viele, die das wirklich wunderbar können –, sind entweder gelernte Bäcker oder erfahrene Gourmetjournalisten. Keines von beidem ist mein Metier. Meine lebenslange Begeisterung für Brot hat weniger mit Krusten und Krümeln und den Unwägbarkeiten von Sauerteigkulturen zu tun als damit, dass Brot die unterschiedlichen Anschauungen der Menschen widerspiegelt, ihren Alltag und ihre Vergangenheit. Brot fasziniert mich aus vielen Gründen, vor allem aber, weil ich liebend gern neue Orte aufsuche, um zu sehen, wie die Leute dort Geist und Seele zusammenhalten, wie sie sich freuen, trauern und mit Widrigkeiten der Lebens zurechtkommen. Das örtliche Brot gibt uns Einblicke in diese Dinge und in noch vieles mehr. Man muss nur in eine Dorfbäckerei hineinschauen oder bei dem weiblichen Oberhaupt einer großen Familie, das einen Tonherd verwaltet und dafür sorgt, dass alle satt werden.

Zuschauen, zuhören und einatmen – Brot erzählt die wesentlichen Geschichten der Menschheit. Und weil das Verlangen eines Menschen nach seinem gewohnten täglich Brot nicht schwindet, bloß weil er seinen Wohnsitz von Delhi ins Astoria verlegt oder von Amman in die Atlantic Avenue mitten in New York, kann ich mich, sobald ich meine Augen schließe und abbeiße, von dem Brot wie von einer Melodie, einem Geruch oder einem Gesicht in der Menge in die Ferne entführen lassen. So ergeht es mir immer mit Brot. Sie werden mir also nachsehen müssen, dass ich mich nicht selbst an den Herd stelle und backe. Es gibt keine Kostproben.

Brot ist etwas Persönliches. Ohne New York zu verlassen, kann ein Liebhaber schlesisches Kartoffelbrot, südindisches *dosa,* finnisches *rieska,* äthiopisches *injera* und italienische *grissini* zu sich nehmen. Unvergleichlich spiegeln sich Ekel und Entrüstung im Gesicht eines Fremden, der in eine misslungene Imitation seines heimischen Brotes beißt. Ein iranischer Bekannter von mir reist regelmäßig aus dem Norden des Bundesstaats New York an, um Fladenbrote in der Größe von Fußmatten zu kaufen, in die er sein Kebab wickelt. Obwohl seine Familie schon vor Jahren nach Florida umgezogen ist, kehrt mein Freund Peter alljährlich einmal an seinen Geburtsort auf

Long Island zurück, um sich dort mit Bambis Roggenbrot mit Zwiebeln einzudecken. Diesen Vorrat versenkt er dann in seine Tiefkühltruhe, um ein ganzes Jahr davon zu zehren. Ein geschäftstüchtiger Mann aus Cape Cod schlägt aus der Gewohnheit vieler Leute, über den Sommer aufs Land zu ziehen, Kapital und lässt frische Bagels vom legendären H & H auf der Upper West Side Manhattans einfliegen. Als ich zum ersten Mal nach vielen Jahren wieder in ein eiergelbes, echtes Zwiebelbrötchen biss, kam es mir vor, als hätte ich einen geliebten, alten Freund wieder getroffen. Für Leute wie mich, die zur Babyboom-Generation gehören, ruft selbst eine Scheibe Wonder Bread angenehme Kindheitserinnerungen hervor.

Ich bin ausgiebig gereist. Wenn ich die Kultur und den Charakter einer weit entfernten Gegend auf einen Nenner bringen müsste, so würde ich zu diesem Zweck ein Stück Brot wählen. Mehl in allen seinen Erscheinungsformen übt auf mich eine stete Faszination aus. Ein krosses Baguette, eine dicke Scheibe Schwarzbrot, ein rundes Pitabrot, *chapati*, Plätzchen aus der Provinz, Matzen und *lavash* – das sind mir mit die liebsten Dinge. Ob ich einen Berg erklimme oder mich im kühlen Ledersessel eines D-Zugs zurücklehne, immer habe ich die Taschen voller Brot der Region. Denn um etwas über die Mentalität, das Herz und den Gaumen einer anderen Kultur zu erfahren, ist mir das Brot mindestens ebenso wichtig wie die Sprache oder die Währung.

Brot ist eine Art Währung. Welches andere Lebensmittel gibt es in vergleichbarer Vielfalt und mit einer solchen Geschichte? Man überlege sich nur, welch eine Freude, welchen Schmerz und allgemeinen Aufruhr die schlichte Vereinigung von Mehl, Wasser und Salz auslösen können. Während seiner achttausendjährigen Geschichte wurde der Wert von Brot in Hoffnung und Verzweiflung, in Macht und Unterwerfung gemessen. Geistliche halten Predigten darüber, Poeten besingen es, Bettler begehren es und die Massen schreien danach. In seinem Namen wurden Heiligsprechungen vorgenommen. Jedes Jahr im September ehrten die alten Griechen Demeter, die Göttin des Ackerbaus, in einem neuntägigen Fest mit Paraden von Pflügen und Sicheln, die allesamt aus Brotteig geformt waren. Seit die Bewohner des antiken Jericho primitive Brote aus Weizen und Gerste in der Wüstensonne backten, stellt Brot etwas dar, worauf Menschen immer Anrecht hatten. Menschen fügen sich in so manches, aber bei einer Verdreifachung des Brotpreises, ob im heutigen Jordanien oder im Frankreich des 18. Jahrhunderts, ziehen sie in wütenden Horden auf die Straße. Der römische Anwalt Juvenal schrieb im Jahr 110 n. Chr., dass Brot und Spiele die Massen bei Laune halten, und wurde dafür berühmt. Fast zweitausend Jahre später bemerkte Herbert Hoover:»Weltfrieden, das bedeutet Brotfrieden.« Ich weiß nicht, was passiert, wenn die herrschenden Mächte die Spiele verbieten, aber Brotaufstände haben den Lauf der Geschichte beeinflusst. Im London des 18. Jahrhunderts plünderten Aufständische Getreidelager. Während der »Mehlkriege«, die um 1770 in Frankreich stattfanden, bemächtigten sich die Leute der Schiffsladungen von verladenem Getreide und warfen die Getreidehändler ins Wasser. Dieser angeblich geheime *pacte de famine* der Getreideexporteure kam zu einer Zeit zustande, als alle glaubten, die Adligen puderten ihre Perücken und Gesichter mit Mehl, und führte zum Sturm auf die Bastille. Obwohl die Mehrheit der Angreifer Äxte und Musketen schwang, hielten einige auch Kornähren in der Hand, so behaupten es zumindest die Historiker.

Brot ist beseelt. Hindus opfern in ihren Tempeln den Göttern Brot. Moslems legen Brot auf die Gräber ihrer lieben Verstorbenen. Die Indianer schmücken sich zum Erntetanz mit besonderen Broten. Juden sprechen den Sabbatsegen über dem Brot und meiden beim Passahfest gesäuertes Brot. Beim Abendmahl nahm Jesus ein Stück ungesäuertes Brot und erklärte seinen Jüngern, dieses Brot sei zu seinem Leib geworden, was genau er damit meinte, wird in alle Ewigkeit umstritten bleiben. Sowohl Moslems als auch Hindus halten es für gotteslästerlich, Brot mit dem Messer zu schneiden. In verschiedenen Kulturen backt man Münzen ins Brot ein zum Dank an die Erde für ihre Gabe, das Getreide. In Usbekistan beißt das Familienmitglied, das sich auf eine lange Reise begibt oder zum Militär eingezogen wird, von einem frischen *Non*-Brot ab, das dann an einen Haken gehängt wird, bis der Reisende heil zurückgekehrt ist. Das feiert er dann, indem er dieses Brot mit seinen Freunden teilt.

Auf meiner schamlos von meinen Launen bestimmten Reise wurde ich in diese uralten Rituale eingeweiht und vom Heiligen zum Profanen katapultiert. Im rostfreien Räderwerk der Wonder Bread-Fabrik nahm mein Führer, um mir ein Detail zu erklären, ab und zu ein Brot vom Fließband, das er anschließend in den Müll warf. Eine Woche später nahm ein Müller in Südirland, der mir den Mahlvorgang erklärte, nicht mehr als einen Esslöffel Getreidekörner aus der Trommel und legte danach jedes einzelne sorgfältig wieder zurück.

Brot ist etwas Grundlegendes. Jonathan Swifts *Tägliches Brot* ist gleichbedeutend mit Überleben. Vom Schiffszwieback der kanadischen Seeleute bis zum Pitabrot der Sahara-Nomaden spiegelt Brot die Anpassungsfähigkeit und Phantasie der Menschen wider. Ehe die Grenzen der Welt verschwammen und auf allen Kontinenten die globalen Nike- und Coca-Cola-Flaggen gehisst wurden, war Brot eine lokale Erscheinung, die einzig und allein von dem bestimmt wurde, was das Land hergab. In guten Zeiten im Überfluss vorhanden und in schlechten gerade zum Überleben reichend, wird Brot aus dem Mehl von Weizen, Mais, Linsen, Gerste, Roggen, Reis oder Maniok geboren. Über Jahrhunderte hinweg gelang es auch den allerärmsten Frauen mithilfe von Schmalz, Wasser und allem, was sich trocknen und mahlen ließ, wenn nichts anderes, so doch Brot auf den Tisch zu bringen. Getreidemehl wurde mit fein gemahlenen Kastanien oder Haselnüssen gestreckt, und das fand solchen Anklang, dass die Franzosen diese Sitte bis heute beibehalten haben. Jahrhundertlang haben sich die Hungrigen auch mit Traubenkernen, Baumrinde, Ton, Stroh und Menschenknochen beholfen. Keine dieser Methoden blieb bis in unsere Zeit erhalten.

Bereits von Anfang an gab es unterschiedliches Brot. Weizen ist natürlich das edelste Getreide. In Amerika wurde erst 1621 der erste Weizen erfolgreich angebaut. Den Jameston-Siedlern gelang etwas, woran Kolumbus gescheitert war. Weizen will gehätschelt werden, Hafer überlebt sogar noch auf kargem, felsigem Boden. Der europäische Adel schlug sich mit reinem Weizenbrot den Bauch voll, während die Mittellosen auf grobem Brot aus Roggen, Hirse oder was sich sonst noch als Ersatz bot, herumkauten. Die alten Römer benannten ihr Brot nach dem Getreide und danach, wie gut dieses gemahlen war. In seiner wunderbaren *Geschichte des Brots* schreibt Bernard Dupaigne, dass grobes Brot aus verschiedenen Getreidesorten, das die Sklaven und die ärmsten Bauern aßen, *panis sordidus* hieß und aus Vollkornmehl und Kleie bestand. *Panis plebeius* war aus grob gesiebtem Mehl und Mühlenabfall gemacht. Die etwas Bessergestellten genossen das aus Weizenmehl minderer Qualität bereitete *panis secundarius*. Das Luxusbrot der Edelleute, *panis palatius*, war am weißesten und beim Abbeißen am weichsten.

Als die industrielle Revolution die Veränderung vom hausgemachten Brot zum Bäckereibrot einleitete, galt dieser Trend anfänglich als skandalös. Was für einen Unfug würden fortan die Frauen anstellen, die die Hände jetzt frei für anderes hatten? Den Bäckern war ebenfalls nicht zu trauen, sie manipulierten die Waagen und versetzten das Mehl mit Alaun und Schlimmerem. Die schnelle Entwicklung der Mühlentechnik hatte auch ästhetisch ihren Preis. »Was für einen seltsamen, zufälligen Weg die Geschichte der Menschheit doch nimmt«, schreibt H. E. Jacob in seinem weitschweifigen Opus *Sechstausend Jahre Brot.* »Die technologische Krise des Mittelalters brachte es mit sich, dass die Menschen Steinsplitter im Mehl aßen. Der technische Fortschritt unseres industriellen Zeitalters hat Mahlwerke hervorgebracht, die so exakt sind, dass sie die lebendige Kraft unseres Mehls vernichten.«

Jacob schrieb diese Worte in den frühen vierziger Jahren des 20. Jahrhunderts. Die Rückkehr des *panis sordidus* auf die amerikanische Tafel hatte ihn ermutigt. Trotz der universalen Verfügbarkeit von billigem, im Übermaß konserviertem Ersatz sind die hausgemachten, althergebrachten Brotsorten nicht verschwunden, wie Jacob es möglicherweise erwartet hatte. Diese Brotsorten entspringen einer Tradition, die sich weder globalisieren noch auflösen lässt. Da sie den Verfall des für sie so typischen Baguettes zu beklagen hatten, dem ein ähnliches Schicksal drohte wie dem echten New Yorker Bagel, verfielen die Franzosen darauf, Gesetze zu erlassen, die die Bäcker dazu verpflichten, den *haute standard du pain* aufrechtzuerhalten. Hier in den USA haben Wohlstand und Gesundheitsbewusstsein zu einer neuen Leidenschaft für Brot geführt, das nicht aus der Fabrik kommt. Heutzutage verwenden Gourmets und Anhänger des »slow food« vorzugsweise grob gemahlenes Mehl und Holzöfen. Bereitwillig zahlen sie drei Dollar für ein rundes, toskanisches Bauernbrot. In den Regalen der Supermärkte findet man mittlerweile mehr schweres, nussiges Brot – oder was sich dafür ausgibt – als gewöhnliches Weißbrot. Seit der Zeit von Sylvester Graham, dem Temperenzler, der in seiner *Abhandlung über das Brot und das Brotbacken* gegen nährstofffreies Auszugsmehl wetterte, waren sich die Amerikaner nicht mehr so der Vorzüge gesunden Brots bewusst. Ungeachtet der Bemühungen von Dr. Atkins und seinen Schülern, Kohlenhydrate zu dämonisieren, entdecken wir Brot und die Vielseitigkeit des Getreides – alles das, was eben so im Mehl steckt – aufs Neue.

Meine Odyssee führte mich in Bäckereien, zu Menschen nach Hause und auf einer Exkursion sogar in ein Zelt zu einer Familie, die das Brotbacken fast wie eine religiöse Handlung vollzieht. Für Michael London aus Saratoga Springs im Bundesstaat New York sind Brot und Feuer beseelt. Er vergleicht sein im Holzofen gebackenes Brot mit einem guten Wein. Dann ist da der Pariser Bäcker Max Poilâne, der unbekannte Bruder des weltberühmten Lionel. In der Welt des Brotes ist Lionels *Pain Poilâne* Gucci, Hermès und Chanel in einem. Aber Max ist genauso sehr Dichter und Philosoph wie Bäcker.

Zufrieden mit seiner kleinen Eckbäckerei, frotzelt er mit seiner Stammkundschaft. In einem Zelt in dem jordanischen Wüstendorf Wadi Musa kniete ich neben einer Beduinenfrau namens Fatima, die ihr Fladenbrot in einer Grube mit glühender Asche backte. Ich begegnete Menschen, deren Leidenschaft das Brot ist und die wunderbare Lehrmeister sind, beispielsweise dem sanftmütigen Tim Allen im irischen Shanagarry und dem Biologen Ed Wood in Idaho, Experte für wilde Hefe und meisterhafter Bäcker, der exotische Sauerteigkulturen sammelt und vertreibt. Ich traf noch viele andere, die an exotischen Orten in Indien und Marokko, aber auch in der vertrauten amerikanischen Provinz, etwa in Blodgett, Oregon, oder Huntsville, Alabama, ihr Brot und ihre Weisheit mit mir teilten.

Meine Reise bestätigte mir, was ich immer schon geglaubt habe und seinen treffendsten Ausdruck in dem arabischen Wort *aysh* findet. Denn es steht gleichermaßen für Brot und Leben.

Das Brotgeheimnis
Fes, Marokko

Am Wichtigsten ist es, das Brot zu verstehen: Es bildet die Grundlage der
Spekulation, die Nahrung aller Theorien darüber, was als nächstes
geschehen wird.
HILARY MANTEL, *A PLACE OF GREATER SAFETY*

Im Namen Allahs, gib mir Brot.
BETTLER AUF DER STRASSE VON FES, MAROKKO

Mein Mann und ich verbrachten Weihnachten 1997 in
Marokko. Jahrelang hatte ich Howie damit in den Ohren gelegen, ich wolle über die Feiertage in ein islamisches Land flüchten, irgendwohin, wo selbst die Hunde nicht »Jingle Bells«
kläfften und wo man nicht überall auf die Worte »ultimative
Geschenkidee« stieß. Wir nahmen in der nördlichen, ehemaligen Kaiserstadt Fes Quartier, die wir bereits ein Jahr zuvor
besucht hatten. Diese chaotische, uralte Metropole hatte uns
beide in ihren Bann gezogen, und wir hatten es bedauert, sie
viel zu schnell wieder verlassen zu müssen. Außerdem hatte
ich dort noch etwas zu erledigen. Ich wollte hinter das Brot-
geheimnis kommen.

Man schlendert nicht unbekümmert in die Medina von Fes,
die aus dem 9. Jahrhundert stammt. Wer die Tore der Altstadt
Fes el-Bali durchschreitet, wird gleichsam von einem reißenden Strom erfasst und weitergetrieben. Man holt tief Luft und
liefert sich der Strömung aus. Wie seltsam, dachte ich, dass
dieses Abenteuer den Leuten aus Fes so alltäglich erscheinen

17

muss wie mir die Malls, die Einkaufszentren der amerikanischen Vorstadt. Es kam mir undenkbar vor, dass jemand, auch wenn er sein Leben lang nichts anderes gekannt hat, von den tanzenden Farben, den durchdringenden Gerüchen und der Beharrlichkeit dieses von allen Seiten auf einen einstürmenden Schauspiels nicht aufgerüttelt würde. Aus bereits sehr traditioneller Umgebung betreten Howie und ich über eine Schwelle aus Pflastersteinen die Antike, und würzige, süßliche Gerüche stürmen auf uns ein. Frittieröl, Jasmin, Orangenblüten, Moschus und schmutzverkrustete Packesel. Für gewöhnlich reagiere ich auf vieles allergisch, hier jedoch muss ich nicht ein einziges Mal niesen. Als seien alle meine Reizempfänger bereits überlastet.

Im allgemeinen Lärm mache ich die zeitlosen Rufe der Marktschreier aus. Der gemeinsame Nenner ist Brot, das von allen gebraucht und unentwegt hergestellt wird. Jeder neue Tag bringt etwa einen frischen Laib für jeden Einwohner der Altstadt mit sich. In Säcken, auf Karren, auf dem Kopf getragen oder von frechen Kleinkindern unsicher herumbalanciert, kreuzen die fast identischen marokkanischen runden Brote die schmalen Gassen wie Pakete der Federal Express die Seventh Avenue.

In den Bäckereien der Medina gibt es kein Brot zu kaufen. Ihr Geschäft besteht darin, die hausgemachten Brote in riesige, mit Holz befeuerte Öfen zu schieben, aus dem sich die Kunden ihr frisch gebackenes Brot, jedes wie ein duftendes Kissen, dann selbst herausholen. Wenn die typische Familie aus Fes Stücke von dem Grießmehlbrot abreißt und in die nach Zitronen schmeckende Sauce der abendlichen Tagine oder in den Topf mit geschmortem Gemüse taucht, haben die Brote eine Rundreise hinter sich, die auf einem System beruht, das nichts mit Listen und Zahlen zu tun hat, sondern mit beharrlicher Aufmerksamkeit, einem kurzen Nicken in die richtige Richtung und reinem Glauben. Nur wenige Worte werden gewechselt, nichts wird aufgeschrieben. Niemand, mit dem ich sprach, befand es für nötig, irgendetwas an diesem System zu ändern.

Mein Fluggepäck ist schon in Städte geraten, die ich nie besucht habe, mein Fotogeschäft hat mir Schnappschüsse einer Grillparty von Fremden geschickt, und ich habe einmal einen kompletten Satz Kleider in der Trockenreinigung verloren. Aber in Fes wäre es undenkbar, dass ein Bäcker auch nur ein einziges Brot an die falsche Person aushändigt. Wie ist das möglich?

Der günstigste Zeitpunkt, um mir einen Reim auf diese scheinbare Verschwörung ums Brot zu machen, scheint mir der Morgen zu sein. In Begleitung eines mürrischen jungen Dolmetschers vom Arabischen Institut namens Karim beobachte ich von einem Café am Nejjarine-Platz, in der Nähe des Henna-Suks, den Brothandel. Der Besitzer bringt mir einen wackeligen Tisch aus einer Kabeltrommel mit Platte, den ich neben einen von Schnitzereien aus Zedernholz umrahmten Mosaikbrunnen ziehe. Auf dem autofreien Platz spielen ein paar Kinder Fangen. Ein kleines Mädchen trägt ein Brett mit zwei ungebackenen Broten darauf. Nur mit Mühe gelingt es ihr den Teig vor den herumhüpfenden, kichernden Kindern in Sicherheit zu bringen und davor zu bewahren, auf die schmutzigen Steine zu fallen.

Rasch trinke ich meinen zweiten Espresso und stürze los, um zu Karims Ärger die Verfolgung dieser Brotbretter aufzunehmen. Karim, der in der Medina zu Hause ist, weiß, dass meine Bemühungen fruchtlos sind. Scheinbar aus dem Nichts tauchen die Brote auf und schweben auf einem senkrecht in die Luft gestreckten Arm über der Menge. Sie kommen aus düsteren Gassen oder aus den diskreten Türen herrschaftlicher Häuser. Der Reichtum ihrer Bewohner ist nur an den ausgesuchten bunten Kacheln, den *zellijes*, abzulesen. Ebenso schnell verschwinden die Träger wieder in dunklen Treppenhäusern oder den schattigen Nischen der fensterlosen Fassaden, hinter denen sich die ungezählten, labyrinthähnlichen Welten der privaten Innenhöfe und sonnenbeschienenen Dächer erahnen lassen. Im Winter sind die Gesichter der Männer der Medina nur als Schatten unter den spitzen Kapuzen ihrer wollenen Umhänge auszumachen. Dies verleiht jeder ihrer Bewegungen etwas

Verschwörerisches. Sie eilen hin und her, als spielten sie Räuber und Gendarm.

In dieser Welt hat ein beiläufiger Besucher nichts zu suchen. Sie verspottet ihn regelrecht. Dennoch gelang es mir, von einem strategisch günstig gelegenen Café auf einem der Dächer aus einiges zu beobachten. Ich sah die zum Trocknen aufgehängte bonbonfarbene Wäsche und den Rauch, der von riesigen Kesseln, die an die Hexen aus *Macbeth* gemahnten, in den Himmel aufstieg. Frauen beugten sich über Waschschüsseln, und Männer lagen im Gebet auf den Knien. Hinter den hohen Mauern, die die Straßen und Gassen der Medina begrenzen, liegen die Harems von heute, die die Frauen nur kurz für Besorgungen verlassen oder für einen Ausflug ins *hamam*, das öffentliche Badehaus. Für Mädchen in der Pubertät und ruhelose junge Ehefrauen stellen ein paar ungebackene runde Brote, die auf der Schulter getragen werden, eine willkommene Entschuldigung dar, sich etwas in der Öffentlichkeit herumzutreiben. Die Sehnsüchte junger Mädchen einmal außer Acht gelassen, warum wird das Brot nicht zu Hause gebacken? Das ist in der alten Stadt nicht möglich, hier gebe es keine richtigen Öfen, erklärt mir Karim. Seine Mutter hingegen, die in der *nouvelle ville* wohne, backe ihr Brot selbst. Neben den Löchern in einem gefliesten Herd verfügen die Haushalte in Fes nur über einen *kanoun*, ein frei stehendes Kohlebecken für Holzkohle, das aus in der Sonne getrocknetem Ton besteht. Hier sieden Saucen, Couscous und Tagines über den glühenden Kohlen. Brot zu kaufen ist fast ein Frevel. Allerdings servieren die Cafés und Läden der *nouvelle ville* Croissants und Baguettes, wie das bei dem Namen auch gar nicht anders zu erwarten ist, aber die lebhaften, ursprünglich vom Land kommenden Leute, die Fes el-Bali bevölkern, betrachten diese französischen Hauptnahrungsmittel als minderwertig. Marokko ist seit 1956 unabhängig. Für kulturelle Puristen ist das Croissant, das stellvertretend für die gesamte Yuppie-Küche der *nouvelle ville* steht, ein Affront gegen das präkoloniale, echte Marokko, ungeachtet dessen, ob es sich dabei um das Marokko der Araber oder jenes der Berber handelt. Warum, fragen sie sich, sollte auch jemand Brot kaufen, wo er sich doch des fast fehlerfreien kommunalen Backsystems bedienen kann, das heute noch genauso gut funktioniert wie zur Zeit von Moses.

Allmorgendlich bereiten ausnahmslos alle Frauen der Medina einen Brotteig zu. Sie kneten den Teig in einer *gsaa*, einer runden Schüssel, so groß wie ein Kaffeehaustisch, einem lokalen Produkt aus unglasiertem, gebranntem Ton oder aus Eichen-, Oliven- oder Walnussholz. Jeden Tag werden mehrere Laibe des schlichten, *ksra* genannten Brotes zubereitet. In einer typischen bürgerlichen Familie in Fes gilt es dreißig oder mehr Leute satt zu bekommen. Arbeiter, die nicht zu einem ordentlichen Mittagessen nach Hause kommen können, nehmen ein großes Stück Brot mit, das sie um die Mittagszeit zusammen mit ein paar Oliven und Sauermilch essen.

»Warum ist Ihnen Brot so wichtig?«, meckert der sorgfältig europäisch gekleidete Karim, als wir unsere dritte Espressopause in einem Straßencafé beim Bab al-Jaloud einlegen. Meine Erklärung lautet folgendermaßen: Seit achttausend Jahren backen die Leute Brot, und Fes stellt so etwas Ungewöhnliches wie ein lebendes Museum des letzten Jahrtausends dar. Hier wird die Gesellschaft von Brot zusammengehalten. Brot ist die Währung aller zwischenmenschlichen Verhältnisse. Moslems legen Brot – *xoobz* – und nicht Blumen oder Steine auf die Gräber ihrer Toten. Brot stellt die traditionelle Speise im heiligen Monat Ramadan dar. Vor unseren Augen mühen sich die Nachfahren dieser unendlichen Reihe von Bäckern und Müllern, die in ein Gewerbe hineingeboren wurden, das man wahrscheinlich als das zweitälteste der Welt bezeichnen darf. Hier beherbergt ein Weizenkorn die ganze Welt. Ich habe seine Frage beantwortet, aber Karim findet, dass wir an diesem Tag genug Bäckern hinterhergerannt sind und winkt ein Taxi herbei.

Karim führt mich in das elegante Café Aswan in der *nouvelle ville*. Im Halbkreis aufgestellt, wenden sich die Tische dem belebten Boulevard Mohammed V zu und ziehen mit magnetischer Regelmäßigkeit die Kundschaft an. Natürlich könnte ich hier verweilen, Mandelgebäck knabbern und vornehmen Arabern dabei zusehen, wie sie in ihre Handys flüstern. Aber jede Minute, die ich hier verbringe, trennt mich von dem Geschehen, das sich in der Medina entfaltet. Ich kann es nicht ertragen, nicht dort zu sein. Ich habe auf schneebedeckten Gipfeln in den Alpen und an den felsigen Küsten der Ozeane gestanden, habe Regenwälder durchquert und bin durch Delfinschwärme gepaddelt, aber nichts kann mich so faszinieren wie die Menschenmassen eines Basars. Und der Basar von Fes el-Bali ist einfach nicht zu übertreffen.

Die Bäckereien sind großzügig und gleichmäßig über die Altstadt verteilt. Ich vermute, dass ich sie allein schon mithilfe meiner Nase aufspüren könnte, aber ich würde niemals zurückfinden. Ausländer betreten die Medina nicht ohne Begleitung. Das ist nun einmal so. Es gibt keine verlässlichen Karten über dieses Gewirr von Straßen und Gassen, aus dem Fes el-Bali besteht. Es wurde 809 von Monlay Idriss II., einem Angehörigen der ersten arabischen Dynastie Marokkos gegründet. (Die Karaouine – El Qarawin – ist eine der ältesten Universitäten der Welt und der Stolz von Fes.) Seit dem 9. Jahrhundert ist die Medina fortwährend bewohnt. Aber niemand kam je auf die Idee, die Straßen zu benennen oder auch nur einen richtigen Stadtplan zu zeichnen. »Unsere Medina-Straßen waren eng, dunkel und verschlungen – sie hatten so viele Kurven, dass sie sich nicht mit Autos befahren ließen, und Ausländer fanden nie wieder aus ihnen heraus, falls sie sich überhaupt dort hineinwagten«, schreibt die in Fes geborene Fatima Mernissi in *Der Harem in uns,* ihren Erinnerungen an eine Kindheit im Harem. »Das war der eigentliche Grund, warum die Franzosen eine eigene Stadt bauen mussten; sie hatten Angst in der unsrigen zu leben.« Die jahrhundertealte Weigerung der Medina, sich der Bequemlichkeit ihrer Besucher anzupassen, trägt zu ihrer Unwiderstehlichkeit bei. In einer Zeit, in der die Analytiker von Daten in jedem Winkel herumwühlen, freut es mich, dass es immer noch Plätze gibt, die sich ihnen entziehen.

Aber es ist auch frustrierend. Ich sehne mich danach, alleine loszuziehen, mich zu verlaufen, meinen Weg wiederzufinden und mich wieder zu verlaufen, so wie ich das schon in Venedig oder Kalkutta getan habe. Niemand weiß, wie viele Menschen in der Medina wohnen, die von der UNESCO auf die Liste des Weltkulturerbes gesetzt wurde, eine Ehre, die sie mit der Altstadt von Jerusalem teilt. Die alten arabischen Bewohner von Fes sterben aus, und ihre Kinder und Enkel ziehen in die *nouvelle ville* um. Gleichzeitig kommt ein Strom von Berbern, die etwa die Hälfte der Bevölkerung Marokkos stellen, aus den umgebenden Bergen. Früher ausschließlich ein ländliches Stammesvolk haben die Berber im heutigen Marokko eine ähnliche Stellung wie die Indianer in Nordamerika. Sie sind keine Araber und dominierten vor der arabischen Eroberung im 7. Jahrhundert den gesamten Nordwesten Afrikas. Die meisten Berber sprechen marokkanisches Arabisch und außerdem eine von dreihundert Varianten der Berbersprache, die fast nur in gesprochener Form existiert. Ich verliebe mich in ihre bunten Gewänder und ihren auffälligen Kopfputz. Sie sehen alle aus, als brächten sie Weihrauch, Süßholz und Myrrhe, und auf viele trifft das auch zu. Aus der Wüste und dem zerklüfteten Hochland brachten die Berber eine Vielzahl ungesäuerter Brotsorten mit einschließlich einer Art Fladenbrot, das im heißen Wüstensand vergraben gebacken wird. An den arabischen Brotständen der Medina ziehen die Berberfrauen den dünnen Teig über eine heiße Kugel. »Nur Berber wissen, wie man den Teig so verarbeitet«, sagt einer der Besitzer zu mir und deutet auf eine dunkelhäutige Frau mit ledriger Haut.

Wie ein Bienenstock, der in ständiger Bewegung ist, beherbergt die Medina 100 000 bis 300 000 Menschen: je nach Laune der *guides,* der staatlich autorisierten Führer, die mit weißen Gewändern und Fez vor den Hotels von Fes herumlungern. Diese teils passiven, teils aggressiven Unternehmer haben eines gemeinsam: ihren Erfindungsreichtum. Als Howie und ich in der Medina in einem Laden für Judaica herumstöbern, erklärte unser Führer Benani, dass jede der sieben Kerzen der Menora ein Mitglied der Familie repräsentiere. »Haben Sie eine große Familie, braucht es mehr Kerzen«, meint er. Howie und ich nicken müde, wir sind beide nicht in der Stimmung, ihm den eigentlichen Zusammenhang zu erläutern. Außerdem sind wir in diesen Fragen nicht ganz sattelfest. Es ist noch gar nicht lange her, dass ich »Makkabäer« für eine Plätzchensorte gehalten habe.

Trotzdem wäre *d'aller sans guide* ein riskantes Unternehmen gewesen. Auch wenn wir den Orientierungssinn der Urbevölkerung besessen hätten und nicht allen identisch aussehenden und sich windenden Straßen der Medina auf den Leim gegangen wären, ist ein autorisierter Führer das einzige Mittel, sich alle Möchtegernführer, die so genannten *les faux guides,* vom Leib zu halten. Falschen Fremdenführern soll man genauso aus dem Weg gehen wie falschen Propheten, da sie einem schließlich nur Ärger einbringen. Die offiziellen Führer lassen sich leicht ausmachen, sie sind an ihren operntauglichen Kostümen und an den laminierten Ausweisen, die sie um den Hals hängen haben, zu erkennen. Aber *les faux guides* können alles sein, Möchtegernführer (viele der offiziellen Fremdenführer haben einmal so angefangen), Leute, die nur auf Geld aus sind, oder auch allgemein geschmähte *fumeurs de hashish.* Fast überall stehen präpubertäre, zerlumpte Jungen herum, die einen ihrer Körpergröße angemessenen *petit* Preis fordern und sich fast nicht abschütteln lassen. Sie umschwirren einen beharrlich wie Moskitos, bis man sie entweder anheuert, was auf dasselbe hinausläuft, wie sie zu adoptieren, oder so schnell wie möglich den Rückzug ins Sanctum des Hotels antritt. Nichts amüsiert einen offiziellen Fremdenführer, dessen Dienste ein Unwissender ausgeschlagen hat, mehr, als zuzuschauen, wie dieser von einem *faux guide,* egal welchen Alters, belästigt wird.

Innerhalb des unverkennbaren Irrsinns der Medina gibt es ein erstaunliches Maß an Ordnung. Ihr verwirrendes Durcheinander ist in Wirklichkeit ein Mosaik aus klar gegeneinander abgegrenzten Bezirken, jeder mit einer Moschee, einer Koranschule, einem Brunnen, einem *hamam,* und natürlich mit einer Bäckerei. Ein Führer schätzte die Zahl dieser Bezirke zurückhaltend auf einhundertfünfzig, ein anderer meinte, es seien achthundert, aber die meisten Quellen halten die niedrigere Zahl für richtig. In jedem dieser Bezirke wird ein besonderes Handwerk gepflegt oder ein besonderer Handel getrieben. Ich vermute, dass ich mich irgendwann einmal so orientieren könnte: Von den Färbern zu den Schnitzern weiter zu den Kupferschmieden, Müllern, dem Gold- und Silber-Suk, zum Henna-Suk in den Bezirk mit den Textilien, in dem sich die Weber wie schon vor Jahrhunderten abrackern. Und immer sind in der Ferne die Berge zu sehen, das Minarett der großen Moschee und die Wälle der bescheidenen Zweitwohnung des Königs, einem Palast auf zweiundachzig Morgen Grund am Rand von Fes el-Jedid, dem andalusischen Viertel, in dem einmal Tausende von Juden zu Hause waren, die man aus Spanien vertrieben hatte. Dort gibt es immer noch eine Synagoge und einen gepflegten jüdischen Friedhof.

Das gemeinschaftliche Bäckereiensystem der Medina ist perfekt mit den Arbeiten zu Hause abgestimmt, die von einer Armee von Köchinnen ausgeführt werden. In jedem Haushalt in der Medina widmen die Frauen, Töchter oder das Hauspersonal einen Teil des Tages dem Kneten des Brotteiges, der frisch gebacken zu jedem Abendessen verzehrt wird. Dieses Unterfangen gleicht jedoch nicht dem entspannenden Ritual naturverbundener Mütter aus Vermont oder der Besitzer von Williams Sonoma Brotbackmaschinen. Wie alles, was die Küche von Fes betrifft, handelt es sich um eine arbeitsintensive Angelegenheit. Viele Familien kaufen ihren Weizen säckeweise an den schmalen Ständen des Medina-Markts und tragen ihn nach Hause. Dort wird er verlesen, gewaschen und auf den sonnigen Terrassen und Dächern getrocknet. Danach wird der Weizen zu den örtlichen Müllern geschafft, die ihn zu vier verschiedenen Mehlsorten mahlen, die alle eine spezielle Anwendung haben. Howie und ich beobachten gebannt an den Ständen der Müller, wie unter dem Mühlstein gröberes und feineres Mehl hervorrieselte. Diesem Schauspiel hatten wir bisher erst in Vergnügungsparks in Neuengland beigewohnt, in denen die gute alte Zeit heraufbeschworen wird. Aus dem gewaschenen und gesichteten Vollkornweizen wird ein weiches, reines Mehl für Brot und ein weißer Grieß für Couscous gewonnen. Grober goldener Grieß wird aus Kleie, der Hülle des Weizenkorns, gemahlen. Die Kleie wird nicht in Muffins verwandelt, sondern an den Maulesel verfüttert. Mit Ausnahme dessen, was als Staub verfliegt, wird nicht einmal das kleinste Körnchen vergeudet.

In einer Kultur, in der allen die Erinnerung an Entbehrung und Hunger im Blut liegt, ist Brot die gesegnete Nahrung. Wie für die Juden ist für die Moslems Brot ein Geschenk und eine Segnung. Selbst dem Kneten des Teigs in der riesigen *gsaa* geht eine Anrufung Allahs voraus.

Manche Bäckereien teilen ihre riesigen Öfen mit dem *hamam*. Wer das innere Heiligtum einer Medina-Bäckerei betritt, die meisten von ihnen liegen unter Straßenniveau, hat das Gefühl, in eine antike, wohldurchdachte Welt hinabzusteigen. In diesen Bäckereien werden Hunderte identischer runder Grießlaibe, jeder so groß wie ein Essteller, rasch auf einem Tisch neben dem Eingang für den Bäcker oder seinen Gehilfen abgelegt. Nach dem Backen holt ein Mitglied, ein Freund oder ein Bediensteter der Familie die Brote ab, die dann beim Abendessen in die *harira* (Suppe) getaucht werden. Nichts wird dabei aufgeschrieben, nur wenige Worte werden gewechselt, und nichts wird etikettiert.

Widerstrebend lässt mich Karim gewähren, und wir ziehen von einer Bäckerei in die nächste. Meine Rechercheversuche erinnern an den Komiker Sid Caesar. Ich stelle eine einfache Frage, worauf Karim die Augen verdreht und eine längere Auslassung beginnt, bei der der Bäcker ebenfalls die Augen verdreht. Der Bäcker lässt sich zu einer ausführlichen Antwort herab, die mir Karim mit maximal vier Wörtern übersetzt. Bald wird die gesamte Altstadt über mich lachen. Später an diesem Tag, als ich Karim kündige, gibt er anfänglich vor, erstaunt zu sein, ist aber eindeutig erleichtert. Glücklicherweise habe ich ein paar andere Namen von einem Bekannten beim Marokkanischen Fremdenverkehrsamt in New York erhalten. Ich wünschte jetzt, mein Arabisch würde sich nicht auf »Hallo«, »Bitte«, »Danke«, »Ich hätte gern ein Glas Wasser« und »Gott ist groß« beschränken.

Von unserem Hotel aus rufe ich Brahmin Snikah an, den Mann, so hoffe ich, der Karim ersetzen wird. Der autorisierte Fremdenführer, Mitte dreißig, ist der Freund eines Freundes eines hilfsbereiten Mannes von der marokkanischen Botschaft in Washington. Als ich ihn endlich an den Apparat bekomme, ist er gerade von seinem Spanienurlaub zurückgekehrt. Er willigt ein, auf informelle Art für mich zu dolmetschen. Wir sind für den nächsten Morgen verabredet, da er uns aber ohne Wissen anderer beistehen will, müssen wir zunächst ein Café in der *nouvelle ville* aufsuchen, um von dort aus auf Schleichwegen, möglichst weit entfernt vom Palais Jamais und der Bande missgünstiger *guides officiel*, in die Medina zu gelangen.

Häufig kehren Touristen mit fürchterlichen Geschichten über Marokko heim, die aber nie auf Fes zuzutreffen scheinen. Vielleicht erleben zu viele Ausländer einfach nur die Hafenstadt Tanger. Sie kommen mit der Fähre aus Spanien und gehen die Gangway entlang wie Lämmer auf dem Weg zur Schlachtbank. Tanger ist der Inbegriff all dessen, was empfindliche Reisende fürchten. Es ist schmutzig, voller Räuber, laut, und alles dort scheint sich gegen einen verschworen zu haben. Dennoch ist es sauberer und nicht gefährlicher als viele Stadtteile von New York. Marokko ist in der Tat eines der saubersten Länder, das ich je besucht habe. Marokkanische Flugplätze und Bahnhöfe sind blitzsauber. Dauernd werden sie gefegt und die Böden poliert. Ein Papierfetzen auf einem marokkanischen Bahnsteig wirkt so deplatziert wie eine Fliege in einem OP-Saal. In der Medina tauchen bei Sonnenaufgang scharenweise Straßenfeger auf, die von den feuchten Gassen und Marktstraßen Zigarettenkippen, Mist und die Abfälle der Obst- und Gemüsestände aufsammeln. Okay, eine Menge davon schmeißen sie einfach in ein flaches, widerliches Gewässer, den Fluss von Fes. Der Führer hatte uns dorthin gebracht, seinen Arm ausgestreckt und stolz verkündet: »Oued Fes.« Howie verweilte etwas, um eine Skizze zu zeichnen, und ich musste mich beinahe übergeben.

Aber der Gestank von Marokko, dort, wo man ihn ausnahmsweise einmal wahrnimmt, hat nichts mit den Schwefelgerüchen der Schwerindustrie zu tun. Marokko ist geringfügig größer als Kalifornien und ein Land der Bauern und Handwerker. Es ist führend in der Produktion von Rohr- und Rübenzucker und exportiert Weizen, Tomaten, Kartoffeln, Apfelsinen, Melonen, Oliven, Weintrauben und Datteln. Seine drei Gebirgsketten und fruchtbaren Täler beherbergen etwa siebzehn Millionen Schafe, fast sechs Millionen Ziegen und dreieinhalb Millionen Rinder. Beharrlich und mit gewissem Erfolg produziert das Land Waren, die zum Verzehr bestimmt sind, mit denen man sich kleiden oder die man an die Wand hängen kann oder die anderweitig nützlich sind. Und das Zentrum des traditionellen Kunsthandwerks liegt in der blauen Stadt Fes.

Ich bitte Nadjia, die Sekretärin des Arabischen Instituts, mit mir einkaufen zu gehen. Sie wuchs in der Medina auf und spricht fließend Englisch und Französisch. Sie will mich auf den Goldmarkt mitnehmen, auf dem ich einen kleinen islamischen Talisman kaufen will, die Hand der Fatima, die überall zu sehen ist. Die allseits verehrte Lieblingstochter Mohammeds verkleidete sich als Mann, um Kriegerin zu werden.

Durch die Marktstraßen der Medina zu gehen ist ein Abenteuer der Sinne, das sich nur mit dem Schnorcheln vergleichen lässt. Ständig sieht man sich zwischen Details und dem überwältigenden Gesamteindruck hin und her gerissen. Hier hängen auf einer Leine bonbonfarbene *djellabahs,* dort liegt ein Riesenberg funkelnder Datteln. Die Nase kann dem Duft eines Eimers voller Orangenblüten nicht widerstehen, über den eine stattliche Berbermatrone wacht, die in magentarotes Kreppapier gehüllt zu sein scheint. Daneben zieht etwas anderes den Blick an, eine Palette aus roten, orangenen und braunen Gewürzen. Bald steigt einem der Duft von Kümmel und Rosenöl in die Nase. Ob man den Blick zum Himmel richtet oder niederschlägt, überall gibt es etwas zu bewundern – Schnitzereien, Mosaike, Friese, Teppiche und Teekannen. Eine mittelalterliche Welt, aber ohne die Seuchen. Alles wird dem Kunden dargeboten, Kopf und Hufe des geschlachteten Tiers neben seinem Fleisch, die Werkbänke der Drechsler und die Webstühle der Teppichweber, die im Schatten der Waren klappern und summen. Kupferschmiede und Sattler gehen im Schneidersitz in engen Verschlägen sitzend ihrem Gewerbe nach. Ihre Kabäuschen erinnern an die Fenster eines Adventskalenders. Am erstaunlichsten sind die Färbereien, sie stehen in der Hierarchie der anachronistischen Gewerbe der Medina ganz unten. In Dämpfen, die so beißend sind, dass die Besucher nach Luft ringen, stehen Männer mit Turban und nackten Beinen in einer Wabe aus Trögen und färben Wolle und Leder in allen erdenklichen Farben. Rundum auf den Dächern liegt Leder zum Trocknen aus. Wollhaufen in den seltsamsten Formen erinnern an die Folgen eines fürchterlichen Massakers.

Ich strauchele vorwärts, und verschleierte Frauen reißen mich beiseite, damit ich nicht unter einen Maulesel oder einen entgegenkommenden Karren gerate. Zerlumpte Kinder lächeln mich an und rufen: »Bonjour, Madame!« »Halten Sie Ihr Geld fest«, ermahnt mich Nadjia.

»Ich mache alle meine Einkäufe in der Medina; hier ist alles von besserer Qualität, und man bekommt auch mehr für sein Geld«, sagt sie. »Aber man muss wissen, was man will.« Hier sei ein Teil dessen aufgezählt, was sich hier erwerben lässt: Fladenbrot, süßes Gebäck, Süßigkeiten aus Sesam, Mehl, Henna, schwarze Farbe für die Augenlider, Töpfe und Pfannen, Teekannen, Minze, Orangenblüten, Gold, Silber, Holz, Messing, Kupfer, Leder, bestickte Handtücher und Laken für die Aussteuer, Tabak, Joghurt, Zeitungen, aus Knochen geschnitzte Kämme, Taschenrechner, Fernseher, Lautsprecherboxen und Musikkassetten aus Marokko, Spanien, Syrien und Ägypten, aber auch mit amerikanischer Countrymusic. An einigen Ständen spähen die Markthändler hinter Riesenbergen Obst, Feigen, Datteln, Mandeln und Pistazien hervor. In rasender Geschwindigkeit, als würde man in der Fachzeitschrift *gastronomique* blättern, wechseln sich Berber-Frischkäse, nackte Hühnerhälse, Ziegenköpfe, Schnecken und silbrige Fischchen so groß wie Erbsenschoten miteinander ab. Es gibt Schuhe, Pullover und *djellabahs* von der Stange sowie Schneidereien an jeder Ecke. Und immer wieder viele, viele Eier an jedem Stand mit Lebensmitteln. Vermicelli, Fadennudeln, quillen aus Säcken, die so riesig sind wie Sofas, und Kräuterapotheken bieten farbenfrohe Wüsten aus Kümmel, Koriander, Safran, Zimt, Paprika und Chili feil. Diese erdfarbenen Mischungen enthalten zehn bis hundert verschiedene Gewürze, der *ras el hanout* oder »Kopf des Ladens«, unterscheidet sich von Stand zu Stand. Jeder hat sein eigenes, selbstverständlich geheimes Rezept. Es gibt eingelegte Zitronen, Gläser mit *harissa,* einer Knoblauchpaste, die auf der Zunge brennt, Chili, Olivenöl und Salz, weiterhin schwarze Seifenstücke aus Olivenöl, handflächengroße Stücke Sandelholz als Hautreiben, verpackt in Holzkästchen. Ganz gebannt halte ich vor einem Stand inne, an dem Fette verkauft werden, eine Art Fats-R-Us mit Bottichen voller Schmalz und Knorpel und etwas Dunklem, Schmierigem, das sich nicht identifizieren lässt. »Was ist das?«, frage ich auf Französisch, und der Besitzer fordert mich mit einer Handbewegung dazu auf, den Finger hineinzustecken und zu probieren. Ich bin erleichtert, dass es süßlich schmeckt, nach Feigen und Nuss. (Wahrscheinlich ist es auch die Ursache für meine aufgewühlten Eingeweide, die mir die ganze darauf folgende Nacht zu schaffen machen.)

Howie kann sich nicht genug über die fehlende Kühlung der Waren wundern. Immer wieder ereifert er sich über die übrig gebliebenen Rinder- und Ziegenhälften und die Hühner- und Taubenkadaver, die in der prallen Sonne liegen.

»Ich hasse das Einkaufen!«, sagt eine sehr auf *political correctness* bedachte Freundin von mir. Ich finde diese Feststellung fast so schockierend, als hätte sie gesagt, sie hasse Tiere. Es gibt nichts Menschlicheres als Märkte. Die wimmelnden

Basare und Suks des Orients und die Bauernmärkte auf der ganzen Welt erinnern daran, dass Handel eine der dauerhaftesten Universalsprachen ist. Wenn sich ein Land in einer Krise befindet, sehen wir Bilder von Matronen mit vielen Röcken übereinander, die um eine fleckige Kartoffel und eine halb verfaulte Steckrübe feilschen. Handel ist das erste Anzeichen von Leben nach einer Katastrophe. Man betrachte nur die Marktstände, die aus einer fundamentalen Verzweiflung heraus sofort und spontan vor jedem Flüchtlingslager entstehen. In Fes lässt sich mit Leichtigkeit der ganze Tag damit zubringen, nur das Notwendigste zu kaufen. Was sich anhört, als stritten sich zwei Menschen, ist nur der alltägliche, lebhafte Dialog zwischen Käufer und Händler. Eine Frau kann Stunden damit zubringen – so lange wie eben nötig –, entrüstet von einem Stand zum nächsten zu gehen und auch wieder zurück, um einen Sack Tomaten zu dem Preis zu erstehen, den sie sich in den Kopf gesetzt hat. Ausländer finden das in der Regel unfassbar. Man stelle sich nur den Aufruhr vor, wenn der Preis für Räucherlachs bei Zabar's verhandelbar wäre.

Nadjia, neunundzwanzig Jahre alt und ledig, wohnt mit ihrer körperbehinderten Mutter in der *nouvelle ville*, nicht weit vom Arabischen Institut entfernt. Sie benutzt sehr viel Lippenstift, trägt eine aufwändige Frisur, zwängt sich in enge westliche Kleider und balanciert auf Absätzen, die von den Pflastersteinen und vom Kies ruiniert werden. Ob sie hoffe, einen Mann zu finden? »Ich habe einen Freund in Casa«, erzählt sie mir bei einer Tasse Kaffee in einem Café auf einem der Dächer in der Medina. Casa, so nennen die Marokkaner Casablanca, die modernste Stadt des Landes, in der junge Leute mit guter Ausbildung noch am ehesten eine Arbeit finden. Diesem »Freund«, einem Handlungsreisenden, begegnete Nadjia, als er geschäftlich mit dem Institut zu tun hatte. Er ist genauso mit seiner Karriere beschäftigt wie Nadjia mit der ihren als Sekretärin in der Verwaltung, ein für eine junge Marokkanerin sehr begehrenswerter Posten. Manchmal treffen sie sich mit ein paar Freunden zu einem langen Wochenende in Marrakesch. Aber beide können sich nicht vorstellen umzuziehen. Die Männer in Fes sind für Nadjia wenig attraktiv. »Entweder sind sie zu jung und wollen nicht heiraten, oder sie sind jung und mittellos, oder sie sind alt und haben Geld und wollen eine Zweitfrau«, sagt sie.

Während wir durch die tunnelartigen Straßen der Medina streunen, zeigt mir Nadjia die zahlreichen Spielarten des Brotes. Wir weichen der Imitation des Matterhorns aus, das aus frittiertem, in Honig getauchtem Gebäck besteht. Diese Leckerei gibt es nicht immer. Bis zum Ramadan ist es noch eine Woche, und dieses süße Gebäck ist das Äquivalent unseres weihnachtlichen Früchtebrots. Mein bewundernder Blick genügt, und schon steckt mir jemand ein klebriges Stück zu. »Für Sie gratis, Mademoiselle.« Nadjia hat ein Magengeschwür und ist damit für den Ramadan entschuldigt: Sie braucht nicht einen Monat lang von Sonnenauf- bis Sonnenuntergang zu fasten. Aber ich bin überrascht, als sie mir erzählt, dass sie während der Fastenzeit bis zu vier Kilo zunahm. »Erklär mir das«, sage ich und erwarte eine Rechtfertigung. Ich bringe es nicht einmal fertig, mich die vierundzwanzig Stunden von Jom Kippur, des Tages, an dem die Juden fasten sollen, des Essens zu enthalten.

Der Ramadan, der neunte Monat des islamischen Kalenders, ist der Monat, in dem Gott dem Propheten Mohammed den Koran verkündete. Die meisten Nichtmoslems halten den Ramadan für ein düsteres Fest der Selbstkasteiung, und tatsächlich ist in Ländern nördlich der Sahara diese Zeit als »Monat des Durstes« bekannt. Mädchen vor der Pubertät und Frauen während der Menstruation sowie Alte, Kranke und Reisende sind von dem Fasten ausgenommen, das nicht nur das Essen, sondern auch das Rauchen, Trinken, den Geschlechtsverkehr, Lügen und bösartigen Klatsch verbietet. Aber Nadjia erklärt mir, dass sich in diesem Monat alles ums Essen dreht. Es ist eine Art täglicher Thanksgiving Day, die Tische sind überladen mit Süßigkeiten und Kuchen. Nach Sonnenuntergang oder ab dem Moment, in dem laut Koran das Licht

so schwach ist, dass ein schwarzer nicht mehr von einem weißen Faden zu unterscheiden ist, beginnt die Völlerei, und sie
dauert fort, bis das erste Licht am Horizont erscheint. Angesichts eines weiteren Tags ohne Nahrung, Tabak und Getränk
schlagen sich die gläubigen Moslems den Bauch voll, als sei es
das allerletzte Mal.

Der Fremdenführer Brahmin Snikah ist rechtzeitig aus den
Ferien zurückgekehrt, um mit seiner Familie den Ramadan zu
verbringen. Er stammt aus Fes, spricht leise und wortgewandt
und seine Begeisterung für die Medina ist so groß wie unsere.
Die Bäckereien seien nie gezählt worden, sagt er, aber er
schätzt, dass es sich um mindestens dreihundert handele. Er
führt uns zu den Kornkammern. Durch den körnigen Staub
spähen wir zu den Müllern hinüber, die in der Hocke sitzend
ganz in ihre Arbeit vertieft sind. In der Medina spucken äch-
zende Mühlsteine tagaus, tagein Sack um Sack groben Weizen-
und Maismehls aus, das auch Steinböden, die Straße und die
Schnurrbärte der Arbeiter – überwiegend Berber – bedeckt.

Hinter einem chaotischen Schleier ist die Medina ein Vor-
bild an Harmonie und Verlässlichkeit. Die Bäcker versuchen
nie, sich gegenseitig zu unterbieten. Von den Ufern des Oued
Fes bis zum Bab al-Jaloud werden für das Backen pro Laib
fünf Dirham verlangt, etwa vierzig Cent. Keine Bäckerei verspricht schnellere Lieferung als die Konkurrenz. Ahmed
braucht genauso lang dazu, ein Brot zu backen, wie Abdul,
und eine geheimnisvolle Kraft sorgt dafür, dass kein Bäcker
mehr Brote hat, als er bewältigen kann.

Eventuelle Unterschiede zwischen den Bäckereien sind mir
nicht aufgefallen. Überall bietet sich mir dasselbe Bild. Auf
provisorischen Regalen liegen runde Brotlaibe und ein oder
zwei Arbeiter knien vor dem mit Holz oder Mist befeuerten
Ofen, den sie in einem wahnsinnigen *ramallah*, Tempo, unauf-
haltsam neu bestücken und leeren.

Vor dem Ramadan produzieren die Bäckereien auch Unmengen *chekbakeit*, ein süßes Gebäck. Es wird von Kleinbäckern
überall auf dem Suk verkauft. Die Kleinbäcker bieten verschie-

dene Pfannkuchen und Fladenbrote an Ständen feil. In einem äußerst engen und heißen Verschlag sehe ich einer Berberfrau mit Hennatätowierungen auf den Händen dabei zu, wie sie den flüssigen Teig auf heiße halbkugelförmige Formen gießt. Es ist eine große Kunst, diese *gneunboura,* würzige Pfannkuchen, wieder von der Form zu bekommen. »Das können nur die Berber. Diese Fertigkeit wird von einer Generation an die nächste weitervererbt«, sagt Brahmin und bestätigt damit, was mir bereits einer der anderen Standbesitzer erzählt hatte. Weiterhin gibt es *trid,* Crêpe, und *milhoui,* ein Fladenbrot aus Grieß, das an das indische *Nan*-Brot erinnert. »Aber wenn wir von marokkanischem Brot sprechen, dann meinen wir das Brot, das Sie hier sehen«, sagt Brahmin und deutet auf die runden Laibe in Mohammeds Bäckerei, die darauf warten, in den Ofen geschoben zu werden.

Die meisten Kunden von Mohammed bringen ihre Brote morgens vorbei. Manche holen sie schon nach einer Stunde wieder ab. Wenn die Brote bis zum Feierabend um acht Uhr abends nicht abgeholt worden sind, dann bringen Mohammed oder sein Sohn Abdul sie den Kunden oder geben sie beim Nachbarn ab. Die Frauen bereiten den Teig, wie sollte es auch anders sein, aber in der ganzen Medina gibt es keine einzige Bäckerin. »Backen ist Männerarbeit«, sagt Mohammed. »Hausarbeit obliegt den Frauen, die Arbeit außerhalb des Hauses den Männern.«

Obwohl nur wenige Kunden die Unterseite der Brote mit ihren Initialen versehen, die ohnehin kaum zu entziffern wären, kommt es, wenn überhaupt, nur sehr selten vor, dass ein Kunde das falsche Brot mit nach Hause nimmt. »Dafür hätte wirklich niemand Verständnis«, sagt Brahmin. »Das wäre einfach furchtbar«, meint Nadjia, als ich sie danach frage. Es klingt fast so, als wäre das nicht etwa dem lässlichen Versehen, dass man in der chinesischen Reinigung das falsche Hemd ausgehändigt bekäme, vergleichbar, sondern eher der sträflichen Nachlässigkeit, dass man den falschen Hund aus der Hundepension mitbrächte. Die Vorstellung ist vollkommen abwegig.

Aber wie kann das funktionieren? Ich beobachte das Kommen und Gehen von Mohammeds Kunden. Die einen lassen Bleche mit ungebackenem Brot stehen, die anderen schnappen sich das gebackene. Währenddessen ist der Bäcker damit beschäftigt, die Brote in dem »modernen« Ofen herumzuschieben, einem von einundzwanzig in der Medina, an denen sich die Temperatur nur sehr ungenau einstellen lässt. »Mein Brot ist sauberer und gleichmäßiger gebacken«, sagt Mohammed, der das Gewerbe von seinem Vater gelernt und es bereits an den eigenen Sohn weitervererbt hat. »In anderen Bäckereien ist das Brot ganz nah am Holz, in dieser ist es nur nahe an den Ziegelsteinen.« Mohammeds moderner Ofen ist innen beleuchtet, das ist ungewöhnlich, obwohl es seit fast hundert Jahren Elektrizität in der Medina gibt. Aber nicht dieser flotte Ofen verschlägt mir die Sprache, sondern mit welchem Geschick der Bäcker die Brote wiederfindet, eine Art Kartentrick der Bäcker. Ich bemühe mich, ganz genau aufzupassen, und habe das Spiel schon verloren.

»Kommen Sie«, sagt Mohammed, und ich folge ihm. Er legt ein Brot auf meine ausgestreckte linke Hand und eines auf meine rechte. »Fühlen Sie«, kommandiert er. Obwohl sie absolut gleich aussehen, ist das eine Brot trocken und hat eine Kruste, das andere ist weich und elastisch. Einen Augenblick denke ich daran, dass ich hier Brot befingere, das bei jemandem auf dem Abendbrottisch liegen wird. Mohammed nimmt mir die Brote wieder ab und ersetzt sie durch zwei andere. Er unterscheidet die Brote anhand des Gewichts, der Farbe und daran, wie sie sich anfühlen. Jedes Brot ist ein Unikat. »Sehen Sie die verschiedenen Farben«, sagt er. Auch Howie und Brahmin beteiligen sich. Bald sind wir alle ernsthaft damit beschäftigt an den Broten zu riechen, sie zu befühlen und sie uns gegenseitig zuzureichen. Ich muss zugeben, dass kein Brot dem anderen gleicht – nicht einmal in den Augen des Bäckers, der sie unbekümmert wieder in den Ofen schiebt, einige so weit nach hinten, dass er sie nicht mehr sehen kann. Ein Brot sei so individuell, erklärt uns Mohammed, wie das Gesicht oder die Stimme eines Menschen. Der Teig von Frau X sei schwer und dicht, der von Frau Y etwas zu lange geknetet und luftig. Die Brote von Frau K seien so perfekt kreisrund, als habe sie sie mit einer Form ausgestochen, die von Frau P hätten eine leicht elliptische Form. Nicht dass Mohammed je die Brote den Frauen gegenüber kritisieren würde. »Alle wollen, dass ihres das luftigste Brot ist«, meint er und zwinkert mir zu.

Ich stelle eine weitere, wie sich herausstellt, recht dumme Frage: »Was ist, wenn jemand Neues kommt? Wie wollen Sie dann dieses Brot erkennen?« Mohammed stöhnt nur und verdreht die Augen, als könne er es nicht glauben. »Natürlich weiß ich, wenn etwas neu ist«, ruft er. »Die neuen Dinge merkt man sich doch besonders leicht!«

Howie und ich reichen Mohammed ein Bündel Dirham und seinem jungen Gehilfen ein paar Stifte. Der Bäcker gibt uns ein klebrigen Brocken *chekbakeit* mit. Als wir uns auf den Heimweg machen, bitte ich Brahmin, den Weg weisen zu dürfen. Mit allergrößter Zielstrebigkeit schlage ich die falsche Richtung zu unserem Hotel, dem Palais Jamais, ein. Ich ärgere mich über mich selbst. Eben hat mich Mohammed noch aufgefordert, auf die kleinsten Details zu achten, und jetzt kann ich nicht einmal eine Straße von der anderen unterscheiden. Aber Mohammed geht schließlich tagaus, tagein seiner Beschäftigung nach. Er hält ein System am Leben, das das Gemeinwesen von Fes so eng verknüpft wie die Berber die Wolle in ihren Teppichen, die an jeder Ecke feilgeboten werden.

Ich bin erschöpft, nachdem ich den ganzen Tag über die unebenen Pflastersteine der Medina gelaufen bin, und beschließe, mir einen Abend im *hamam* des Hotels zu gönnen. Das *hamam* des Palais Jamais ist gemessen an denen, die von den Massen der Medina frequentiert werden, das, was eine Harley Davidson im Vergleich zu einer Rikscha ist. Im türkischen Kusadasi habe ich bereits einmal ein *hamam* besucht. Dort fühlte ich mich wie in einer mittelalterlichen Irrenanstalt behandelt. Ich wurde hin und her gestoßen, mit Wasser übergossen, mit einer Art Scheuersand abgeschrubbt. Als ich nach der Prozedur auf die Straße wankte, fühlte ich mich so, als sei eine Bande Seeleute über mich hergefallen und hätte mich ins Meer geschmissen. Ich war mir sicher, dass das *hamam* des Palais Jamais schon allein wegen der exorbitanten Preise ein außerordentliches Erlebnis sein würde.

Meine Überraschung lässt sich kaum beschreiben, als ich, nur mit einem Slip bekleidet, in ein feuchtheißes Kabuff geführt werde, wo mich eine stämmige Berberfrau bäuchlings auf die nassen Fliesen legen lässt und mich mit einer schwarzen Seife abscheuerte, um anschließend wie eine übergeschnappte Krankengymnastin an meinen Beinen zu zerren. »Aufsetzen«, befiehlt sie und knallt dann mein Steißbein gegen den Fußboden in eine Stellung, die die Yogalehrer *pachimotanasana* nennen, wahrscheinlich das Sanskritwort für »Autsch!«. Nun beginnt sie mit ihren kräftigen hennafarbenen Händen mein Hinterteil und meine Glieder durchzukneten, als handele es sich, tja, um einen Brotteig. Ich muss grinsen.

Wir verlassen Fs in Richtung Mittlerer Atlas und beziehen im Gebirge in dem Dorf Azrou in einem kühlen Gästehaus Quartier. Von dort aus fahren wir auf Algerien zu und machen Halt in der seltsamen weißen Stadt Taza, die aus der Ferne den Eindruck erweckt, als würde sie die Flanke des Berges, an dem sie liegt, hinabgleiten. Danach kehren wir nach Fes zurück und wohnen einige Tage im Sheraton, ehe wir wieder nach Hause fliegen.

Weihnachten war gekommen und vergangen, ohne dass wir das Geringste davon bemerkt hätten.

Madame Guinaudeaus traditionelles marokkanisches Brot

ZUTATEN:
1 Kilo gesiebtes weißes Mehl
1 Hand voll Salz
1/2 bis 3/4 Liter Wasser
Hefe (am Stück oder getrocknet)

In einer tiefen Steingutschüssel werden Mehl, Salz und Wasser rasch gemischt, bis sich ein fast fester Klumpen bildet. Die in ein wenig Wasser aufgelöste Hefe gibt man in die Schüssel und mischt sie mit dem Teig. Dieser wird mindestens 20 Minuten lang kräftig geknetet.
Der Teig wird in vier Teile geteilt, ein kleines Stück wird zurückbehalten, um mit ihm am nächsten Tag wieder beginnen zu können. Jeden der vier Teigklumpen drückt man mit dem Handballen bis zu einem Durchmesser von 20 Zentimetern aus. Der Teig soll dann unter einem Tuch so lange aufgehen, bis er, wenn man ihn mit dem Finger eindrückt, wieder seine ursprüngliche Form einnimmt.
In Fes wird das Brot in den kommunalen, holzbefeuerten Öfen gebacken. In einem normalen Ofen backt man das Brot 45 Minuten bei 375 Grad.

Aus: Madame Guinaudeau, *Traditional Moroccan Cooking.*
Recipes from Fez

Brot ist mein Weg
Saratoga Springs, New York

Ich will Ihnen ein Brot backen, das so gut ist, dass man es nie nur als Bei-
lage isst. Ein eigenständiges Mahl, einem Gourmet würdig. Keiner wird
mehr sagen: »Ich habe ein Käsebrot gegessen.« Stattdessen wird es heißen:
»Ich habe ein Stück Brot genossen mit etwas Käse darauf.«
AUS MARCEL PAGNOLS FILM DIE FRAU DES BÄCKERS

Dem Brot wird wieder mehr Beachtung geschenkt. Es ist, als sei es jahrelang in Vergessenheit geraten.
MICHAEL LONDON, IN DER TIMES

Bäcker sind leidenschaftliche Gesellen. Wenn sie von ihrem
Gewerbe sprechen, geraten sie ins Schwärmen. Ich kenne zwei
Bäcker, für die allein schon die Herstellung eines einfachen
Brotlaibs ein so seelenvoller und befriedigender Akt ist, dass
jede Diskussion von Sauerteig und Holzfeuerung fast etwas
Religiöses, eine metaphysische Note erhält. Sie leben weit voneinander entfernt, wissen nichts voneinander und stellen wahrscheinlich das beste Brot her, das in den USA zu bekommen
ist. Zumindest sollte es das beste sein in Anbetracht der erst-
klassigen Zutaten, der freudvollen Besessenheit seiner Schöpfer und der phantasievollen Choreographie seiner Herstellung.
Die beiden sind zwar keine Mönche, aber ihr Brotbacken ist
ein Akt der Liebe, Dankbarkeit und Buße. Das Ergebnis
schmeckt einfach unvergleichlich.

Was mich auf die Spur von Michael London brachte, war
ein Artikel in der *New York Times* unter der Rubrik »Lebensmittel« im Teil *Dining In*. Er handelte von dem Debüt einer

Brotsorte namens Rock Hill Reserve, die seine Schöpfer lancieren wollten wie edlen Wein. Dieses *pain au levain* ist etwas ganz Besonderes. Ein Fünf-Pfund-Brot kostet achtzehn Dollar. Voller Neugier mache ich mich auf den Weg nach Saratoga Springs im Bundesstaat New York und treffe dort den Mann, der dieses Brot geschaffen hat.

»Brot ist mein innerer Weg.«

Michael London sitzt an einem Ecktisch in seiner Patisserie in Saratoga Springs und spricht leidenschaftlich, während mein Hund Louie und ich uns eine tellergroße, gebutterte Scheibe *pain au levain* teilen. Die süßen Backwaren, die London und seine Frau aus feinsten Zutaten herstellen, sind mit Recht berühmt. Der Choreograph Georges Balanchine gestand, süchtig nach ihnen zu sein: Immer wenn das New York City Ballet in Saratoga Springs sein Sommerquartier aufschlug, ernährte sich das gesamte Ensemble von Mrs. Londons Backwerk. Die Londons gehen gänzlich in ihrem Gewerbe auf und stecken ihre gesamte Energie in *gâteau* und *ganache*. Ihre Ferien verbringen sie damit, in den Hauptstädten Europas Bäckerei um Bäckerei abzuklappern. Neben der großen, fast schon zu ernsthaften Liebe Londons zum Brot ist das süße Gebäck fast nur eine Spielerei. Wenn es um Treibmittel, Krusten und Krume geht, dann findet London keine Ruhe mehr, so viele Möglichkeiten gibt es. Das beste selbst gebackene oder Bäckereibrot verhält sich zu Londons Brot wie Kunstrasen zu einer Mohnwiese in der Provence. Der einstige Literaturlehrer spricht über Brot mit einem wahren Schwall von Anspielungen und Metaphern. Er zitiert William Carlos Williams, Henry Miller und die Kabbala. Sein Brot lebt, sein Brot besitzt einen eigenen Urrhythmus, sein Brot ist »der Guru«. Der Bäcker benötigt »echtes Feuer«, Brunnenwasser und Getreide, das die Kraft des Lebens besitzt. Die liebevolle Zubereitung des Brotes, nicht unähnlich dem »Ablauf einer Geburt«, muss mit dem Sonnenaufgang und den Mondphasen harmonieren. Der Bäcker muss dem Brot Zeit geben. Wie bei Wein, der zu 90 Prozent an der Rebe entsteht, erschafft sich das Brot selbst, meint London. Das Feuer des wahren Bäckers sei nichts weniger als ein heiliges Feuer.

Nach außen hin erweckt London nicht den Eindruck eines Mannes, der mit Brotfeen herumtollt. Groß und robust, mit dem kleinen Bauch eines Feinschmeckers, sieht er mit seinen dreiundfünfzig Jahren noch recht jugendlich aus. Er verfügt über die unerschöpfliche Energie eines Fanatikers, die sich in tiefgründigem Geplänkel voller Anspielungen äußert. Seine kleinen Brillengläser und das dichte, zurückgekämmte, grau melierte Haar passen zu dem ehemaligen Collegelehrer und Gentleman aus der Provinz. Er hat einen aufmerksamen, freundlichen Gesichtsausdruck und nicht allzu ausgeprägte Gesichtszüge, so wie man es von einem Therapeuten erwarten würde.

»Eines Abends vor vielen Jahren kurz vor Thanksgiving bin ich gegen elf hierher gekommen, um den Brotteig für den nächsten Morgen anzusetzen«, erinnert sich der ergriffene London. Er beugt sich über den winzigen Bistrotisch. »Am Nachmittag hatte ich den Kaddisch gelesen. Und in jener Nacht sah ich ein comicartiges Mandala aus Backformen, die um das Dach des Backhauses herumtanzten. Ich rannte ins Haus zurück, um Wendy zu wecken, aber als wir zurückkamen, waren alle Formen verschwunden. Am nächsten Tag erzählte ich unserem Bäcker von dieser seltsamen Erfahrung – diese Formen, die wie Kasper, das Gespenst, im Kreis tanzten. Er sagte mir, er hätte das ebenfalls gesehen, nachdem er ein geweihtes Brot ins Feuer geworfen habe. Ich erfuhr, dass in dem Feuer Feuergeister leben. Ich glaube, für einen Bäcker ist es wichtig, sich mit diesen Elementarwesen zu verbünden.«

Ich kann Londons Sätzen nicht ganz folgen. Hat er erst einmal angefangen, ist er nicht mehr zu bremsen. »Aha«, murmele ich und mache mir weiter Notizen auf meinem Block. Würde etwa ein Laie mit Michelangelo die Beschaffenheit von Marmor diskutieren? Würde ein Schüler der Akademie Cordon Bleu Jacques Pepin darauf hinweisen, dass die aufwändig zurechtgeschnippelten Kiwis mehr wie Frösche als Schwäne aussehen? Was wissen die meisten von uns, die National Public

Radio hören, während sie an ihren kläglichen Gasherden stehen, schon von richtigem Feuer, der Ehrfurcht erregenden Kraft großer Hitze oder von den Vorzügen von Steinen aus Vulkanasche, die irgendwo im hintersten Winkel Deutschlands zum Kochen verwendet werden?

Ich kaue immer noch an der Brotscheibe oder, um genauer zu sein, an der Scheibe des BROTES. Als es in den späten achtziger Jahren ersonnen wurde, habe sich dieses Feuerbrot von allen anderen Broten in New York, vielleicht sogar von allen anderen in den gesamten USA unterschieden, meint London in seiner typischen Bescheidenheit. Dies sei ein Brot der europäischen Provinz. Aber wie über alles mehr *sauvage* ließ sich nicht voraussagen, ob dieses Brot Anklang finden würde. London musste zwei Jahre lang herumexperimentieren, um ein *pain au levain* in Händen zu halten, das in etwa dem des hoch gelobten Parisers Lionel Poilâne entsprach. »Unser Brot ist aus *uns* entsprungen«, sagt London. »Es hat große Löcher und einen würzigen Geschmack. Wir verwenden keine Hefe. Als unsere Bäckerei für ein paar Jahre zumachte, forderte Wendy mich auf, mir endlich meinen Herzenswunsch zu erfüllen, und das war natürlich, dieses Brot zu kreieren. Ich kaufte mir einen 27 000 Dollar teuren Ofen, ohne einen einzigen Abnehmer zu haben. Aber wir wussten, dass wir das Brot haben. Wir hatten zusammen mit den Lieferungen einer Räucherei hier vom Ort ein paar Kisten Brot in die Stadt geschickt. Darauf kamen schon ziemlich bald die Anrufe, von Balducci's und Dean & DeLuca.«

Das ätherische Reich der Feuergeister und die Kasse von Dean & DeLuca, an der vorzugsweise mit Visakarte gezahlt wird, liegen nicht weit auseinander. Auf dem Union Square Greenmarket von Manhattan wird dieses Brot – das Rock-Hill-Reserve-Fünfpfund-Feuerbrot – für achtzehn Dollar das Stück verkauft. Auf der Website von Mrs. London sind dieselben Brote für zwanzig Dollar zu haben. Um den Vertrieb kümmern sich Joshua London, Londons Sohn aus seiner ersten Ehe, sowie ein Stiefbruder und ein Freund. Wenn Leute vor dem

Preis zurückschrecken, erinnert sie London daran, dass in dem fertigen Produkt die Leidenschaft, die Mühe und die Wissenschaft eines guten Weins steckten. Verglichen mit Weinen sei sein Brot ein Schnäppchen, meint London. In einer Papiertüte halte es sich bei Zimmertemperatur mehrere Wochen. Außerdem seien da noch Angebot und Nachfrage. In ihrem Sechzigtonnenofen, der in Nordamerika zwischen dem Polarkreis und den Tropen einzigartig ist, können die Londons nicht mehr als hundert Brote am Tag backen. Sie benutzen nur garantiert biodynamischen Weizen, bei dessen Anbau und Ernte nicht nur der gesunde Boden sichergestellt wird, sondern auch »die kreativ schöpferischen Kräfte des Kosmos auf die Pflanze«. Ich erwarte schon fast, London würde damit angeben, dass das Getreide mit den Tränen von Engeln bewässert und die Ernte von Jungfrauen bei Vollmond vollzogen würde. »Um Brot zu machen, braucht es richtiges Feuer, reines Wasser und Getreide, das lebendig ist. In Holland, wissen Sie, haben sie Tests durchgeführt, die die Lebenskraft von Lebensmitteln bestätigen.«

Skeptikern, die finden, dass ihnen diese Auslassungen vom Bakehouse Hill ungefähr genauso viel Appetit machen wie der Anblick einer Flasche Rizinusöl, kann ich nur empfehlen, das Brot wirklich einmal zu probieren und einfach mal herzhaft in eine Scheibe hineinzubeißen. Londons *firebread* ist etwas ganz Besonderes. Die Kruste hat so viele Linien wie ein Indianerhäuptling Falten im Gesicht. Reißt man ein Stück von dem Brot ab, so erinnert die duftende Oberfläche der Krume an eine Mondlandschaft mit Hügeln und Senken. Jede Scheibe hat den Fingerabdruck frischer Hefekulturen, die von der taunassen Schicht auf wilden Trauben geerntet werden und das mit ausgesprochener Vorsicht und Zartgefühl. Es ist wahr. Dieses Brot ist lebendig.

London empfindet die Massenproduktion von Brot – von allen Lebensmitteln – als persönliche Beleidigung. Wer könnte leugnen, dass unsere Gaumen missbraucht worden sind und dass unsere Fließbandkultur uns der sinnlichen Erinnerungen an die wahren Gaben der Erde beraubt? Wie sein Held Rudolf Steiner, der eine »Wissenschaft des Geistes« entwickelte und diese Anthroposophie nannte, sieht London Brot als eine Bestätigung der tiefsten Selbsterkenntnis. Deswegen beschäftigt ihn ein schlichter Grissino offenbar weniger. Obwohl wir uns an dem Geschmack freuen, wissen wir nie, ob unser Essen so schmeckt, wie es von der Natur vorgesehen ist, weil uns die Vergleichsmöglichkeiten abgehen. Wir armen Bekloppten wissen nicht einmal, was uns entgeht. Wir halten uns mit dem auf, was aufgetischt ist, und verhungern. Unser ganzes Leben lang haben wir die billigen Imitate gegessen. »Wie viele Leute wissen schon, wie eine richtige Rosine schmeckt?«, fragt London. Ich witzele mit ihm über das »Gemüse«, das wir Nachkriegsgenerationen im Kreise der Familie genossen. Es schwamm immer in einer widerlich gelblichen Lake in einer Dose. Brokkoli, grüne Bohnen, Erbsen – alle gleich matschig und khakifarben. Als ich zum ersten Mal leuchtend grünen Brokkoli sah, dachte ich, mit ihnen sei etwas nicht in Ordnung. Ich konnte mir nicht vorstellen, dass Leute damit beschäftigt waren, Erbsen aus den Hülsen zu pulen. Und Brot? Die Tage waren angefüllt mit Wonder Bread und frischen Bagels und Zwiebelroggenbrot an Sonntagen.

London war ein neugieriges Kind, das sich fragte, warum ein jüdischer Junge mit Selbstachtung im Herzen von Brooklyn das fade Fabrikbrot essen sollte. In diesem Osteuropa en miniature, das sich über den Eastern Parkway und entlang der Flatbush Avenue erstreckte, gab es Bäcker die Rezepte aus dem polnischen und rumänischen Stetl verwendeten. Der junge London bewunderte ihre Zwiebel *pletzel* und ihre Zimt *babka*. Während seine Freunde ihre Anstrengungen darauf richteten, dem Teig fantasievolle Formen zu geben, ging es London um das Eigentliche.

Okay, so könnten die Memoiren jedes eingefleischten Bäckers aussehen. Was aber reitet einen Mann, Brot herzustellen, das so arbeitsintensiv ist, dass er am Ende noch draufzahlt. Ich frage mich, was ich von diesem Brot hielte, wenn ich keine Ahnung von Michael Londons Lebensweg hätte, vom lebhaften Jugendlichen, der die Bäckereien am Eastern Parkway von Brooklyn unsicher machte, bis zum Besitzer eines maßgeschneiderten Ofens, der so viel kostete wie ein Zweithaus? Ein wenig begeisterter Besucher, der durch das Museum of Modern Art streunt, sieht nur eine riesige schwarze Leinwand und stöhnt verächtlich. Aber würde er genauso reagieren, wenn er den Künstler gesehen hätte, der sich in seinem Atelier mit der Leinwand abmüht und versucht mit dem Pinsel die richtige Oberfläche zu erzeugen?

Die Eltern von Michael London waren taub. Er redet sehr gern, und das ist für mich ein Glück. Je mehr er redet, desto mehr Zeit habe ich, das Brot, ein Croissant und das Gebäck zu verkosten. Es wird mir fast schon etwas übel, aber immer mehr Törtchen und Tortenstücke tauchen auf unserem Tisch auf. Louie ist unter meinem Stuhl eingeschlafen. Das Viertel, in dem London seine Kindheit verbracht hat, Eastern Parkway in Brooklyn, hat sich in den fünfzig Jahren, seit er zur Welt gekommen ist, nicht sonderlich verändert. In den späten sechziger Jahren unterrichtete London Literatur am Skidmore College in Saratoga. Er war von einer Wallfahrt nach Kalifornien zurückgekehrt. Dort war er mit dem Romancier Henry Miller zusammengekommen, der ihn inspirierte. Am meisten angesprochen hatte London, dass Miller in einem Essay den Verfall Amerikas mit der »Demoralisierung« seines Brotes in Verbindung gebracht hatte.

Millers Worte blieben so nachhaltig in Londons Gedächtnis haften, dass eine Karikatur seines Gehirns sicher einen Lappen mit der Aufschrift »Brot« aufweisen würde. Wieder in New York, wohnte London in Manhattan. Er verdiente die Miete, indem er in einem mexikanischen Lokal in Greenwich Village die Burritos servierte. Die restliche Zeit machte er sich wie ein mittelalterlicher Alchemist in seiner Küche zu schaffen und experimentierte mit Brot. Dem Willen seines Bekanntenkreises nachkommend (seine Freunde aßen das Zeug begierig auf), spezialisierte er sich auf die Produktion eines Brotes aus

Vollkornweizen und Soja, zu dem er sich durch ein Rezept aus dem Buch *Vegetables for Victory* (Gemüse für den Sieg) von Ambrose Heath hatte inspirieren lassen. Dieses Brot war so beliebt, dass er sich einen festen Kundenkreis erwarb, die regelmäßig auf die Früchte von Londons winzigem Ofen in seinem kleinen Apartment warteten. Mit seinem Fahrrad fuhr er die Brote aus. Da seine zweite und jetzige Ehefrau Wendy ebenfalls Brot in ihrer Wohnung backte und es säckeweise mit dem Fahrrad im Village vertrieb, wurde es fast zu viel. Wie oft haben sich wohl ihre Wege gekreuzt, ohne dass sie sich sahen, da die Sicht von einem Lieferwagen verstellt wurde oder sie von der Sirene eines Polizeiwagens abgelenkt waren?

Im Village gab es das Ananda East, eine Sufi-Bäckerei, die wie das buddhistische Kloster Tassajara an der Westküste Mehl, Eier und östliche Spiritualität vermengte. Es war die größte Biobäckerei der Ostküste. London verbrachte dort viel Zeit, drang in die Bäcker, ihm gute Ratschläge zu erteilen, und bat außerdem um einen Job. »Schließlich erbot ich mich, unentgeltlich dort zu arbeiten, nur um etwas zu lernen«, sagt er. »Ich war ja überhaupt kein Bäcker.« Der Eigentümer bot London einen Job als Mädchen für alles an. »Ich nahm ihn«, sagt London, der sich an seine erste Nacht dort fast in allen Details erinnert. »In dieser Nacht«, sagt er, »in dieser Nacht ertrank mein Bruder vor Big Sur.« Dieser Verlust stellte einen Einschnitt in Londons Leben dar. Der plötzliche Verlust seines Bruders verlieh Londons Träumen eine neue Dringlichkeit.

Nach einem Monat bei Ananda durfte London bereits selber backen. Er war an der Entwicklung eines proteinreichen, äußerst nährstoffreichen Brotes, des *cornell bread*, beteiligt. Aber London wollte sich damit nicht begnügen. So wie London sein Leben schildert, könnte man ein Broadway Musical daraus machen. Er fasste die feineren Stadtviertel ins Auge. Im Stile Zeligs wollte er sich in die großkotzigsten Küchen des Brotuniversums mogeln. Er war eine Nervensäge, aber wer hätte schon einem Burschen widerstehen können, der sich ohne Bezahlung abrackern wollte, nur um etwas zu lernen? Jeder, dem es ein solches Anliegen ist zu backen, sollte dies dürfen. Aber nichts da. Die Gewerkschaft der Bäcker verlautbarte Folgendes: Du suchst dir nicht einfach eine Lehrstelle, sondern harrst der Dinge, die kommen werden, bis dich jemand auserwählt. London ignorierte diesen Bescheid und machte sich sofort auf den Weg zu Maurice Bonte. Er quetschte sich in dessen winzige Bäckerei in der Hoffnung, sich dort unentbehrlich machen zu können. Sein nächstes Ziel war die berühmte Greenberg's Bakery. »Ich sprach bei Mr. G. vor«, sagt London, »und erhielt den Bescheid, ich sei vollkommen verrückt. Aber ich ließ nicht locker.« Fünf Monate später gab sich Mr. G., der Mozart des *cheesecake,* vermutlich aus purer Erschöpfung geschlagen und erklärte seinem jungen Anhänger: »Montag um sechzehn Uhr kannst du anfangen.« London war überglücklich. Dann erinnerte er sich daran, dass er ab Montag als Geschworener in einem Prozess benannt war. Gibt es einen Gott, musste dieser gewollt haben, dass London Bäcker wurde. Wenn nicht, warum hätte er dann dafür gesorgt, dass ausgerechnet der ehemalige Manager der Sutter's Bakery – einer der wenigen Männer in New York, die Londons Notlage nachvollziehen konnten – an diesem schicksalhaften Tag Vorsitzender der Jury war? London wurde von seiner Pflicht entbunden.

Einen Großteil dieses Jahres schlich er nur in Mr. G.'s Bäckerei herum und verdiente fast nichts. Außerdem besuchte er die Berufsschule an der Ecke Sixty-Eight Street, Madison Avenue. Er war dort sicher der einzige Schüler, der über ein Magisterexamen verfügte. In diesem Jahr endete eine Ehe, eine neue begann, ein Kind wurde geboren und dann noch zwei weitere. Die nach Londons Mutter benannte Mrs. London's Bakery florierte von 1977 bis 1985. Dann schlossen sie sie, um sich den Dingen zu widmen, die sie am meisten liebten. Vor zwei Jahren wurde die Bäckerei an einem anderen Ort wieder eröffnet, nachdem der Feuerbrotofen getauft worden war, der neben der Familie die große Liebe von London darstellt.

Ich überlasse London seinen Geschäften, aber muss ihm versprechen, zum Lunch zurück zu sein. Ich platze schon fast, so viele Sahnetörtchen habe ich in mich reingeschaufelt, aber London betrachtet diese Völlerei als etwas vollkommen Selbstverständliches. Da habe ich nichts dagegen. Nur zwei Stunden später teile ich mir mit Louie an einem von Mrs. Londons Tischen in der Sonne eine warme mit Spinat, Pinienkernen und Parmesan gefüllte Focaccia und anschließend – was sonst – ein Dessert.

Heute abend wird Londons Bäcker Bernard das Feuerbrot backen. Ich habe vorher gerade noch genug Zeit, in mein Motel zurückzugehen und die zehntausend Gramm Fett zu verdauen, die ich zu mir genommen habe. Aber recht bald muss ich wieder aufstehen. Ich fahre dreißig Meilen auf einer sich dahinschlängelnden Landstraße, um zu Londons Wohnhaus und Allerheiligstem zu kommen: zum Feuerbrotofen.

London hat mir eine Kartenskizze gegeben, die etwa so viel mit der Wirklichkeit zu tun hat wie seine Feuergeister. Was aussieht wie eine Haarnadelkurve, ist eine einfache Abzweigung nach links. Seine Interpretation von Kurven ist freier als der Lehrplan einer Waldorfschule. Und das Dörfchen Greenwich, in dem die Londons wohnen, liegt auch gar nicht in der Nähe von Saratoga, sondern mitten in der Wildnis. Mehrmals muss ich wenden, weil ich vermute, dass ich das Haus übersehen habe. Louie sitzt in höchster Alarmbereitschaft auf der Rückbank meines Jeeps. Schließlich halte ich vor einem weißen Farmhaus, das sich in einer unwirklich samtgrünen Hügellandschaft verbirgt. Obwohl überall im Bundesstaat New York Siedlungen mit Einfamilienhäusern wie Pilze aus dem Boden geschossen sind, sind noch genügend idyllische Farmen übrig geblieben. Diese dürften zu den schönsten der Welt gehören. Ich habe das Gefühl, mich in Irland in der Grafschaft Clare zu befinden. Die Luft ist erfüllt von dem Duft frisch gemähten Rasens und dem des Geißblatts. London hat mich vor seinen Hunden gewarnt und mich nachdrücklich aufgefordert, Louie in meinem Wagen zu lassen. Deswegen bin ich überrascht, mich nicht einer Meute bedrohlich knurrender Bluthunde gegenüberzusehen, sondern nur zwei kläffenden Spaniels, von denen einer schon uralt ist. Die Hunde sorgen dafür, dass meine Ankunft im Haupthaus wahrgenommen wird. Es ist etwa zweihundert Jahre alt und im georgianischen Stil erbaut. Es muss ein Vermögen kosten, die Patina eines solchen Gebäudes zu erhalten.

Ich gehe hinter London her in die riesige Küche. Sie ist auf alt gemacht und sieht vermutlich älter aus als die, die sie ersetzt. Der lange, peinlich saubere Raum verfügt über unzählige Arbeitsflächen aus Marmor, einen Metzger-Hackblock und die Edelstahlgerätschaften der Leute, die für Fertiggerichte nur ein verächtliches Kopfschütteln übrig haben. Alles ist eine Nummer zu groß. Obst und Gemüse sind wie bei Cézanne in Schalen drapiert, nur dass diese so groß wie Kinderplanschbecken sind. Der Anblick solcher Kochfreak-Küchen weckt in mir immer eine Mischung aus Scham und Trotz, sodass ich immer sofort zur nächsten Hot-Dog-Bude flüchten will.

Hier im Freiland-Paradies der Rock Hill Farm gelten Kühe, Hühner und Pferde als Familienmitglieder und sind besser ernährt als die Schüler der meisten staatlichen Schulen in den USA. Emma, die Milchkuh, lebt zufrieden von acht Vollkornweizenbroten am Tag – die echten aus dem Backhaus – dazu zur Abwechslung etwas Mais und Kleie. London entdeckte diese Futtermischung in einer alten französischen Bauernzeitschrift. Obwohl diese Kuh allein von Brot lebt, gibt sie fast zehn Liter sahnige Milch täglich. Ihr unkonventionelles Futter wurde vom Tierarzt der Farm abgesegnet.

Bakehouse Hill liegt etwa eine Achtelmeile vom Haupthaus entfernt am Hang einer der höchsten Erhebungen der Gegend. Das scheunenähnliche Gebäude wirkt schlicht. Es scheint sogar recht hastig errichtet worden zu sein. Das täuscht. Das Backhaus wurde um einen Ofen herum gebaut, der sich im Vergleich mit anderen Öfen in etwa wie eine Stradivari zu einer normalen Geige verhält. Über seine Konstruktion zerbrachen sich ein Trupp hervorragender Steinmetze und ein deutscher Ofensetzermeister den Kopf. Verbaut wurde wahnsinnig teurer Tuffstein. Import. Tuff ist ein vulkanisches Gestein aus zusammengepresster Asche, das traditionell im Alpenraum und in ganz Italien zum Ofenbau verwendet wird.

»Haben Sie mal von Pirandello *Sechs Personen suchen einen Autor* gesehen?«, fragt mich London, als ich in die riesige Öffnung des Ofens starre. »Ich war der eine Bäcker, der einen Ofen sucht.« Es gibt einen Steinmetzverband, und durch diesen lernte London einen »mythischen Zeitgenossen« kennen, den Ofenbaumeister Ernst Heuft, der im Nordwesten der USA am Pazifik wohnt. »Dieser Mann träumt von Öfen wie ich von Brot.« Heuft ist Ofensetzer in der fünften Generation. Sein Sohn führt die Tradition fort. Heuft wurde in Bell in Deutschland geboren, der »Stadt der Ofensetzer«. Londons Freund Dale, der Steinmetz, der diesem als Erster ehrfürchtig von Heuft erzählt hatte, meinte: »Auch wenn ich hundert Jahre würde, hätte ich nicht das Wissen, das Ernst hat. Du musst ihn unbedingt anrufen.«

Es begann mit einer Phase am Telefon, in der London Heuft umwarb. Heuft schwärmte von Tufföfen, obwohl, soweit er wusste, seit über drei Jahrzehnten niemand mehr einen gebaut hatte. Die Hitze verteilt sich im Tuff, einem Gestein, das sich in zwanzigtausend Jahren aus erkalteter Asche gebildet hat, nur sehr langsam. Erst nach drei langen Jahren hatte er das Geld zusammen, um mit einer Tuffgrube in Deutschland handelseinig werden zu können. »Wir schickten Ernst in seine Heimat, damit er das Brechen der Steine überwachen konnte«, erzählt London. »Fast einen ganzen Monat lang war er dort.«

Da der Tuff hatte geschliffen werden müssen, kam er feucht in den USA an. Der Stein war nicht nur fürchterlich teuer, niemand in ganz Washington County begriff, warum sie nicht den blauen Tonsandstein verwendeten, den es dort in rauen Mengen gibt und der sich hervorragend zum Ofenbau eignet. Michaels und Wendys Ofen wiegt sechzig Tonnen. Die Fläche, die erhitzt wird, besteht aus Tuff, Sand und Kies und misst gerade mal sechs Fuß auf achtzehn Fuß, was für einen Feuerbrotofen recht bescheiden ist.

Während der Installation musste London in letzter Minute mit einer Panne fertig werden. »Ernst ist sehr anspruchsvoll – er bildet auch Steinmetzlehrlinge aus«, sagt London. Ernst dachte, der Ofen würde nicht mehr als zehn Tonnen wiegen, höchstens fünfzehn. Außerdem hatte er noch nie einen Ofen in einen unterkellerten Raum eingebaut. Nach der ursprünglichen Planung des Backhauses wäre der Ofen durch die Kellerdecke gekracht. Im Unterschied zu den meisten aus Ziegeln oder Naturstein gemauerten Öfen wird auf dem Bakehouse Hill das Feuer direkt im Ofen und nicht in einer separaten Kammer entzündet. »Es dauerte ein paar Monate, das in Ordnung zu bringen, da der Zement erst trocknen musste«, sagt London. »Ich musste den Ofen jeden Tag ganz behutsam einheizen und die Stahlklammern anziehen, damit sich alles setzen konnte.«

Ein großer Teil des bäckerischen Könnens besteht darin, ein Feuer zu bauen und zu überwachen, bis die Asche die richtige Temperatur zum Backen erreicht hat. Die Hitze reicht immer nur für etwa hundert Brote pro Tag.

Im Backhaus treffe ich den vierzigjährigen Bernard Castellani, Londons Partner. Er überwacht gerade das Feuer. Bernard teilt Londons Hingabe an das Brot. Was Castellanis Abstammung angeht, hätte es besser nicht kommen können: Er ist zur Hälfte Provenzale, zur Hälfte Toskaner. Seine zerzausten Locken und sein launischer Blick erinnern an eine Mischung aus Michelangelo und Faustkämpfer. Bernard und London eint nicht nur die Begeisterung für Brot, sondern auch die Verehrung für Rudolf Steiner. Wie Steiner sehen sie im Landbrot ein »vollwertiges Lebensmittel«, das die lebensspendenden Kräfte aller Elemente in sich vereint. Das Treibmittel soll immer über Mitternacht aufgehen. London und Bernard suchen das Holz zum Beheizen des Ofens passend zum jeweiligen Getreide aus. Buche für Weizenmehl, Tanne für Roggen – auch die Jahreszeit, zu der der Baum gefällt wurde, spielt eine Rolle. Steiner hat auch viel über das Mahlen des Getreides zu sagen. Er glaubte, dass der Müller ein »harmonisches Verhältnis« zwischen

Wasserfluss und der Größe des Mühlrads sowie des Mühlsteins einhalten sollte. Das erzählt London jedenfalls. Der eigentliche Mahlprozess sollte so ablaufen, dass sich »die Getreidekörner vorwärts schieben und die Übertragung vom Zahnrad auf die Achse des Mühlsteins im Verhältnis sieben zu zwölf oder zwölf zu sieben beträgt«.

Beim Zusammensein mit London und Bernard wird das Brot fast unwichtig, obwohl sie gelegentlich an dem aufgehenden Teig schnuppern und sich an dem Feuer zu schaffen machen. Das Brot ist nur das Nebenprodukt eines Marathons, einer ritualisierten Vereinigung mit den Kräften der Natur. Dass das Rock Hill Reserve später wahrscheinlich auf den Tisch einer exklusiven Dinner Party in einer zweistöckigen Vorkriegsluxuswohnung in Gramercy Park kommt, interessiert Bernard überhaupt nicht. Mehlbedeckt und mit einer Perle an einem eng anliegenden Lederriemen um den Hals wirkt er selbst recht *sauvage*.

Beide Männer sind besessen vom Feuer. Bernard verwendet mindestens so viel Zeit darauf Holz zu hacken und herbeizukarren wie darauf, die aufgehenden Brote im Auge zu behalten. »Wir merkten, dass wir einen ähnlichen Weg hinter uns hatten und diese Leidenschaft teilen«, sagt London von Bernard, der früher in der Region Luberon in der Provence eine Bäckerei, *Le Fournil de Merindol*, leitete, die für ihre duftenden Gewürz-, Nuss- und Olivenbrote bekannt war. Bernard orientiert sich an den Schriften Steiners und dessen Glaube an »ätherische Kräfte«. »Wir erkannten, dass sich, zieht man alles in Betracht, das Brot selbst erschafft, wie eben 90 Prozent eines guten Weins an der Rebe entstehen. Wir erkannten, dass wir die Hüter des Brotes sind, dienende Priester gewissermaßen, und wir stehen auch nur in dem Grad in Harmonie mit dem Prozess des Brotbackens, in dem das Brot sich uns offenbart.« Für Bernard, der das meiste amerikanische Bäckereibrot für »so tot wie Kaugummi« hält, ist das Brot Frankreichs genauso widerwärtig. »*Le problem c'est le blé*«, der Weizen, sagt Bernard, der drei Nächte in der Woche für London backt. Der

Weizen ist weder frisch noch biologisch angebaut. Ihm fehlen sämtliche Nährstoffe. »Meiner Schwiegermutter ist einmal mein Getreide abhanden gekommen. Da habe ich mich sehr zusammennehmen müssen«, sagt Bernard. »Dem Getreide gehört meine ganze Leidenschaft.« Der Bioweizen für das Feuerbrot wird in North Dakota in Übereinstimmung mit den Mondphasen angebaut. Für den geweihten Teig verwendet Bernard das reine Wasser eines zweihundert Fuß tiefen Brunnens, grobes Meersalz und eine geringe Menge Kastanienmehl.

Obwohl London und Bernard mit Brot so vertraut sind wie ein Chirurg mit der Bauchhöhle, sind sie bereit, die Schwierigkeiten auf sich zu nehmen, die die Verarbeitung von hartem, proteinreichem Biomehl mit sich bringt: Je mehr Protein, desto mehr Gluten. Als biochemische Seele des Gärungsprozesses ist das Gluten der elastische Bestandteil des Mehls, der die Luftblasen einfängt, die bei der Gärung von Hefe entstehen. Die meisten Kleinbäcker ziehen ein Mehl mit einem geringeren Glutenanteil und einem Proteingehalt von etwa 12 Prozent vor. Londons Brote sind in der Regel schwerer. »Das ist okay«, sagt London, »mir sind irgendwelche Spezifikationen egal. Wir wollen kein riesiges Brot. Es soll einfach nur gut schmecken. Und dann soll es eine bestimmte Farbe annehmen, nur das interessiert mich. Diese Biomühlen haben nicht die richtigen Maschinen, um das Mehl genau so zu mahlen, wie wir es brauchen. Aber sehen Sie hier«, er hält mir eine Schale Mehl hin, damit ich meinen Finger hineinstippen kann. »Das ist wunderbar, vielleicht sogar eine Spur lockerer, als wir es brauchen.«

Industrielle Hefe stellt eine weitere Plage dar. Die meisten Brotsorten enthalten viel zu viel Hefe, sagt London. Wie bei gutem Wein sollte die Gärung langsam vonstatten gehen. Wenn London von seinem *levain* spricht, macht er eine kreisende Armbewegung, die seine gesamte Farm umfasst. »Hier wächst wilder Wein«, sagt er. »Ist Ihnen je die matte Färbung von biologisch angebauten Trauben aufgefallen? Die kommt von der Wildhefe, und etwas anderes braucht man nicht. In der Luft schwirren Sporen umher. Wir fangen diese Sporen einfach ein und beginnen mit ihnen unsere Kulturen. Man spricht davon, das Brot zu impfen«, erzählt er, »aber mir ist der Ausdruck *besamen* lieber.« Jedes Mehl-Wasser-Gemisch enthält Gluten, ein Proteingemisch, und geht auf, wenn man es im Freien, an der Luft, stehen lässt. Dort sind überall Sporen wilder Hefe. Wenn man der Mischung nur genug Zeit lässt, dann geht der Teig auch ohne die Wärme auf, mit der die meisten Bäcker nachhelfen, so wie sie es gelernt haben. Als er sich an einem Projekt der Zeitschrift *National Geographic* beteiligte, die versuchen wollte, das erste gesäuerte Brot der alten Ägypter nachzubacken, fing der Sauerteiggelehrte Ed Wood aus Idaho wilde Hefekulturen auf der Terrasse seines Hotels in Giza ein. London holt verschiedene Hefekulturen aus dem Kühlschrank, um mich riechen zu lassen. Ich liebe inzwischen diesen Biergeruch und kann mich über so spezielle Dinge wie relative Schärfe unterhalten, doch London befindet sich bereits wieder jenseits der Hefe:

»Kultur. Das ist ein interessantes Wort. Kultur, weil es in Wirklichkeit mit innerer Kultur zu tun hat wie in Ezra Pounds Tagebuch *Cultura*. Es hat mit der inneren Kultur des Brotes zu tun. Wenn man ein Brot nimmt, das mit einer solchen Kultur gebacken ist und es so behandelt«, er schnappt sich einen Teigklumpen und versetzt ihm einen Klaps, »fällt es nicht in sich zusammen.« London und Bernard verwenden wilde, unerprobte Hefesorten und müssen erst einmal den Zuckergehalt der Trauben bestimmen. Wie beim Wein führt die Verwendung von Hefe aus dem Labor zu einem sehr langweiligen, austauschbaren Produkt, dem jeder Geschmack abgeht. Es hat sehr begrenzte Parameter und hält keinerlei Überraschungen bereit. Benutzt man hingegen etwas Wildes, wilde Trauben beispielsweise, dann gibt es mehr Überraschungen, der Bäcker oder Winzer geht damit aber auch größere Risiken ein. Unsere Kultur verhält sich weitgehend vorhersehbar, solange wir nichts für gegeben nehmen.« Das verstehe ich nicht ganz, hake jedoch nicht nach. Ich frage London, ob er je eine Kultur verloren habe, ob ihm je eine versehentlich eingegangen sei.

»Manchmal haben wir ein paar Tage zu lange gewartet, aber sie ist uns trotzdem nicht verloren gegangen«, entgegnet er. »Das ist ein Teil meiner inneren Kultur.«

Das Geheimnis besteht darin, dass das Gleichgewicht von Schimmelpilzen (Hefe) und den Bakterien in der Atmosphäre gewahrt bleibt. »Wir haben früh gelernt, dass alles immer warm, warm, warm sein soll«, sagt London. »Aber tatsächlich ist es so, dass es zwar die Hefen warm mögen, die Bakterien aber kalt. Ein längerer Gärungsprozess verstärkt den Geschmack. Es ist wünschenswert, dass die Kultur frisch ist. Der Unterschied zwischen Gärung und Verrotten ist haarfein. Das habe ich auch mal zu Julia Child gesagt, und sie stimmte mir zu. Sie findet, dass ganz viele Brotsorten einfach nur sauer schmecken. Punkt.«

Aber London ist auf etwas Spezielleres, Geheimnisvolles aus. »Es geht nicht darum, dass die Leute da reinbeißen und sagen, oh, das ist ein Sauerteigbrot. Was Bernard und ich hier zu erreichen suchen, ist *terroire*. Beim Wein nennt man so den Boden, auf dem die Reben wachsen. Für uns ist das das Charaktervolle im Unterschied zur Massenware.«

London und Bernard diskutieren über Feuer so wie andere Männer über Baseball. Wer hätte sich vorstellen können, dass ein Ofenfeuer ein solches Leben und solche Nuancen haben kann? Niemand, darauf besteht Bernard, kann damit rechnen, richtiges Landbrot ohne das richtige Feuer herzustellen. Gebacken wird erst nach Mitternacht, wenn die Steine ganz aufgeheizt sind und Hitze abstrahlen. Auf breiten Brettern im Vorbereitungsraum des Backhauses – er erinnert mich an eine Töpferwerkstatt – warten in Körben hundert Brote. Nach einem kurzen Backen hinter Eisentüren – von deutschen Schmieden ebenfalls im Land der Ofenbauer gefertigt – kommen die Krustenbrote wieder zum Vorschein. Bernard holt eins nach dem anderen mit einer langen und recht breiten Schaufel heraus. Im Geiste Steiners und anderer Brotmystiker gibt Bernard dem Feuer ein Brot, »das beste Brot«, wieder zurück. Als ein demütiges Opfer, mit dem er seinen Respekt vor dem

Feuer bekundet. Ein genießbares Brot geht also verloren. Aber inzwischen überrascht mich nichts mehr, was London sagt oder tut. »Ich bringe mein Brot in Restaurants, weil es mir so wichtig ist, dass man zu gutem Essen auch gutes Brot isst«, sagt Bernard. »Wir haben gutes Essen und guten Wein. Aber gutes Brot ist nur sehr, sehr schwer zu kriegen.«

Es gelingt mir nicht, mich bis Mitternacht wach zu halten. Ich verschwinde also in die sternklare Nacht und überlasse Bernard seinen Mühen. Früh am nächsten Morgen überreicht mir London bei Mrs. London's ein rundes Brot, das in etwa so groß ist wie ein Sitzkissen. Ich lege es auf dem Beifahrersitz meines Wagens ab, fast so vorsichtig, als würde ich ein Kind dorthin setzen. Nach dem ganzen Herumphilosophieren und allen Predigten jetzt das: ein großes, leicht angekohltes, schweres Bauernbrot mit einer dicken Kruste, ein kräftiger, beeindruckender Laib, wie man ihn auch auf einem Bruegel-Gemälde sehen könnte. Aber trotzdem ein Brot, von dem man ein Stück abreißen oder das man in Scheiben schneiden und im Mund verschwinden lassen kann, mehr nicht.

Fast ganz Nordamerika liegt zwischen Michael Londons feudaler Farm und Kiko Denzers umgebauter Jagdhütte in Blodgett, Oregon, einer Stadt mit nur wenigen Einwohnern. Die meisten Leute in den ländlichen Gebieten Portlands haben nie von ihr gehört. Zusammen mit seiner Frau Hannah Field backt Denzer Brot mit einem missionarischen Eifer, der dem von London gleichkommt. Ihr Brot ist genauso gut. Hannah stammt aus Wales, hat das Bäckerhandwerk gelernt und auf verschiedenen Bauernhöfen gelebt. Hannah hat das Temperament einer Künstlerin. Mit ihrem Wissen über Getreide und Sauerteig (sie verwendet eine Kultur, die bereits seit fünfzig Jahren in Familienbesitz ist) variiert sie das Brot je nach Laune. Das konnte sie nicht, als sie noch angestellt war. Wie bei London ist bei den Denzers das Brotbacken stark von Spiritualität und von Steiners Sicht der Natur geprägt sowie von handwerklichem Können. Aber bei den Denzers geht es noch weiter. An den feuchten Ufern des Grant Creek am Rand des

Willamette Forest in Oregon haben sie eine stille Revolution eingeleitet, für die Brot nur eine der Hauptmetaphern darstellt.

Kiko und ich hatten uns monatelang gemailt. In seinen Briefen und die wenigen Male am Telefon war er immer so hilfsbereit und guter Dinge, dass ich beschloss, meine Recherche auch auf einen Besuch bei ihm auszudehnen. Ich bestellte sein Buch *Build Your Own Earth Oven*, nachdem ich es mir in den Kopf gesetzt hatte, das ebenfalls zu probieren. Vielleicht war ich wirklich nicht mehr ganz richtig im Kopf. Ich habe a) zwei linke Hände, bin b) fast krankhaft ungeduldig, lebe c) in einer felsigen Küstenregion, wo es nichts gibt, was Tonerde oder auch nur Lehm im Entferntesten ähnlich ist, und außerdem d) in einem Ferienort, in dem es so viele Bau- und andere Verordnungen gibt, dass ich sicher bald einer schriftlichen Genehmigung bedarf, um meinen Hund frei laufen zu lassen. Ich verabschiedete mich von meinem Traum, war aber trotzdem von Kikos Buch und den darin abgebildeten Öfen fasziniert. Einige sind beeindruckend schlicht, andere, besonders die, die Kiko zusammen mit Kindern gebaut hat, gleichen Skulpturen: Kaninchen, Eichhörnchen, ein Gorilla, ein Truthahn und ein monsterähnlicher »Schlammmann« sind vertreten. Durch seine Unterstützung beim Bau solcher liebenswerten primitiven Öfen macht Kiko die Beteiligten mit Brot vertraut. Oft ist diese Vertrautheit jedoch nicht von Dauer. Die Öfen überleben nur bei ständiger Nutzung. Aber mit seinen zweiundvierzig Jahren kann Kiko schwerlich der Großvater der Erdöfen in ganz Amerika sein. Diese Projekte stellen für ihn ohnehin nur eine Nebenbeschäftigung dar. Seine eigentliche Arbeit leistet er zu Hause am Grant Creek.

Nachdem ich einige Male auf nicht ausgeschilderten Landstraßen scharf abgebogen bin, halte ich dort an, wo sich laut Kikos peinlich genauer Wegbeschreibung sein Haus nun befinden muss. Zu sehen ist allerdings nur ein irrer Schuppen, der fast direkt an der Straße steht. Zögernd steige ich aus. Kiko schaut von einem Stapel Brennholz auf und gibt mir ein Zeichen einzutreten. Dieser Platz ist meilenweit von jeder größeren Ansiedlung entfernt, und bevor ich noch merke, dass Hannah ebenfalls dort ist, beschleicht mich das Gefühl, Kiko sei dort ausgesetzt worden. »Wenn ich das gewusst hätte«, sage ich und deute auf die menschenleere Landschaft, »hätte ich vorher angerufen, ob Sie irgendwas brauchen, Q-Tips zum Beispiel.« Kiko lacht. Ich trete durchs Tor, und die kleine Farm liegt vor mir. Das Anwesen ist wirklich recht winzig, aber keine Bruchbude. Es handelt sich um Denzers Labor der fanatischen Konsumverweigerungshaltung. Diese Selbstgenügsamkeit ist mit Humor und etwas Künstlerischem gepaart. Das Studio ist ein ehemaliger Pferdestall, das Trockenklosett kompostiert, der Gemüsegarten ist wohl bestellt, dann sind da noch der Schuppen, das Haupthaus und natürlich der gewölbte Lehmofen daneben. Hannah tritt aus dem Studio und schüttelt mir die Hand. »Wir haben noch genug Q-Tips, vielen Dank«, sagt sie. Kiko und die neunundzwanzigjährige Hannah leben hier schon seit drei Jahren zusammen. Kiko kam vor zehn Jahren in diese Einsamkeit. Sie wirken fast gleich alt und sind eines jener Paare, die derart auf gleicher Wellenlänge sind, dass sie abwechselnd ihr Manifest vorbringen können. Massengeschmack verabscheuen sie. Zur Unterhaltung singen sie gern alte englische Balladen. »Früher habe ich Oboe gespielt, aber dann habe ich damit aufgehört«, sagt Hannah. »Das Instrument war mir zu spießig.« Die beiden sind die Sorte Leute, die mir ein schlechtes Gewissen machen, weil ich Lippenstifte von Chanel kaufe. Ich sitze auf einem wackligen Stuhl an dem einzigen Tisch ihrer Hütte und habe das Gefühl, meine Kundenkarte von Bloomingdale's, die in meiner Brieftasche steckt, würde verräterische Gammastrahlen aussenden. »Ich versuche diesen Flecken Erde so selten wie möglich zu verlassen«, sagt Hannah. Wie Kiko ist sie durchtrainiert, schlank und fit. Außerdem hat sie sehr volles Haar.

»Raten Sie mal, wie alt das Brot hier ist?«, fragt Hannah, als sie einen grünen Salat und Toast auftischt. Das Grinsen der beiden verrät, dass es schon recht abgelagert sein muss. Der Rest eines *pain au levain* liegt unverpackt auf dem Tisch und das vermutlich schon seit vielen Tagen. Es ist köstlich. Es hat eine Kruste und genau die richtige Konsistenz. Es ist vierzehn Tage alt. Hannah und Kiko werfen nichts weg. Brot ist ihr Hauptnahrungsmittel, und sie essen es auch als Brotpudding oder Lasagne. Wir lagern immer eine Sauerteigkultur im Kühlschrank«, erzählt Denzer. »Manchmal füttern wir sie mit Roggen, dann wieder mit Weizen, gelegentlich mit Vollkornmehl, je nachdem, was wir gerade backen. Gelegentlich benutzt Hannah auch Fabrikhefe, wenn wir ein bestimmtes Brot oder Pizzateig machen.«

Hannah macht den selbst angebauten Salat mit frischem Ziegenkäse an. Der Garten ist ein schmaler Streifen fruchtbaren Bodens, der von der Straße zum Fluss reicht. Er wirft sehr viel ab, und sie leben fast ausschließlich von seinem Ertrag. »Es geht nichts verloren, und nur hin und wieder versäumen wir es, für die Gaben dankbar zu sein«, sagt Kiko. Er hat unzählige Ideen, warum unsere Wirtschaft so korrupt ist. Unser Begriff von Reichtum sei verfehlt, wir plünderten unseren Planeten, und uns sei das Gemeinschaftsgefühl abhanden gekommen. Diese Ideen haben in der »action«, für die sich die beiden entschieden haben, Gestalt angenommen. Sie wollen selbst versorgend und nach einer einfachen Überzeugung leben. »Wir sind der Meinung, dass Essen sehr wenig wert ist verglichen beispielsweise mit wirtschaftlichem Wachstum oder – noch schlimmer – professionellem Sport«, meint Kiko. »Diese verfehlte Einschätzung ist für mich ein Indikator der wirklichen Armseligkeit unserer Kultur. Essen, Land, Arbeit und die Würde des Menschen haben als Einzige einen Wert, aber das alles geben wir für ein paar Münzen weg und verschwenden kaum einen Gedanken an unsere Kinder, unsere Luft und unser Wasser. Aber Geld kann man nicht essen, egal wie viel wir davon drucken! Der Wert des Brotes hat also nichts mit seinem Preis zu tun, sondern mit dem ungebrochenen Kreislauf vom Samenkorn zum Getreide, vom Mehl zum Teig, von meinem Magen – über meine Komposttoilette – wieder zurück in die Erde.« Der Backvorgang in einem Holzofen aus Erde stelle die

Schlichtheit des Brotes wieder her, schreibt Kiko, weil man auf die wesentlichen Dinge zurückgeworfen werde, auf Erde, Wasser, Luft und Feuer. Diese Überzeugung gründet sich auf die Philosophie Rudolf Steiners und erklärt auch, warum Kiko immer wieder die Erlaubnis geben wird, Waldorfschülern sein Handwerk und seine Philosophie zu vermitteln. Kiko hat nie etwas von Michael London gehört, deswegen erzähle ich ihm von dem Dichter-Philosophen London, dem Bäcker London, dem Besitzer eines holzbefeuerten Tuffsteinofens, einer Spezialfertigung, und dem Lieferanten von Rock-Hill-Reserve Feuerbrot zu achtzehn Dollar das Stück. Kiko lacht verächtlich. »Indem man ein Preisschild an ein Brot heftet, begibt man sich wieder hinab auf die Stufe der Gullimentalität, die unsere verschwenderische westliche Kultur dominiert.«

Die Denzers befeuern ihren Erdofen einmal in der Woche, manchmal auch nur alle vierzehn Tage. Dann backen sie einen Abend lang etwa ein Dutzend Brote für sich und zum Tausch gegen Eier, frisch erlegtes Wild und Erzeugnisse der benachbarten Farmen. Bei meinem Eintreffen wollen die beiden gerade mit dem Backen beginnen. In Denzers nach Erde riechendem Studio liegen die ungebackenen Brote auf einem schmalen Gästebett in Körben, die mit Tüchern ausgeschlagen sind. Hannah gestattet mir, mit der Mühle das Maismehl zu mahlen, in dem der Brotteig vor dem Backen gewälzt wird. »Wir brauchen keine Kraftmaschine«, sagt sie, als ich anschließend meine schmerzenden Armmuskeln massiere. Im Unterschied zu Hannah hat Kiko das Bäckerhandwerk nicht gelernt, aber er ist mit selbst gebackenem Brot aufgewachsen und liebt es. Er sah seiner Mutter, der Künstlerin Ann Wiseman, dabei zu, wie sie sich beim Brotbacken in der Küche entspannte. Sie hatte Freude am Backen, und sie befreite sich von den Rezepten und erfand eigene schrullige Brotsorten. Kiko zitiert sie gerne mit dem Satz: »Es gibt kein Misslingen, nur neue Brotsorten.« Als Kiko gerade mal zwölf Jahre alt war, schickten ihn seine Eltern auf einen Bauernhof in der Bretagne. Hier lernte er Französisch, arbeitete auf dem Feld und lebte weitgehend von *pain de campagne*.

Nach dem College und einem Abschluss in Geisteswissenschaften ging Kiko Beschäftigungen nach, die nichts einbringen. Er arbeitete als Sozialarbeiter bei urbanen Regenerationsprogrammen, in der Erwachsenenbildung und in der Suchtprävention. Einige Jahre lang war er auch in Boston bei einem Bildhauer beschäftigt, der für das Museum of Fine Arts Abgüsse herstellte. All das bereitete ihn auf das Leben in Grant Creek vor, auf die Bildhauerei, das Bauen von Lehmöfen, auf das Brotbacken und den Ackerbau. »Ich muss aktiv am Aufrechterhalten des Lebens beteiligt sein.« So drückt Kiko das aus. »Teilhaben ist das Schlüsselwort, am Brot, an der Gesellschaft, an der Kultur, am Leben.«

Am Leben. Ich trinke einen letzten Schluck Tee und suche anschließend die Komposttoilette auf, auch diese ein Kunstwerk. Dann fahre ich davon, und Kiko und Hannah winken mir im Dunst hinterher. Ob ich so leben könnte? Vielleicht eine Zeit lang, bald würde ich unruhig werden und mich eingesperrt fühlen, die Katastrophe des menschlichen Zusammenlebens – wunderbar oder nicht – würde mir fehlen. Wenn ich hier wohnte, würde ich vermutlich dreißig Meilen weit fahren, nur um eine Tasse Cappuccino zu trinken. Es würde mich auch interessieren, wie es bei Kiko und Hannah in zehn oder fünfzehn Jahren aussieht. Bis dahin sind ihnen ihre Q-Tips sicher ausgegangen.

Kiko Denzers zehn Schritte zu richtigem Sauerteig

1. Aus Mehl (vorzugsweise aus biologischem Getreide), einer Tasse (etwa 1 dl) Sauerteig oder einem Teelöffel Hefe und Wasser (2,5 bis 5 dl pro Brot) wird ein nasser Teig angerührt.
2. Das Ganze über Nacht gehen lassen.

SAMSTAGMORGEN:

3. Ein paar Esslöffel des Teigs aufheben, um damit den nächsten Satz zu beginnen. Füttere ihn mit etwas Mehl und Wasser und stelle ihn in den Kühlschrank.
4. Füge Mehl und Salz (1 Teelöffel pro Brot) zu dem übrigen Teig hinzu.
5. Eine Viertelstunde heftig kneten.
6. Den Teig 2 bis 5 Stunden ruhen lassen.

UM DIE MITTAGSZEIT:

7. Den Teig zu Brotlaiben formen.
8. Die Konsistenz prüfen (mit dem Finger den Teig eindrücken, der darauf hin wieder in seine ursprüngliche Form zurückkehren sollte). Dann die Brote etwa 2 Stunden lang gehen lassen.

GEGEN 14 UHR:

9. Backen!
10. Vor dem Essen 20 Minuten warten. Nachdem es aus dem Ofen gekommen ist, backt das Brot weiter.

Aus: Kiko Denzer, *Build Your Own Earth Oven*

Auf Beduinenart
Jordanien

Denn wenn ihr mit Gleichgültigkeit Brot backt, backt ihr ein bitteres Brot,
das nicht einmal den halben Hunger des Menschen stillt.
KHALIL GIBRAN, DER PROPHET

Das Paradies verdient, wer seine Freunde zum Lachen bringt.
DER KORAN

Seid uns willkommen.«

In ganz Jordanien wiederholt sich diese Szene. In der Geröll-
wüste, im Gedränge des Basars, auf dem Hof des reichen oder
in der Hütte des armen Mannes. Wir sagen: »*Salaam, marha-
ba*. Dürfen wir Ihnen beim Brotbacken zuschauen?« Und der
Jordanier, egal ob alt oder jung, verneigt sich und erwidert:
»Ihr seid uns willkommen.« Er trägt ein paar Kisten oder Kissen herbei, auf denen wir uns zu einer Tasse Tee oder auch
einer Orangenlimonade niederlassen können. Aus dem Nichts
tauchen seine und die Nachbarskinder auf. Kichernd betrachten sie unsere bleiche Haut und unsere hellen Augen. Unsere
Schnürstiefel rufen bei ihnen ungläubiges Staunen hervor. Cousins erscheinen in Zweier- und Dreiergruppen. »Seid uns willkommen«, sagen sie und legen die Hand ans Herz. Angesichts
des Aufruhrs, den unser Besuch hervorruft, geht uns durch den
Sinn, dass diese Leute anderes zu tun haben. »Ist das auch
wirklich okay?«, fragen wir mehrmals. »*Mish mushkele*«, ant-
worten sie. Kein Problem.

In der Bäckerei will uns ein wohlmeinender Gehilfe von

einem der Abkühltische ein Brot reichen. Der Eigentümer kommt ihm aber verärgert zuvor. Nein, nein. Nicht dieses Brot, sondern jenes, das gerade aus dem Ofen kommt, sei für die verehrten Gäste. Hier sei noch eine Tüte Brot für später, und das süße Gebäck da sollten wir unbedingt auch probieren. Ich deute auf etwas Unbekanntes, ein riesiges ringförmiges Brot mit Sesam. »*Shu hada?*« Was ist das. »Ah, *baygalah!*«, und bevor wir noch etwas sagen können, liegt es bereits in unserer Tüte. Wir kramen unsere Dinare hervor. Diese unschuldige Geste lässt alle entsetzt gestikulieren. Nein, nein, nein! Bitte kein Geld. Und könnten Sie nicht ein wenig länger bleiben? Noch einen Tee trinken? »*Ahlan wa sahlan fique*«, Ihr seid sehr willkommen.

In der Regel bin ich ein Mensch mit extremen Stimmungsschwankungen, nicht mürrisch, ich mache einfach zu, weil ich mit der gesamten Menschheit keine Geduld mehr habe. In Jordanien, das ich mit meiner Freundin Vivian bereise, bin ich offen, zufrieden und abgeklärt wie ein buddhistischer Mönch. Das Land sagt mir zu. Meine Liebe zu Jordanien sprießt in Amman mit der Großzügigkeit eines verliebten Hotelportiers und wächst von da an weiter. Ich vergucke mich in die Landschaft. Die Berge Jordaniens sehen aus wie ausgegossen oder wie von Raketen aus der Erde aufgeworfen. Für ein Wüstenland sind die Täler erstaunlich grün. Die Wüste ist riesig, rosa und gesprenkelt mit Kamelen und den märchenhaften, schwarzen Zelten meiner Scheherazade-Träume. Ich verliebe mich in das Brot und in die pürierten Bohnen, die *fool,* und nach einiger Zeit sogar in den bitteren Kardamomkaffee. Mich hypnotisieren die Rufe zum Gebet, die über die Täler und Hügel von Muezzin zu Muezzin widerhallen. Die Allah-Rufe überlagern sich wie eine Fuge in Moll.

Für den, der nicht irgendwo zu Gast weilt, ist ein arabisches Land eine Männerwelt. Meine Sorgen darüber verflüchtigen sich jedoch rasch. Ich komme mit jordanischen Männern gut zurecht. Diejenigen, denen wir begegnen, lachen viel und nehmen einen auch schon mal auf den Arm. Die Männer behandeln uns väterlich und freundlich, was wir in dieser Umgebung nicht als beleidigend auffassen. Die Blätter meines Notizbuchs sind mit ihren Namen gefüllt: Omar, Ahmed, Ali, Hissam, Samir, Mazen, Hussein und Sayeed. Ein keuscher Flirt folgt auf den anderen (es kommt nur zu wenigen Heiratsanträgen, einige sprechen von einem Handel mit Kamelen, das aber im Scherz). Jordanien ist das einzige Land, in dem ich einem Mann die Bitte, mir mein Kopftuch vor das Gesicht zu halten, verzeihen kann. Er will sehen, wie ich richtig aussehe. Auf meinen Auslandsreisen bin ich schon angemacht, für dumm verkauft und wie ein Hund herumgescheucht worden. Im Louvre hat mir ein Mann an die Brust gefasst. In Jordanien flirten die Männer viel zurückhaltender und nuancierter. Außerdem habe ich nirgendwo sonst so viele gut aussehende Männer gesehen.

In Jordanien essen die Menschen auf dem Land Brot, Joghurt und Reis, sie trinken Ziegenmilch und Tee. Wir beißen in luftiges, in Tontöpfen gebackenes Brot und reißen Stücke von Fladenbroten herunter, die, so dünn wie Sackleinwand, noch dampfend von einer heißen Ofenwölbung abgenommen werden. Brot kommt aus der Holzkohle und Asche eines Feuers, Pitabrote hüpfen wie flache Steine, die vom Wasser abprallen, über den glühend heißen Boden eines Ziegelofens. Die häuslichen Backtechniken haben sich in den arabischen Ländern in den letzten Jahrhunderten kaum verändert. Das Brot ist einfach und schmeckt, gesäuert oder nicht, nach Weizen und Feuer. Wie in Ägypten, Syrien, im Libanon und im Jemen ist das Brotbacken eine Verrichtung der Liebe und Dankbarkeit. In einigen moslemischen Kulturen werden als Zeichen des Dankes Münzen in das erste Brot aus der jährlichen Getreideernte eingebacken. Auf Arabisch heißt Brot oftmals *aysh*. Das ist gleichzeitig das Wort für Leben. Mit einem Messer auf ein Brot loszugehen, wird als ein Akt der Gewalt betrachtet. Fällt ein Brot zu Boden, hebt der Araber es auf, presst es an Lippen und Stirn, erst dann legt er es beiseite. Brot ist für das Leben der Araber so fundamental, dass 1996, als der Brotpreis wegen der Erhöhung der Einfuhrzölle für Weizen um unerhörte 250 Prozent gestiegen war, die Leute auf die Straße gingen. Das zeitigte das gewünschte Ergebnis; der damalige König Hussein senkte den Preis wieder auf ein verträgliches Niveau.

Für die ländliche Bevölkerung Jordaniens, die zahlreicher ist als die in den Städten, stellt das Brotbacken einen ebenso geheiligten Brauch dar wie das Gebet. Auf dem Land gehört Brot zu jeder Mittags- und Abendmahlzeit. Das Backen folgt harmonisch dem Rhythmus des Tages, sodass man die Uhr danach stellen kann. Die Araber unterscheiden zwischen arabischem Brot und *aysh fino,* ausländischem (wörtlich: französischem) Brot. Unsere Nase führt uns zu Brot auf jordanische, ägyptische, syrische und irakische Art. Für anderes als arabisches Brot nehmen wir uns nicht die Zeit. Das essen wir überall von morgens bis abends und bekommen stets noch ein paar Brote geschenkt. Vivian und ich können nicht alles essen, aber wir bringen es auch nichts übers Herz, die Brote wegzuwerfen. Schließlich gibt die Rückbank unseres Mietwagens ein üppiges Picknick für die vermutlich glücklichste Taube der Welt ab.

Obwohl mir die geographischen Gegebenheiten unklar waren, da sich die Grenzen dieses Landes innerhalb meines kurzen Lebens mehrmals verschoben, hatte ich immer schon nach Jordanien reisen wollen. Als Teenager, als meine Freundinnen aus New Yorks Vorstädten der Anziehungskraft der Kibbuzim erlagen, begeisterte ich mich für die andere Seite des Jordans. Ich träumte mich in die arabische Wüste, wie sie auf den ausklappbaren Seiten des *National Geographic Journal* zu sehen war. Folgende Dinge hatten es mir besonders angetan: Dromedare, deren Höcker Teppiche zierten, der Duft von Jasmin und Pomeranzenblütenöl, riesige Ohrringe und Menschen in knallbunten Tüchern. Von Zelten war ich regelrecht besessen. Aus Bettüberwürfen, Besenstielen und Sicherheitsnadeln baute ich mir in unserem Vorstadtgarten ein Beduinenzelt. Ich bat, dort schlafen zu dürfen, obwohl unser Himmel mit dem schwarzen Himmel der Wüste nicht viel gemein hat. Aufgewachsen mit dem Geruch von Zwiebeln und Sülze, berauschte mich der Duft von Kreuzkümmel bei Mahmoud's an der

MacDougal Street in Manhattans Greenwich Village. Mit fünfzehn fuhr ich mit dem Zug in die Stadt und direkt ins Greenwich Village. Ich setzte mich ins Mahmoud's, trank süßen Tee
mit Mandeln und lauschte dem fremdartigen Singsang des Arabischen, das Mahmoud und seine Freunde sprachen. Später,
als ich nicht mehr mit dem Zug in die Stadt zu fahren brauchte, ging ich sehr viel zu Fuß. Ich war ein jüdisches Beduinen-
mädchen.

Jordanien stand lange im Schatten Ägyptens. Es ist ein kom-
paktes und freundliches Land. In der Weltpolitik spielt es,
wenn überhaupt, eine Nebenrolle. Jordanier, mit denen wir
sprechen, scheinen wirklich beeindruckt zu sein, dass wir eine
so weite Reise unternommen haben, um ihr Land zu besuchen.
Als ich meinen Bekannten in den USA erzählte, ich plane eine
Reise nach Jordanien, verfinsterten sich ihre Mienen und alle
mahnten mich zur Vorsicht. Aus Angst wovor? Rechne damit,
dass dort der Antisemitismus verbreitet ist, sagten sie. Hüte
dich vor militanten Arabern, die herumstreifen und einen alten
Stammesgroll hegen. Lass dich nicht kidnappen! Verwandte
und Freunde fürchteten, dass wir unser Schicksal herausfor-
derten, da Vivian und ich als Frauen – noch dazu als jüdische
Frauen – allein reisten. »In Jordanien war mir immer unwohl«,
erklärte die Freundin einer Freundin bei einer Bar Mizwa. Ich
erdreistete mich zu der Frage: »Wie lange waren Sie denn
dort?« Weniger als einen Tag. Nicht einmal die Nacht hatte
sie in Jordanien verbracht. »Ich hätte keine Lust, auch nur eine
Nacht dort zu verbringen«, meinte sie beleidigt. »Die hassen
Israel, müssen Sie wissen.« Nicht gerade eine Neuigkeit. In Jordanien leben hauptsächlich Palästinenser. Viele von ihnen sind
Flüchtlinge. Jedes Frühjahr erinnern sich die Jordanier am
israelischen Unabhängigkeitstag in Trauerbekundungen an die
nakba, die Katastrophe. Die Bemühungen König Husseins, eine
Normalisierung herbeizuführen, haben Jordanien zu einem
Ziel für Touristen gemacht. Die Israelis reisten als Erste an.

Es zeigt sich, dass es niemanden im Land kümmert, ob wir
Juden, Lutheraner oder Zeugen Jehovas sind. Die seltenen

Male, da die Rede darauf kommt, scheint das überhaupt keine Rolle zu spielen. Nur einmal stößt uns etwas sauer auf. Wir unternehmen eine Wanderung unterhalb der Zinnen der Kreuzfahrerburg Kerak, als es plötzlich Steine hagelt. Ein paar Jugendliche schleudern sie nach uns. Warum? Unsere Idylle ist dahin. Warum trifft es gerade uns? Können sie sehen, dass wir Ungläubige sind? Am Boden zerstört, beklagen wir uns beim Hoteldirektor. »Die werfen immer mit Steinen«, erklärt er uns mit einem gequälten Gesichtsausdruck. »Sie werfen Steine auf *uns*. Das sind sehr schlechte Menschen.« Anschließend stoßen wir in Jordanien allerdings nie mehr auf diese arbeitslosen jungen Leute, deren bedrohliche, überschüssige Energie und deren Selbsthass die Plage aller Entwicklungsländer darstellt. Jedenfalls ist das die Einschätzung von Beobachtern wie Robert Kaplan. In ihren Mails erzählen mir meine Freunde aus Amman, dass jetzt alles den Bach runtergeht. Wir sind in Jordanien, nachdem gerade die Friedensverhandlungen zwischen Israelis und Palästinensern in Oslo stattgefunden haben und es mit der Wirtschaft aufwärts geht. Mit dem Kopf und vielleicht sogar mit dem Herzen blicken alle optimistisch in die Zukunft.

Vivian ist zwölf Jahre älter als ich und viel herumgekommen. Obwohl sie nichts über Jordanien weiß, will sie sich mir anschließen. Als Künstlerin hat sie für alles ein Auge, und ihre Neugier kennt keine Grenzen. Sie räumt ein, Jordanien immer mit dem Libanon und Syrien zu verwechseln. Für sie sei der Nahe Osten ein einziges Durcheinander aus obskuren Konflikten und dem immer gleich klingenden Geschwätz in den Nachrichten. Kaum jemand, mit dem wir vor unserer Reise sprechen, weiß mehr, aber glücklicherweise begegne ich Kathleen Abdallah, einer Wirtschaftswissenschaftlerin bei den Vereinten Nationen und der Schwester meiner alten Freundin und Kollegin von der Zeitung Mary Ellen O'Shea. Sie hat mit ihrem ägyptischen Ehemann fünf Jahre in Amman gewohnt. In einem Coffee Shop an der Second Avenue in Manhattan begutachtet sie meine kurze Liste mit Hotelempfehlungen, die meisten stammen von irgendwelchen Pauschalreisen, und erklärt alle für zu teuer. Andere haben einen zu guten Ruf oder zu wenig Lokalkolorit. Ich erwähne, dass ich jemanden als Führer und Fahrer anheuern wolle. »Das werden Sie nicht brauchen«, meint sie, »Sie kommen auch allein zurecht.«

Als wir eintreffen, hat Jordanien gerade erst seinen geliebten König Hussein verloren, der achtundvierzig Jahre lang regiert hatte. Hussein war der erste Herrscher Jordaniens seit der Unabhängigkeit des Landes 1946. Vorher hatte Jordanien ein Vierteljahrhundert die Selbständigkeit als britisches Mandatsgebiet erlebt. Nach Bekanntgabe der Nachricht von König Husseins Tod – er hatte sieben Monate lang gegen den Krebs gekämpft – strömten die Jordanier auf die Straßen, um den Verlust des Mannes zu betrauern, den sie ihren Vater und ihren Geliebten nannten. Frauen schlugen die Hände vors Gesicht und heulten laut. »Al Hussein ist Jordanien«, war auf handgeschriebenen Plakaten zu lesen. Zur Zeit unseres Besuchs ist sein Sohn und Nachfolger Abdullah, der in London studiert hat, immer noch auf der Suche nach einem gelassenen und effektiven Regierungsstil. Er pflegt sich als normal gekleideter Jordanier, nur umgeben von einem Trupp von Bodyguards in Zivil, unter das Volk zu mischen. Vivian und ich amüsieren uns damit zu erraten, wer Abdullah sein könnte. »Ich glaube, das da ist der König«, flüstere ich Viv zu, als wir uns im Innenhof der Ruine einer Wüstenfestung befinden. Ich wende mich an den nachlässig gekleideten Schließer, der mit uns von Kammer zu Kammer geht und fragt: »Is good, Jordan? Sind Sie verheiratet? Sind Sie verheiratet?« An einem anderen Tag entdecken wir Abdullah an der Ecke einer belebten Straße in Amman. Er schenkt gerade Tee aus einem Samowar ein. Einmal entdecken wir ihn vollkommen reglos – er will sich gerade einen Zug aus einer Wasserpfeife genehmigen – in einem Diorama im Historischen Museum von Amman.

Jordanien, nur etwa so groß wie Indiana, ist ein Flickenteppich aus Wüste, steiler Hügellandschaft, zerklüftetem Gebirge, Schluchten, Canons und dem fruchtbaren Jordantal. Auf fünf Prozent des Bodens wächst etwas anderes als Wüstengras,

Salbei, Wacholder und Krüppelkiefer. Die wenigen ackerbau-
tauglichen Flecken bringen den Jordaniern nur bescheidene
Ernten ein: Weizen, Gerste sowie die Tomaten und Gurken,
die es zu fast jeder Mahlzeit gibt. Für den Export baut Jordanien Oliven, Feigen, Aprikosen, Trauben und natürlich Mandeln an. Es gibt Herden mit langhaarigen Ziegen und Schafen,
robuste Araberpferde und – das Klischee schlechthin – gra-
sende Kamele, deren Silhouette sich vor der untergehenden
Sonne abzeichnet.

Meilenweit fahren wir die *jebels* (Hügel) hinauf und um sie
herum. Auf den von Salbei überwucherten Wüstenebenen
ragen hier und da ein paar kümmerliche Olivenbäume auf.
Etwas Dunkles, Unansehnliches und Rätselhaftes hängt in diesen Bäumen. Irgendwelche Nester? Mutierte Riesenmotten?
Nichts dergleichen! Jordanien sieht sich einem Angriff schwarzer Plastiktüten ausgesetzt. Hartnäckig verhaken sie sich an
jedem Vorsprung, der ihnen in den Weg kommt: an Ästen, Felsblöcken und Verkehrsschildern. Sie treiben durch die Wüste,
flattern auf und gemahnen an einen Schwarm Zugvögel. Hat
man sie erst einmal bemerkt, fallen sie einem überall auf. Vielleicht wird einmal eine riesige Armee Schulkinder in die Hügel,
Täler und Ebenen ausschwärmen, sich im Vorbeigehen die
hässlichen Säcke schnappen und sie in die Mutter aller Säcke
stopfen, damit sie zu Badelatschen recycelt werden können.

»Willkommen in Jordanien.«

In Jerusalem nehmen wir uns am Damaskustor ein israeli-
sches Taxi, in dem wir die West Bank durchqueren. Ein jor-
danisches Taxi bringt uns über die König-Hussein-Brücke nach
Amman. Reisende nach Israel benutzen die Allenby-Brücke.
Beide Namen stehen für dieselbe Brücke. Die erste Lektion, die
jeder Fremde zu lernen hat, ist der emotionsgeladene Gebrauch
der Sprache. Die von Israel Ostjerusalem genannte Stadt wird
für Jordanien, das im Sechstagekrieg 1967 das Gebiet verlor,
immer das besetzte Jerusalem bleiben. Jordanier besuchen ihre
Verwandten in Palästina, für Israelis existiert dieses Land nicht.
Die undurchschaubaren Prozeduren an zwei Grenzposten und

eine kurze kostenlose Busfahrt durch das Niemandsland dazwischen lassen aus einer Strecke von nur fünfundvierzig Meilen eine Reise werden, die einen ganzen Vormittag dauert.

Ich habe für uns ein Zimmer im Hisham Hotel in Amman gebucht, einem kleinen, ruhigen Etablissement, in dem vorzugsweise ausländische Journalisten absteigen. »*Fonduq Hisham*«, sagt der Taxifahrer mehrmals und reibt sich mit einem gequälten Gesichtsausdruck das Kinn. Als wir im überaus belebten Zentrum von Amman eintreffen, verliert er die Orientierung. Er fährt in Schlangenlinien, damit die anderen Fahrer auf ihn aufmerksam werden, und ich präge mir meinen ersten arabischen Satz ein: »*Wayn fonduq Hisham?*« Wo ist unser Hotel? Dieser Satz wird mir sicher noch gute Dienste leisten. Unser Fahrer führt mehrere umständliche Unterhaltungen und findet trotzdem niemanden, der das Hotel kennt. Wir ziehen unsere Stadtpläne hervor und flehen den Fahrer, der mittlerweile fast den Tränen nahe ist, an, uns nicht einfach einem anderen Taxi abzutreten. Nach viel zu langer Zeit halten wir verschwitzt und erschöpft vor dem Hisham. Wir sind erleichtert, dass es wirklich existiert.

Die Taxifahrt war nicht weiter ungewöhnlich. »Diese Stadt ist sehr schwierig, keine Schilder, immer was Neues«, meint Omar Douad, der Manager des Hisham. »In Amman verfahren sich alle.«

Wie Rom ist Amman auf sieben Hügeln erbaut und wie Dantes Hölle besteht die Stadt aus Kreisen. Wahrscheinlich ist es leichter und ergötzlicher, sich in der Unterwelt zurechtzufinden als in der Hauptstadt Jordaniens. Und das auch an Tagen, an denen die Straßen nicht von demonstrierenden Studenten oder Baustellen verstopft sind oder von Fahrern, die allesamt von der Nord- zur Südseite gelangen wollen und umgekehrt. Ende des 19. Jahrhunderts war Amman noch ein Dorf mit zweitausend Einwohnern, jetzt ist die Stadt aus allen Nähten geplatzt, und das so wohl geordnet wie durch ein Erdbeben. Obwohl Amman weder schön noch von pittoresken Bergen oder Gewässern umgeben ist und von einem Nahost-Korrespondenten als die langweiligste Stadt in arabischen Ländern bezeichnet wurde, ist in Amman mittlerweile so viel los und das Leben so international wie in Beirut vor dem Krieg.

Die Stadt führt einen anderen Krieg, eine Totaloffensive auf jeden freien Flecken. Dieser Krieg wird mit Planierraupen, Zementmischern, Presslufthämmern und Kränen geführt. Alle paar Straßen ragt ein neues Bürohochhaus oder Hotel zwischen den letzten Trümmergrundstücken auf. Sie sehen alle gleich aus und erinnern an Parkhäuser. Schnell haben wir gelernt, dass man sich nur schwer an halb fertigen Bürohäusern orientieren kann. »Jeden Tag entsteht in Amman ein neues Gebäude«, erklärt uns ein palästinensischer Taxifahrer, während er den Baustellen auszuweichen versucht. »Das macht einen verrückt.« Dutzende von Minaretten ragen aus dem Durcheinander auf, als würden sie um Luft ringen. Der Plan der Stadt ist so chaotisch, dass gelegentlich die einzige Chance, sich zu orientieren, darin liegt, auf das Nachmittagsgebet zu warten, also darauf, in welche Richtung sich die Gläubigen zum Gebet wenden.

Angenehm ist, dass die Taxifahrer in Amman gelegentlich anhalten, um den Fahrgast während der Fahrt mit einer Tasse Kaffee zu versorgen. Unangenehm ist …, was eigentlich? Was die Straßen in Amman angeht, ist alles unangenehm. Beispielsweise liegt das Hisham an der Zahran-Straße, einer Seitenstraße des dritten Kreises. Aber es hat wenig Sinn, die Kreise oder Ringe zu zählen. Von den acht »Kreisen« handelt es sich bei einigen um echte Ringe, andere bilden nur verworrene Kreuzungen, und mindestens einer spuckt einen in einen Tunnel aus, der irgendwo hinführt, wo man restlos verloren ist. Straßenschilder befinden sich halb versteckt in Bordsteinhöhe, und ihre kursive Schrift ist kaum zu entziffern. Selbst wenn man die Namen entziffern könnte, sie wechseln dauernd, obwohl eine Faustregel zu sein scheint: Im Zweifelsfall heißt die Straße immer Hussein-Straße. Ammans Nebenstraßen verlaufen mit der Logik, die in etwa der entspricht, der ein paar lose Fäden in einem Wäschetrockner folgen. Wenn Sie sich also verfahren (und das tun Sie eher früher als später), dann befinden Sie sich irgendwann auf dem Weg zum richtigen Bethlehem, ehe Sie die Straße zurück in die Stadt finden. Wir frühstücken im Coffee Shop des Intercontinental Hotels mit Alyce, der Tochter von Kathleen Abdallah, die mit einem Fulbright-Stipendium ein Jahr in Amman ist. Sie staunt, dass Vivian und ich auf eigene Faust in Amman herumfahren wollen. Wir sind ganz selbstbewusst und gehen davon aus, dass sie unsere Tollkühnheit beeindruckt. Sie erklärt uns jedoch für verrückt.

Jordanien liegt, von Ägypten aus gesehen, auf der anderen Seite des Golfs von Akaba. Von dieser belebten Hafenstadt aus ist das Nachbarland zu erreichen. Im Süden ist dieses winzige Land ein einziger riesiger, unwirtlicher Sandhaufen, der in Saudi-Arabien übergeht. Vom Norden aus ist es nur einen Steinwurf weit bis nach Damaskus. Dank der Bemühungen der in den USA geborenen Königin Noor und der Osloer Friedensverträge hat der Tourismus zugenommen. Die meisten Besucher fahren mit dem Bus direkt in die antike Stadt Petra. Dort bewegen sie sich grüppchenweise gemächlich vorwärts und bestaunen offenen Mundes die Tempel und Gräber, als hätten sie Urmaterie vor sich. Nach einer Weile sprechen Vivian und ich von diesen Gruppen nur noch als Meuten. Die meisten Touristen sind aus Europa. Die wenigen Amerikaner, denen wir begegnen, kommen nur auf einem kurzen Ausflug aus Israel nach Petra herüber.

Jordanier haben nichts gegen Amerikaner. Die fünf Millionen Einwohner des Landes haben 543,2 Millionen Dollar für militärische Ausbildung, die Ausbeutung von Bodenschätzen, für Familienplanung und Lebensmittel von den USA erhalten, dazu Weizen im Wert von fast fünfzig Millionen Dollar. In Jordanien gibt es kaum Analphabeten, mindestens 85 Prozent der Einwohner können lesen und schreiben, aber Arbeit haben nur wenige, und die Bevölkerung wächst rasch. Sowohl Regierung als auch Bevölkerung, überwiegend Sunniten, sind unglücklich über den aussichtslosen Konflikt zwischen Israelis und Palästinensern sowie über und die häufig im Widerspruch zueinander stehenden Loyalitäten zu anderen arabischen Ländern und dem Westen. Von 1996 auf 1997 erhöhten die USA ihre Hilfe für Jordanien um 1800 Prozent, auch eine Art, dem tapferen König Hussein, der bereits am Ende seines Lebens stand, Dank für seine Bemühungen um den unheimlichen »Friedensprozess« auszudrücken. Das größte Problem Jordaniens teilen alle Wüstennationen: zu viele Menschen, zu wenig Wasser.

In der Stadt fallen Vivian und ich kaum auf. Ich habe etwas gegen meine kurzen, unförmigen Beine, und sie aus Respekt vor den Landessitten bedeckt zu halten stellt für mich ungefähr ein ebenso großes Opfer dar wie zur Fastenzeit keinen Borschtsch zu essen. Obwohl sich alle Frauen in Jordanien eher unauffällig kleiden, läuft alles von ganz in Schwarz bis hin zu bunten Kopftüchern und eleganter westlicher Kleidung und aufwändigen Frisuren auf der Straße herum. Auf dem Land tragen die Frauen formlose, knöchellange Gewänder mit langen Ärmeln. Sie sind am Halsausschnitt bestickt. Viele Männer ziehen noch die traditionelle weiße *djellabah* an, das bodenlange Gewand, und bedecken den Kopf mit der für die Araber so typischen *chefije* oder mit einer *kipa*. Trotz Luftverschmutzung, Staub und fettigem Essen sind die Gewänder der Männer stets fleckenlos und blendend weiß. Zweifellos sind ihre Frauen und Töchter irgendwo im Verborgenen damit beschäftigt, diese Kleider mit Schmierseife zu schrubben und immer wieder auszuwringen.

Am Freitag, dem islamischen Feiertag, sind die Hauptstraßen Ammans für den Verkehr gesperrt. Die gesamte Innenstadt ist ein Meer aus knienden Menschen. Der gebeugte Rücken und die ausgestreckten Armen lassen die Schulterblätter hervortreten. Von einem Flugzeug aus wirkt das Ganze vermutlich wie ein wogendes Puzzle. Man kniet auf einem Gebetsteppich oder einem Stück Pappe. Für die meisten Menschen ist in der Großen Moschee kein Platz, und zu den ohrenbetäubenden Rufen der Muezzins beugen sich alle immer wieder zur Erde. Wie erstarrt stehen Vivian und ich an einer Straßenecke aus Furcht, es könnte uns als Respektlosigkeit ausgelegt werden, wenn wir uns auch nur einen Zentimeter vorwärts bewegen. Die nicht betenden Jordanier gehen einfach an uns vorbei und bahnen sich durch den menschlichen Teppich einen Weg, um ihren Geschäften nachzugehen. »Ich glaube, es ist okay weiterzugehen«, flüstere ich, und wir geraten in einen Laden. Wir bewundern die Gebetsketten an den Wänden. Ich will ein paar kaufen, um sie zu verschenken. Dem Ladenbesitzer ist ein auf seinem Gebetsteppich kniender Mann im Weg. Mit einem großen Schritt steigt er über ihn hinweg.

Khabbaez, Bäckereien, gibt es im Suk überall. An allen Ecken der engen Straßen und Gassen duftet es nach Hefe. Auf Karren türmt sich Pitabrot, an einem Fenster neben der Bäckerei werden Bestellungen angenommen. Niemand muss sich hineinbegeben. Ich würde das auch gar nicht wagen, stattdessen strecke ich meinen Kopf durch das Fenster und säusele: »*Ana sahaffeeya.*« Ich bin Journalistin. Und füge in meinem Hilfschüler-Arabisch ohne Verben etwas über mein *ketab,* mein Buch, hinzu. »Ah, *sahaffeeya!*«, ruft der Mann, lächelt und bedeutet uns, dass wir eintreten dürfen.

Es ist fast schon ein Klischee, dass Bürger bestimmter Länder Sprachensnobs sind, die auf falsche Aussprache ungeduldig, ja sogar herablassend reagieren. Wenn Sie es jedoch mit Arabisch versuchen, können Sie sicher sein, dass Sie Freunde gewinnen. Das Arabische ist eine schwierige, aber direkte Sprache. Falls es Ihnen gelingt, die Aussprache einiger nützlicher Substantive in den Griff zu bekommen, wird es Ihnen nicht schwer fallen, sich verständlich zu machen. Weil es im Arabischen nur zwei Zeiten gibt – was passiert ist und was passieren wird –, werden Sie nicht so leicht im Fegefeuer der Verben untergehen wie im Französischen oder Italienischen. Das Arabische verfügt über ein paar Worte, die sich in allen Zusammenhängen verwenden lassen und die Sie in alle Unterhaltungen einwerfen können. Die sollten Sie auf jeden Fall lernen: *bismalla,* im Namen Gottes, *Inschallah,* so Gott will, oder *ahlan wa sahlan,* was soviel wie Hallo und Willkommen bedeutet. *Salaam,* Friede. Damit können Sie nichts falsch machen.

Die Araber sind für ihre Gastfreundschaft berühmt, und das spiegelt sich auch in der Sprache. Auf verschiedene Arten lässt sich sagen: »Seid uns willkommen.« Vivian behauptete einmal, ein alter Imam, den wir nach dem Weg gefragt hatten, hätte ihr viel Spaß gewünscht. Gesagt hatte er, *afwahn,* »Ihr seid willkommen«. Abgesehen von den einfachsten Dingen für den Alltag ist das Arabische jedoch ein Albtraum. In seinem unterhaltsamen Buch *Yemen. The Unknown Arabia* weist der britische Arabist Tim Mackintosh-Smith darauf hin, dass *firash* entweder Ehefrau oder Fußmatte bedeuten kann und *qaruah* entweder ein »Augenstern« oder ein Urinal ist. Er schreibt: »Jemand hat einmal behauptet, dass jedes arabische Wort drei Bedeutungen hat: die eigentliche, das genaue Gegenteil oder Kamel.«

Eine nach der anderen öffnen sich uns die Bäckereitüren. Die Männer drängen sich hinten an der Zementmauer zusammen, um uns durchzulassen. Nichts scheint die jungen muskulösen Lehrlinge mehr zu faszinieren, als uns zuschauen zu sehen, wie sie ohne Hemd vor einem mit Kohle beheizten Ofen schuften. Die ägyptischen Bäcker geben sich gern zu erkennen: »Ägypter! Das hier ist eine ägyptische Bäckerei!« In ihren Backstuben wird nur Pitabrot gebacken. Die Öfen spucken es von der Morgendämmerung bis zum Einbruch der Nacht aus. In einigen Bäckereien wird der Teig von Hand gemischt, geknetet und ausgerollt, andere verfügen über eine einfache Maschine, die den Teig portioniert und tellergroß ausrollt. Im Dorf Mouta stecken wir unsere Köpfe in einen duftenden Verschlag. Hier ist der Beduinenjunge Baha den ganzen Tag mit nichts anderem beschäftigt, als flachsfarbene Fladen aus Vollkornweizen in die Luft zu werfen und über einem *tannur* zu drapieren, einer Art umgekehrtem Wok über einer Flamme. In der Kleinstadt Maan, einem beliebten Zwischenstopp der Mekka-Pilger, beobachten wir einen Jungen bei derselben Beschäftigung. Erst streckt er jedoch noch den Teig, indem er ihn über ein dickes, rundes Kissen zieht. In Wadi Musa in der Nähe von Petra besichtigen wir die Sanobel Mechanical Bakery und sehen die Fladenbrote wie im Film *Moderne Zeiten* ein quietschendes Fließband entlangrasen. Moyad Abdulla, der hellhäutige und blauäugige Eigentümer, hat in seiner Heimat, dem Irak, Landwirtschaft studiert. Sein Überschwang steckt an: »Jetzt kommt's!« Das frische Pitabrot rattert im Zickzack vom Ofen im dritten Stock in die zweite Etage hinunter. Ruckweise wie die Wagen einer altertümlichen Achterbahn bewegt es sich vorwärts und purzelt dann in ein Loch im Boden. »Kommen Sie! Kommen Sie!« Hinter Moyad Abdulla trotten wir die Treppe hinunter und sehen dort die Brote auf einen Ladentisch regnen, vor dem die erstaunten Kunden Schlange stehen. »Das hier ist eine sehr moderne Bäckerei! Im Jemen und im Irak gibt es keine Maschinen«, erzählt uns Moyad. »Alles von Hand.« »Bitte schön«, sagt Moyad und packt für uns eine Plastiktüte mit Broten, süßem Gebäck und mit Sesam bedecktem *baygalah,* das die Form von Doughnuts hat.

Warum sind nur alle so nett zu uns? In Al Azraq, etwa dreißig Meilen vor der Grenze zu Saudi-Arabien, sind Vivian und ich die einzigen Gäste in einem Café an der Straße, in dem offenbar nur nachts Betrieb herrscht. Zusätzlich zu den Tischen draußen gibt es einen riesigen, grellbunt dekorierten Saal. Er erinnert mich an die Säle meiner Jugend, in denen in der Vorstadt die Bar Mizwa gefeiert wurde. An der Wand sind einige der fantastischen Wasserpfeifen aufgereiht, die *nargileh* heißen (ob sie in Schlagern besungen werden?). Von der Fahrt erschöpft, verweilen wir dort den ganzen Nachmittag und warten auf den Sonnenuntergang. Der Eigentümer und sein Koch füllen unsere Teegläser nach und bringen uns Chips und Coca-Cola. Sie bieten uns an, an einer Wasserpfeife für Anfänger zu paffen, in der *sheesha* glüht eine duftende Paste aus Tabak und Dörräpfeln. Das ist angenehm und kratzt nicht im Hals wie normaler Pfeifentabak. Der Nachgeschmack ist fruchtig. Als wir aufstehen und gehen wollen, weigern sich die Männer unsere Dinare anzunehmen. Das ist ihnen ganz wichtig. Sie pressen die Hand aufs Herz und tun unsere Proteste ab. »*Mish mushkele*«, kein Problem. »Ihr seid uns willkommen.«

Vivian und ich sind zwar nicht gerade hässlich, aber auch keine Teenies. Unsere weiblichen Attribute sind alle unter weiten Blusen und geräumigen Khakihosen verborgen. Vivian trägt einen verbeulten Sonnenhut und ich einen überaus attraktives, geblümtes Kopftuch. Da wir gelernt haben, die Gedanken der Männer zu erraten, fragen wir uns ein weiteres Mal: »Warum sind alle nur so nett zu uns?« Ein Straßenhändler in einem Café in Petra, der Armreifen feilbietet, hat eine Erklärung parat: »Die Chemie stimmt einfach«, sagt er zu mir. Schließlich geht es uns auf. »Sie mögen uns! Sie mögen uns wirklich!«

Omar mag uns. Omar mag uns sogar sehr. Er herrscht im Hisham. Klein und unauffällig wie ein Wohnhaus liegt das Hotel in einem ruhigen Wohnviertel mit Villen, grünen Gärten und blühenden Bäumen. Am Straßenrand parken reihenweise funkelnde BMWs. Das erste Gesicht, das einem begegnet, ist das von Omar. Er ist Mädchen für alles und die linke Hand von Mr. Hisham. Omar ist der Sultan von *mish mushkele*. Können wir nachts zum Farq al-Din, dem schicksten libanesischen Restaurant in Amman, zu Fuß gehen? *Mish mushkele*, Omar fährt uns. Wo können wir ein Flugticket nach Tel Aviv kaufen? *Mish mushkele*, Omar kümmert sich darum. Wir können später zahlen. Omar ist ein eleganter Bodybuilder, schon leicht kahlköpfig, aber mit Pomade im Haar und kennt nur seine Arbeit. Wir rechnen damit, dass Omar sich nicht mehr um uns kümmern wird, wenn wir Amman verlassen, aber da irren wir uns gewaltig. In ganz Jordanien gibt Omar bekannt, dass wir seine Schutzbefohlenen sind. Er ist so etwas wie unser guter Geist.

Eines Abends nimmt mich Omar mit aufs Dach, damit ich mir Amman bei Nacht ansehen kann. Das Hotel ist nur drei Stockwerke hoch, es gibt also nicht viel zu sehen, aber Omar deutet in die eine Richtung, die der reichen Leute, und in die entgegengesetzte, die der armen. Er baggert mich nicht an, wie wir damals auf der Highschool zu sagen pflegten. Da mir alles neu ist, bin ich etwas nervös, aber zumindest steht mir ein Wort zur Verfügung: *imshi,* was so viel heißt wie verschwinde. Dieses Wort habe ich mir eingeprägt, um eindeutige Angebote abzuwehren. »Mit *imshi* sollten Sie durchkommen«, heißt es im *Lonely-Planet*-Reiseführer Jordanien und Syrien. »Einige Frauen sind auch zu dem Schluss gekommen, dass es hilft, aufdringliche Individuen zu verlachen oder ihnen auf die Schuhe zu starren, als wolle man sagen: ›Was will denn dieser miese Typ von mir?‹«, steht dort weiter zu lesen.

Ich gerate nie in die Verlegenheit, auf Omars Schuhe starren zu müssen. Er und alle anderen Männer, die uns die Aufwartung machen, sind freundlich und respektvoll. Trotzdem scheint Omar zu viel über uns zu wissen. Ich habe den Verdacht, dass er in unser Zimmer geht und unsere Unterwäsche in Augenschein nimmt, während wir auf Ruinen herumklettern oder in einem Stau festsitzen. Wir stehen auf so vertrautem Fuße, dass Mr. Hisham eines Abends, als ich das Haar offen trage, statt einen Pferdeschwanz, und zum Essen ausgehen will, sagt: »Oh, Miss Susie, nebenan ist ein Frisiersalon, wo Sie sich die Haare richten lassen können.« Eines Abends informieren Omar und Mr. Hisham uns bedrückt, das Farq al-Din, unser neues Lieblingsrestaurant, in dem die ganze Arabische Liga samt Gefolge Platz gefunden hätte, sei »ausgebucht«. Wir sollten im Hotel essen, sagt Mr. Hisham. Damit ist das entschieden. Er lässt seine Leute nur für uns im Garten einen Tisch decken. Es ist ein wunderbarer Abend. Vivian und ich tafeln mit Mr. Hisham bei Vollmond und hören uns Geschichten von seiner Kindheit in Ostjerusalem an, bevor er und die meisten seiner Verwandten nach Jordanien flohen. Wir sprechen über die »Situation«, und Mr. Hisham, dessen erwachsene Kinder in Boston und Los Angeles leben, lässt keinen Ärger erkennen, nur Resignation. Vivian und ich verlieben uns regelrecht in den höflichen, weißhaarigen Mr. Hisham. Wir müssen ihm versprechen, ihn von überall aus Jordanien anzurufen, falls wir etwas brauchen, »auch SOS«. Mr. Hisham mag uns.

Omar und Mr. Hisham überhäufen uns mit Geschenken: ein Strauß Rosen, ein Stück Seife mit Salzen aus dem Toten

Meer, Matchbeutel mit dem Logo des Hisham-Hotels und Flaschen mit dem heiligen Wasser aus dem Jordan. Zu Omar habe ich über E-Mail weiterhin Kontakt. Er nennt mich immer »*Habebti*«, was so viel wie Liebste bedeutet. Immer noch machen wir Witze über das Telefon. Was geschah, war Folgendes: Vivian und ich planten einen Tagesausflug zu einigen Wüstenfestungen nördlich von Amman. Bauherren waren die Kalifen der Omaijaden, der ersten islamischen Dynastie im 7. und 8. Jahrhundert. Die verfallenen Festungen waren Paläste, die zur Jagd oder zu Gelagen aufgesucht wurden. Brachen Epidemien aus oder rückten die gegnerischen Armeen vor, zog man sich dorthin zurück. Recht abwegig ragen sie aus der knochentrockenen Erde, und in ihnen ist es so heiß wie in einem Hibachi. Dafür hatten wir sie mehr oder minder für uns. Wieder in Amman, verfahren wir uns. Über zwei Stunden kurven wir herum, obwohl wir nicht weiter als zwei Meilen von unserem Hotel entfernt sein können. Es wird dunkel. Immer wieder halten wir an, und Vivian macht sich auf die Suche nach Leuten, die Englisch sprechen, Ladenbesitzern, Geschäftsleuten und Studenten. Ich sehe, wie sie mit diesen Leuten spricht. Sie gestikulieren und wollen nicht mehr aufhören zu reden. Sie fuchteln mit den Armen und schlagen mit den Händen Löcher in die Luft. Schließlich steigt Vivian wieder ins Auto. »Und?«, frage ich. »Er weiß es nicht«, entgegnet sie. Die ersten sechs Male finde ich das noch lustig. Hätten wir unsere Ehemänner dabei, hätten sie allmählich die Nerven verloren. Aber Vivian und ich sind tapfer bemüht, die Nerven zu behalten, während wir den Mohammed-Boulevard und den Hussein Highway entlangzockeln und sich stets eine ernste Menge um uns schart, wenn wir unsere immer panischeren Fragen stellen. Obwohl mehrere Leute erklären: »Dritter Kreis! Ganz einfach!«, kann niemand das näher erklären. Schließlich finden wir das Hotel dank einem glücklichen Zufall. Wir quetschen den Wagen in die letzte Parklücke und heulen vor Freude.

Ich umarme den stämmigen Omar. »Wir haben uns solche Sorgen um Sie gemacht«, sagt er. »Es wurde dunkel, und ich habe die ganze Zeit nur gesagt: ›Wo ist meine Susie?‹ Morgen nehmen Sie mein Handy mit«, meint er, »dann können Sie anrufen, und ich sage Ihnen, wie Sie hierher finden.«

Am nächsten Tag erreichen wir mit gleichen Teilen Entschlossenheit und Glück die römischen Ruinen von Gerasa. Bevor wir noch am Säuleneingang angekommen sind, klingelt das Handy. (Das Telefon ist auf Nur-Empfang eingestellt.)

»Hallo, hier ist Omar.«

»Ach ja?«

»Was tun Sie gerade?«

Ich beschreibe, wie es um mich herum aussieht. Omar scheint zufrieden zu sein. Etwa jede halbe Stunde ruft er uns an und geht uns mächtig auf die Nerven. Das Handy klingelt, als wir den von Mohnblumen übersäten Hang zu einem antiken Gerichtsgebäude hochklettern und als rundherum der Ruf zum Nachmittagsgebet erschallt. Aber als wir uns wieder in Amman im Stadtverkehr befinden und nach dem schwer zu greifenden Dritten Kreis suchen, bleibt das Handy stumm. Ich habe nicht die leiseste Ahnung, wo wir uns befinden, und fahre nur weiter, damit wir am Leben bleiben. »Komm schon, Omar«, rufen Vivian und ich, als würden wir ein träges Pferd antreiben, und da klingelt das Handy wirklich. Vivian geht dran.

»Hier ist Omar.«

»Gut.«

»Wo sind Sie?«

»Keine Ahnung!«

»Keine Sorge. Ich werde Ihnen den Weg erklären. Also bitte, wo sind Sie jetzt? Was sehen Sie vor sich?«

»Wir, hm, nähern uns einem großen Hotel!«, ruft Vivian, »dem ... Hotel Jerusalem! Da ist auch, hm, eine Moschee ... und ein Safeway Supermarkt ... und ... ein Tunnel!«

Ein Tunnel! Wir sind nur wenige Meter von der finsteren Tunnelöffnung entfernt. Ich fahre so langsam und unentschlossen, wie das in Anbetracht der BMWs mit ihren aufheulenden Motoren neben uns möglich ist. »Er muss es uns *jetzt* sagen!«, schreie ich.

»Fahrt nicht in den Tunnel!«, befiehlt Omar. »Tut das *nicht.*«

»Brr!« Vollbremsung. Nach ein paar Ecken und heftigem Herzklopfen fahren wir endlich in die richtige Richtung. Wir erkennen die Abfahrt, an der wir abbiegen müssen! Als wir vor dem Hisham halten, hupe ich wie in Ekstase. Alle Angestellten stehen davor und jubeln und klatschen.

Am nächsten Morgen packen wir unsere Koffer und fahren auf der alten Königsstraße nach Süden. Die schmale, aber ordentliche Landstraße entlang dem Jordan führt zum Toten Meer, dem niedrigsten Punkt der Erde. Das südliche Ende des Tales mit dem Toten Meer liegt unterhalb des Meeresspiegels. Wir fahren über die Hügel und um die riesigen Felsblöcke im Jordantal herum. Es bildet eine Fortsetzung des ostafrikanischen Grabenbruchs. Auf einer Reliefkarte Jordaniens zieht es sich wie ein Rückgrat durch das Land. Jetzt nähern wir uns der Lendengegend. Jordanien gehört nicht zu den Ländern, in denen jeder Autofahrer gleich einer tickenden Testosteronbombe ständig Kopf und Kragen riskiert. »Immer mit der Ruhe«, ist die vorherrschende Einstellung. Sogar die Lastwagenfahrer sind meist vorsichtig und zuvorkommend. Wir halten in kleinen Dörfern und lassen uns von der Nase zu den Bäckereien führen. Ihre Besitzer heißen uns willkommen und bringen uns Orangenlimonade. Ein seltsamer Gedanke, dass sich alle zu Hause in diesem Augenblick Sorgen um uns machen. Alle mögen uns, und wir könnten einzig und allein von dem frischen, dampfenden Brot, das wir überall geschenkt bekommen, und dem süßen Tee leben. Wir fühlen uns mehr als sicher, regelrecht beschützt.

Als wir uns Kerak nähern, lösen Sandsteinfelsen und unförmige Hügel – als hätte ein Kind am Strand mit Sandförmchen gespielt – die karge Landschaft ab. Aus Ziegenhaar gewebte Beduinenzelte tauchen vereinzelt auf, meilenweit von allem entfernt, so hat es zumindest den Anschein, was Mensch und Tier nützlich sein könnte. Einige Zelte stehen direkt neben der Landstraße, Müll hat sich in ihrer Verspannung verfangen. Davor stehen Pick-ups. Viele der Zelte dienen den Beduinen nur als Jagdhütten oder Zweitwohnungen. Diejenige, die in die Kategorie der Halbnomaden fallen, benutzen die Zelte als Nachtherbergen, wenn sie Handel treiben oder mit ihren Herden unterwegs sind.

Kerak enttäuscht uns, aber ein Stück weiter stoßen wir auf das beste Brot, das ich in Jordanien probiert habe, vielleicht sogar das beste Brot, das mir jemals untergekommen ist. Wir lassen die unzufriedenen Steinewerfer von Kerak hinter uns und halten am Al Tafileh Rest House an der alten Königsstraße. Wir sind fast die einzigen Gäste und wollen verspätet zu Mittag essen. Wir sitzen im Freien in der Sonne, trinken Coca-Cola, und ein sommersprossiger junger Mann namens Fouad wendet marinierte Hühnerteile auf einem Grill. Wir beginnen eine Unterhaltung mit dem einzigen anderen Gast. Er spricht Englisch und trägt ein Baumwollhemd und ein Sakko. Anfänglich finde ich ihn nicht sonderlich sympathisch. Er erinnert mich an viele Männer in meinem Leben – beispielsweise frühere Chefs –, die mit Autorität über alle Dinge sprechen und sich mit Frauen nicht unterhalten, sondern sie belehren. Ali Mahasneh hat früher für die Gesundheitsverwaltung und für den königlichen Geheimdienst gearbeitet und viel von der Welt gesehen, ist aber in diesem Dorf, in Tafileh, aufgewachsen. Er hat seine Frau und seine zwei Kinder zu Hause gelassen und ist von Amman nach Süden gefahren, um seine Eltern und seine zehn erwachsenen Geschwister zu treffen. »Ich musste einfach mal raus – bei meinen Eltern sind hundert Leute! Deswegen sitze ich hier bei meinem Cousin im Café.« Er zieht an seiner Rothman's. Wir lachen: Diesen Kummer gibt es wirklich überall. Als ich ihm von meiner Recherche erzähle, haut Ali energisch auf den Tisch, steht auf und berät sich mit Fouad. Als er zurückkommt, sieht er sehr zufrieden aus. »Alles geregelt«, sagt er. Ali mag uns. Als wir mit dem Essen fertig sind, schließt Fouad das Café zu und wir drängen uns in dem Mietwagen zusammen, um das kurze Stück zum Bauernhof von Fouads Cousin zu fahren, der nicht weit vom Toten Meer entfernt liegt.

Das Haus der Familie ist bescheiden: ein Rechteck aus Guss-beton. Wie bei vielen Häusern in Entwicklungsländern ragen aus seinem Dach Armierungseisen in den Himmel, die nichts weiter halten als die Luft. Wer weiß, vielleicht werden unverhofft gute Geschäfte in der Zukunft den Bau eines zweiten Stockwerks ermöglichen. Die Stirn unseres Gastgebers Mohammed ist gezeichnet von einem schwachen Abdruck der zahllosen Stunden die er vorgebeugt im Gebet verbracht hat. Moslems, die sich zum *salat,* dem zweiten Pfeiler des Islam bekennen, beten fünfmal täglich etwa zehn Minuten lang. Wir erwischen Mohammed zwischen den Gebeten des Nachmittags und des Spätnachmittags. Er nickt uns sanft zu und berührt sein Herz. Er sieht ausgesprochen gut aus, ein haschemitischer Paul Newman. Wir können unseren Blick kaum von ihm losreißen. (»Ich habe mich verliebt«, flüstert Vivian.) Da sie viel lächeln, fallen uns die wunderschönen Zähne der jordanischen Männer auf. Später lese ich in Akbar S. Ahmeds *Living Islam,* dass die Moslems größte Sorgfalt auf die Zahn-pflege verwenden, denn der Prophet meint, dass die Gebete »den Mund reinigen«. Er selbst benutzte zu diesem Zweck ein medizinisches Zweiglein, *siwak* genannt, einen Vorläufer der Zahnbürste.

Mohammeds ältere Söhne breiten im Schatten einiger Pfirsichbäume Teppiche aus und gießen süßen Tee in Gläser, während wir darauf warten, dass das Backen beginnt. Bei arabischen Familien werden die Gäste zu den dicksten Kissen geführt, weitere Kissen dienen als Armstützen. Wir setzen uns zu Ali, Fouad und Mohammed. Bald kommen Männer in *chefije* vom Feld und gesellen sich zu uns. Auf den Teppichen rückt man zusammen, damit die Neuankömmlinge Platz finden. Einer lehnt seinen Kopf beiläufig an die Schulter eines anderen, der nächste legt seinem Nebenmann den Arm um die Schulter. Die kleinsten Kinder kommen uns holen, und mit eingezogenem Kopf begeben Vivian und ich uns ins Backhaus. Hier wird einschließlich der Kadaver alles verbrannt. Der Tonofen ist heiß, es brennt aber kein Feuer darin. In der drückenden Hitze sehen wir

Mohammeds schwangerer Frau Lila dabei zu, wie sie die runden, etwa daumendicken Teigfladen von der Größe eines Desserttellers auf die heißen Steine legt. Sie trägt ein von Mehlstaub fleckiges braunes Kleid und auf dem Kopf ein Tuch mit Disneyfiguren. Wie alle Bäcker, denen wir bisher begegnet sind, arbeitet sie mit bloßen Händen, die hart und braun wie Leder sind. Dieser abgedeckte Grubenofen, der *taboon* genannt wird, erinnert an einen indischen Tandoor. Er ist jedoch breiter und flacher. Die *radf,* die tiefschwarzen, in etwa walnussgroßen heißen Steine hinterlassen Abdrücke auf den Broten in Form von Luftblasen mit Kruste. Als die Brote fertig sind, geleiten uns unsere Gastgeber fröhlich zurück zu den Teppichen. Dort spülen wir die heißen, etwas zähen runden Brote mit unzähligen Gläsern Tee hinunter. Aus den knackigen Luftblasen steigt Dampf. Das salzige Brot hat genau den richtigen Kauwiderstand und schmeckt einfach wunderbar. »Der ist nicht gläubig«, sagt der Prophet, »der sich satt isst, während sein Nachbar neben ihm Hunger leidet.« In meiner Handtasche entdecke ich ein paar bunte Haarbänder für Mohammeds vierjährige Tochter Sayeeda. Seine Frau bekommt ein paar Stücke Seife mit Lorbeeröl, die in Cape Cod hergestellt werden. »Aus meiner Heimat«, sage ich. Mit ihren abgearbeiteten Händen dreht und wendet sie die Seife und schaut uns an, als kämen wir vom Mars.

Es fällt uns schwer aufzubrechen, aber Fouad muss zurück in sein Quartier. Viv und ich wollen endlich nach Petra, noch mindestens eine Autostunde entfernt im Süden. Alle bestehen darauf, dass wir ein paar Brote als Wegzehrung mitnehmen. Ali gibt uns seine Handynummer. »Falls Sie irgendwas brauchen, egal woher aus Jordanien, dann können Sie mich anrufen«, meint er. »Egal was.« »*Ahalan wa sahlan ... Jella*«, sage ich. Lass uns aufbrechen. Die Landstraßen in Jordanien sind nicht beleuchtet, und wir möchten Petra noch vor Einbruch der Dunkelheit erreichen.

Wir wollen dem Schließer von Petra-Palast gerade erklären, wer wir sind, doch scheint er uns bereits zu kennen. »Sie müssen Miss Susie sein«, sagt der ernst wirkende junge Mann mit

Brille. Auf seinem Namensschild steht »Hardon«. »Mr. Omar hat bereits mehrmals aus Amman angerufen. Er macht sich Sorgen um Sie.«

»Ich heiße Hardon«, meint er dann, als würde er uns etwas von größter Wichtigkeit mitteilen. »Wissen Sie, was das heißt?« Vivian und ich sind sprachlos. Das sieht uns gar nicht ähnlich. Der »Harte« schiebt sich seine Brille in die Haare und grinst uns anzüglich an. »Wütend! Hardon bedeutet wütend!« Vivian ist ihre Erleichterung anzumerken. »Ah!«, sagen wir, sonst fällt uns nichts ein. Wir gehen auf unser luxuriöses Zimmer am Pool. »Mr. Omar bestand darauf, dass wir Ihnen das beste Zimmer geben.«

Als wir auspacken, klingelt das Telefon. »Hallo, hier ist Omar.« Omar ist böse auf uns. Er führt sich fast noch schlimmer auf als unsere Mütter. »Sie haben mir nicht gesagt, dass Sie eine Nacht in Kerak bleiben würden. Warum haben Sie mir das nicht gesagt? Ich habe Ihnen nach Petra hinterhertelefoniert, und Sie sind nie dort angekommen. Die ganze Nacht habe ich kein Auge zugemacht, weil ich mir solche Sorgen gemacht habe. In ganz Jordanien habe ich Sie ausfindig zu machen versucht.« Ich sage Omar, er solle keine dummen Reden halten, wünsche ihm eine gute Nacht und hänge ein.

Petra. Nichts, weder die ständig fotografierenden japanischen Touristen in ihrem brandneuen Jassir-Arafat-Kopfputz noch die vielen aufdringlichen Besitzer der »Esel-Taxis«, nicht die Massen der Wüstensafari-Adepten, die von Kopf bis Fuß in atmungsaktives Khaki gehüllt sind und nicht die lärmenden Fremdenführer, kann einem die schwindelnde Überraschung nehmen, Petra zum ersten Mal mit eigenen Augen zu sehen. Wir gehen zwischen den um die einhundert Meter hohen Felsenwänden des *siq* hindurch, der tiefen, schmalen Felsenschlucht, die die Springfluten in einen reißenden Fluss verwandeln. In dem *siq* ist es kühl und schattig. Er entstand, als die gewaltigen Kräfte eines Erdbebens die Erde spalteten wie eine Hacke ein Holzscheit. An einigen Punkten ist er fast so eng, dass man beide Wände mit ausgestreckten Händen berühren könnte. Der *siq* schlängelt sich etwa eine halbe Meile dahin und entlässt einen dann auf einen offenen Platz. Hier sieht man sich der gewaltigen Fassade von Al Chazne gegenüber, dem Schatzhaus oder volkstümlicher: dem Tempel des Todes à la Indiana Jones. Ich würde alles darum geben, in der Haut des Petra-Entdeckers Johann Ludwig Burckhardt zu stecken, des Schweizer Abenteurers, der zum Islam konvertierte und 1812 als erster Europäer das sah, was ich jetzt ebenfalls sehe. Burckhardt konnte die Geschichten kaum glauben. Eine antike Stadt sollte halb vergraben in den unwirtlichen Shara-Bergen zu finden sein? Wie hatten diese Nabatäer das nur angestellt? Sie waren ein reicher, rücksichtsloser Nomadenstamm und Silber- und Gewürzhändler. Sie plünderten und trieben Steuern ein, und das ab dem 6. Jahrhundert v. Chr., bis sie ein Jahrhundert n. Chr gegen die Römer unterlagen. Was ließ sie ihren Blick auf das Petra-Becken richten und sagen, okay, lass uns zu den kleinen Spitzhacken greifen und eine ganze Stadt in den massiven, rosafarbenen Felsen hauen, die praktischerweise mitten in einem Erdbebengebiet liegt und abwechselnd vollkommen unter Wasser steht oder von Dürre geplagt wird. Was die dauerknipsenden Massen heute zu sehen bekommen, ist nur ein Drittel der Stadt. Der Rest ist verschüttet. Die besten Archäologen der Welt graben, so schnell sie können. Hier und da ringt ein Denkmal oder Grabmal um Luft wie einer von Michelangelos Gefangenen, anderswo fällt die Sonne auf eine kahle Felswand: die Schatten eines antiken Reliefs, vielleicht auch eine Fassade, von der Wind und Wasser und der Zahn der Zeit nicht viel übrig gelassen haben. Die meisten Besucher verbringen in Petra einen Tag, vielleicht auch zwei und streifen durch das Tal mit seinem Amphitheater, seinen Tempeln und von Kolonnaden gesäumten Straßen. Ein paar quälen sich den Berg zum Kloster hinauf (oder reiten auf einem Esel), einem Gebäude, das fast so eindrucksvoll ist wie das Schatzhaus. Aber das ist es dann. Alyce Abdallah ist mindestens zehnmal durch Petra gewandert und sehnt sich trotzdem zurück, um mehr zu sehen. Auf ihren Vorschlag mieten wir einen Führer, der uns zum Jebel

Harun führen soll, möglicherweise dem Grab von Aaron. Wie dem auch sei: Es ist ein magischer Ort. Er ist von einer Kapelle gekrönt, die wie ein winziger Diamant auf dem höchsten Gipfel von Petra sitzt. Vom Schatzhaus ist es eine dreistündige, anstrengende Wanderung.

Unser Führer Samir führt uns aus dem Becken heraus auf die Höhe. Plötzlich ist es still, nur die Glocken von Ziegen und die Kinder, die diese hüten und sich etwas zurufen, sind zu hören. Die Beduinen sind mit Erlaubnis der Regierung in Petra geblieben, können aber jederzeit vertrieben werden: Ein Konflikt um alte Weiderechte, wie es ihn in vielen Ländern der Welt gibt. Wie viele Indianer im Südwesten der USA verkaufen viele Beduinen an genehmigten Ständen zwischen den Ruinen Limonade und Schmuck an die Touristen. Die Besucher kaufen gern »echtes« Beduinenkunsthandwerk, das überwiegend aus Indien stammt, als Andenken. Die Beduinen weben immer noch Decken aus Ziegenhaar, schmieden Messer und stellen Töpferwaren her, aber von diesen Dingen ist hier nichts zu sehen. Sie leben einfach von Tee, Zucker, Weizenbrot, Ziegenfleisch, Ziegenmilch, Joghurt, Reis und Huhn. Auf unserer Wanderung kommen wir an mehreren Zelten vorbei. Es wird uns Tee angeboten und, wenn jemand backt, heißes Fladenbrot, das von einem *tannur* geschält wird, unter dem ein Holzfeuer brennt. Samir schweigt. Anfänglich ist er mürrisch, dann gesteht er uns – sehr unislamisch –, er habe einen Kater und bittet um ein Aspirin. Er erbietet sich, mir meine voll gestopfte, schwere Umhängetasche zu tragen (ich hatte mich gerade an der Wirbelsäule operieren lassen müssen) und wartet höflich, während wir hinter Felsen verschwinden, um uns zu erleichtern. Auf dem Dach der weiß gestrichenen Jebel-Harun-Moschee ruhen wir uns aus. Wir befinden uns so hoch, dass die Tempel und Gräber im Becken nur noch Ameisengröße haben. Der Hausmeister der Kapelle klettert mit einer Kanne Tee die Leiter zum Dach hoch. In Jordanien ist es nie weit bis zur nächsten Tasse Tee.

In den letzten Tagen sind wir Stammgäste in Hissams Café

geworden, das einen Blick auf das Amphitheater hat. Dieser Hissam ist jung, unwiderstehlich, braunhäutig und zwinkert ständig. Stets liegt ihm sein schokoladenfarbener Hund zu Füßen, ein Vorstehhund mit traurigen Augen und einer Schnauze, die immer mit der Tonerde der Wüste bedeckt ist. Als hätte Hissam das nötig, ist der Hund noch ein zusätzlicher Magnet für eine potenzielle *habebti,* eine Liebste. An jedem kühlen Morgen treffen sich die Wanderer bei Hissam, um Tee und Coca-Cola zu trinken, während es langsam heißer und die Sonne greller wird. Hissam mag uns. Jeden Morgen sitzen wir bei ihm und auch noch an einigen Nachmittagen. Nie will er etwas davon wissen, dass wir die Zeche zahlen. An unserem letzten Morgen in Petra höre ich, dies sei sein freier Tag. Ich kann es nicht lassen und schaue, ob ich ihn irgendwo entdecke. Traurig laufe ich den langen, staubigen Weg zum Haupttor zurück (Vivian und ich hatten an diesem Morgen beschlossen, heute getrennte Weg zu gehen), weil ich mich nicht von ihm verabschieden kann. Plötzlich steht er vor mir. »Ich bin so froh, Sie zu sehen!«, ruft er aus, und seine wundervollen Augen glühen. »Ich bin heute noch einmal gekommen, weil ich Sie nicht verpassen wollte!« Er nimmt meine Hand und küsst mich auf beide Wangen, und wir tauschen *salaams* und gute Wünsche aus. Hissam mag mich, und die Welt ist *jamila,* so wundervoll.

Ich stimme zu, als mich Samir bittet, das Kopftuch abzunehmen und es wie einen Schleier vor das Gesicht zu binden. Ich stimme zu, als Samir vorschlägt, mir meinen schmerzenden Rücken auf der Harun-Moschee zu massieren. Und ich stimme zu, als uns der schwermütige Samir, der mich inzwischen nur noch anstarrt wie ein Bettlerkind, nach Hause zu seinem Vater, einem geachteten Beduinenscheich in Wadi Musa, einlädt. »Meine Mutter wird Brot backen«, meint er. Wir sitzen bei Hissam, und Samir wirkt so deprimiert, dass ich ihm meine Yankee-Baseballmütze schenke. »Ist alles in Ordnung?«, frage ich. »Mein Schweigen ist mein Glück«, sagt Samir, als hätte er sein Englisch aus einer Übersetzung von *Der Prophet* gelernt. Samir mag mich.

Vivian und ich machen uns für den Scheich fein. In gebügelten Khakihosen und Bluse und mit Make-up folgen wir Samir in ein Gewirr aus schachtelartigen Häusern an einer Sackgasse unweit der Hauptstraße von Wadi Musa. In dem kleinen, L-förmigen Zimmer stehen zwei kleine Sofas, ein Couchtisch, ein Sessel, ein Bücherregal, ein Fernseher und ein Kassettenrekorder. Beduinenteppiche bedecken den glänzenden Linoleumfußboden. Auf dem Regal und dem Couchtisch steht allerlei Nippes wie Seidenblumengebinde oder zwei winzige Schuhe aus Delfter Porzellan, die mit einem Band zusammengebunden sind. Verglichen mit allen bisherigen Beduinenhäusern ist das hier ein Palast. Der Scheich hat zwei Frauen (Samirs Mutter ist die ältere), und alle seine erwachsenen Kinder sind Fremdenführer, Lehrer oder arbeiten im Gesundheitswesen. Samir verdient recht gut, muss aber alles abgeben, da seine fünfundsechzig Nichten und Neffen einiges brauchen. So verlang es die Sitte der Beduinen. Samir rechnet nicht damit, dass er einmal heiraten wird. Er klagt sich an, kein guter Moslem zu sein – er trinkt Bier und hat Affären. Außerdem, erzählt er mir, erwarte er, jung bei einem Autounfall zu sterben. So bizarr das auch klingen mag, als wir Jordanien verlassen, haben wir das oft gehört und immer von intelligenten jungen Männern, die ihr ganzes Leben noch vor sich haben.

Seine Mutter, die kein Englisch spricht, nimmt unsere Hände. Hinter ihr lugen zwei etwa acht- bis neunjährige Mädchen hervor, die erst nach einer Weile unser Lächeln erwidern. Samirs Halbschwester, ein Kind mit dem Körper einer jungen Frau, lässt sich auf einen Sessel fallen und grinst uns an. Wie alle Kinder mit Down-Syndrom ist sie herzlich und zärtlich, und wir freuen uns über ihre Gesellschaft. Die andere Schwester bringt uns Tee und eine dicke, sauer schmeckende Suppe, die *rashoof* heißt und aus Weizen, Joghurt und Lammstückchen besteht. Während Samir die Tatsache verdaut, dass ich für eine Heirat nicht in Frage komme, begeben wir uns in den Hof, um seiner Mutter beim Brotbacken zuzuschauen. »Früher hat sie täglich gebacken, aber jetzt ist sie immer so müde«, erzählt uns Samir. »Sie ist die erste Frau meines Vaters, jetzt hat er eine zweite und noch mehr Kinder, insgesamt zwanzig. Meine Mutter macht die meiste Hausarbeit. Jeden Tag kocht sie für etwa elf Leute.« Früher die Ehefrau, ist sie heute die Haushälterin. Haus und Hof verlässt sie nie.

Samirs Mutter backt in einer Art Garage neben dem kahlen Innenhof. Die schlichten runden Brote aus Vollkornweizen werden in einen altertümlichen, großküchentauglichen Gasofen, der auf Beinen ruht, gebacken. Sie benutzt Hefe aus dem Laden und lässt den Teig zweimal gehen. Mit den Fingern, die sie in eine Schale mit Olivenöl taucht, drückt sie das Brot flach und an manchen Stellen ein. Dann legt sie immer drei Brote auf einmal in den Ofen und backt sie fünf bis sieben Minuten. Anschließend bräunt sie die Kruste unter den Flammen des Grills. »Die Brote meiner Mutter sind sehr hell«, sagt Samir, als wir ins Wohnzimmer zurückkehren. Das Brot ist sehr gut, so ähnlich wie das von Lila, aber mit weniger Kruste. »Mein Vater klagt immer über das Brot vom Markt, weil es so schwer ist«, meint Samir. Und sehr amerikanisch murmeln Vivian und ich: »Dann soll er halt selbst backen.«

Der Scheich erscheint nicht, und Vivian ist entrüstet. »Jetzt haben wir uns extra für den Scheich in Schale geworfen!«, ruft sie. Samir sagt, sein Vater habe Kopfschmerzen. »Er ruht.« Samirs Mutter, die vor Erschöpfung ganz gebeugt geht, gibt uns ein paar Brote mit. Wir nehmen Samir, seine Schwestern und einen Nachbarn ein Stück im Wagen mit. Die Jordanier verabscheuen freie Plätze in Fahrzeugen. Egal wohin oder wie weit man fährt, drängen sich noch mindestens vier Leute zu einem ins Auto. Als wir uns verabschieden, sieht Samir noch niedergeschlagener aus als sonst. Ob es in Jordanien keine Antidepressiva gibt?

Mazen mag uns. Mazen und sein Bruder managen eine Reihe von Teppich- und Souvenirläden an der Straße, die zum Tor von Petra führt. Mit seinem langen, zurückgekämmten Haar, Bartstoppeln à la Brad Pitt und dem schlanken, sehnigen Körper könnte Mazen ein Jeans-Model im Männermagazin *GQ* abgeben. Mein Arabisch lässt die missvergnügten Falten in seinem vollkommenen Gesicht verschwinden. Mazen ist fünfundzwanzig, raucht fünf Schachteln Zigaretten pro Tag und beklagt sich andauernd darüber, dass er zu hart arbeitet. Für sparsame Touristen hat er einen Lieblingssatz bereit: »*Don't worry, be happy.*« »Guter Preis« bringt er locker in sechs Sprachen über die Lippen. Wenn er nicht bei der Arbeit ist, ist Mazen freundlich, gut gelaunt und offenbart eine sehr ironische Ader. Vor dem Abendessen sitze ich gern mit ihm auf den Stufen vor seinem Laden. So hat Vivian etwas Zeit für sich, und ich habe die Gelegenheit, einen Beduinenmann kennen zu lernen, der zwischen zwei Welten gefangen ist. Sobald Mazen mich kommen sieht, marschiert er ins Café nebenan und bestellt für uns Tee. Wir nippen an unseren Teegläsern und betrachten die vorbeiflanierenden sonnengebräunten Touristen, die alle müde Beine haben, weil sie den ganzen Tag den Geistern der Nabatäer hinterhergejagt sind. In Mazens Gesellschaft fühle ich mich wohl, und deswegen nehme ich seinen Vorschlag, uns in die Wüste zu seinen Beduinencousins mitzunehmen, um dort den Frauen beim Backen zuzuschauen, an. Ich stelle mir vor, dass Vivian und ich dort den Tag verbringen, wo auch immer »dort« sein mag, ins Petra Palace zurückkehren, um unsere Taschen zu holen und dann am Nachmittag ins Wadi Rum im Süden durch die Wüste weiterfahren.

Vivian und ich lassen unser Gepäck bei Hardon und erzählen ihm von dem Abenteuer, das uns bevorsteht. Er runzelt seine an die Muppets erinnernden Brauen. »Was soll ich Mr. Omar sagen?«, fragt er. Macht er Witze? Wir haben keine Ahnung.

Mazen setzt sich auf die Rückbank und lotst uns aus dem Dorf. Eine neue Richtung, an dem sterilen Mövenpick-Hotel und einer Reihe ebenso langweiliger, europäisch finanzierter Hotels vorbei, die teilweise erst halb fertig sind. Es geht um eine Kurve und dann durch eine scheinbar endlose Mondlandschaft geradeaus. Sie erinnert mich an die trostlosen Straßen, die ich in Nevada und im südlichen Utah entlanggefahren bin. Für Mazen ist das sein altes Viertel. »Jetzt links«, sagt er, und bald rumpeln wir auf ein paar Ziegen zu. »Hier war das Lager meiner Cousins, aber sie sind offenbar weitergezogen«, erklärt Mazen, und nachdem wir um ein paar riesige Felsblöcke herumgekurvt sind, fahren wir nach Klein-Petra weiter. Klein-Petra ist für Petra ungefähr das, was Brooklyn für Manhattan ist. Touristen nehmen es entweder nicht wahr oder meiden es. Abgesehen von einem einsamen Beduinen, der, an die Wand eines antiken Grabes gelehnt, auf der banjoähnlichen *tsambouna* eine traurige Melodie klampft, sind wir allein. Dann begeben wir uns auf der Männerseite in das einfache Zelt von Hussein und Fatima, des Cousins und der Cousine von Mazen. Sie ist dunkelhäutig, eine wahre Schönheit, hat drei Goldzähne und ist mit ihrem vierten Kind hochschwanger. Diese Menschen leben, essen, sorgen sich und träumen in einer Behausung aus Ziegenhaar auf einem felsigen Stück Erde ihre Träume.

Beduinen haben einen Ausdruck für das, was einen Haushalt ausmacht: »Sie essen aus einer Schüssel.« Wir trinken die ersten Tassen Tee, und Sayeed, der Patriarch der Familie starrt uns eine Zigarette nach der anderen rauchend durchdringend an. Die Stummel schnippt er auf den Boden zwischen uns. Auf der nur durch eine dünne Decke abgetrennten Frauenseite ist Fatima damit beschäftigt, frischen Tee zu kochen. Sayeed lässt Mazen übersetzen, er sei jeden Tag glücklich, was auch sein Name bedeute, den er mit einem der Söhne des Propheten teile. Obwohl wir das nicht verstehen, vertraut er uns zwinkernd an, er trinke nur Kamelmilch. Er fragt, aus welchem Land wir kommen. Mazen erklärt, die Familie lebe von der Milch, dem Joghurt, dem Fett und dem Fleisch ihrer Ziegen. Die Frauen verdienen mit Stickereien etwas dazu. Fatimas Ehemann Hussein, ein kleiner Mann mit hellen Augen und perfekten Zähnen, arbeitet nicht, denn er ist krank. Mazen erläutert das nicht näher. Ein wohl genährtes, etwa zwei Jahre altes Kind mit zerzausten Haaren kommt auf mich zu, und ich strecke die Arme nach ihm aus. Doch kaum hat das Mädchen es sich in meinen Armen bequem gemacht, reißt die Mutter es schon wieder weg. Das war beleidigend, aber später las ich, dass Ungläubige und Leute, die nicht dazugehören, als unrein angesehen werden. Ein ernüchternder Gedanke. Wir Amerikaner walzen über sechs Kontinente hinweg und wedeln mit unseren Platinkarten. Wir verbreiten unser selbstgefälliges Wohlwollen und tätscheln überall den Kindern den Kopf. Nie kommt es uns in den Sinn, dass wir in vielen Kulturen die Unreinen sein könnten. Niemand sieht, dass wir uns vor dem Essen oder Gebet waschen. Unzüchtig zeigen wir Beine und Schultern und tragen im Haus Schuhe.

Ein Mann Mitte zwanzig, ein weiterer Cousin namens Hussein, schließt sich uns an. Er arbeitet als Führer und Hausmeister in Klein-Petra. Er ist groß, freundlich und intelligent, hat einen Haarschnitt, wie er vielleicht 1978 Mode war, spricht fast fließend Englisch und verbringt seine Freizeit in einem Internetcafé im Wadi Musa. »Sie sagt, dass Sie, die amerikanischen Frauen, ein leichtes Leben haben«, übersetzt Hussein, was Fatima sagt. Diese bittet mich, ihr mit dem Brot zu helfen. Diese Seite des Zeltes ist Fatimas Reich. Auf ein paar rasch zusammengenagelten Brettern findet sich alles, was zu einem Beduinenleben gehört: Teekanne, Teetassen, Rührschüsseln, ein Kochtopf, Streichhölzer, Tüten mit Tee, Reis, getrocknete Kamille, Zucker und Mehl. Auf der Erde liegt ein Haufen getrockneter Wüstenkräuter, die wie Thymian oder Salbei aussehen. »Für den Magen«, erklärt Hussein. (Auf welches Heilkraut man in Jordanien auch deutet, man erhält immer dieselbe Antwort: für den Magen.) An der Zeltwand sind Teppiche, Kissen und Decken aufgestapelt. Der Boden, die Erde, wird mehrmals am Tag gefegt. Die Männer drücken auf ihm ihre Zigaretten aus. Fatimas Herd ist ein einfaches Holzfeuer wie das eines Wanderers oder Schiffbrüchigen. Die neunundzwanzigjährige Fatima verbringt einen Großteil des Tages über dieses Feuer gebeugt. Sie kocht Tee, backt Brot und gart Reis. Unter dem Kopftuch aus einem bedruckten Stoff zeigt sie ein müdes und bereits faltiges Gesicht. Sie trägt Ohrringe aus getriebenem Gold mit Rubinen.

Obwohl immer weniger Beduinen als Nomaden leben, taugen ihre ungesäuerten runden Brote für ein traditionelles Dasein, in dem alles beweglich sein oder sich vor Ort improvisieren lassen muss. Jahrtausende haben Nomaden im Nahen Osten, in Nordafrika, in Persien und in Zentraleuropa das Brot so zubereitet, wie Fatima das jetzt tut: mit nichts weiter als einem Holz- oder Reisigfeuer und einem eingebogenen Blech. Diese improvisierten Öfen findet man bereits in den Gräbern der alten Ägypter abgebildet, noch ehe der Anbau von Weizen Gerste und Hirse ablöste. Fatima haut auf einen Teigklumpen, und ich bemerke einen Felsbrocken, der aus der Mitte der Feuergrube herausragt. Ich frage mich, wieso Fatima, diesen Felsbrocken nicht entfernt hat. Aber bald geht mir auf, das dieser rohe Stein eine technische Neuerung darstellt und Fatima die Arbeit erleichtert. Eine Schar Kinder schaut belustigt zu, wie ich Fatima mit dem Brotteig helfe. Von der Größe her würde er für eine kleine Pizza ausreichen. Sie wuchtet ein verbeultes Blech, das an einen plattgehauenen Gullydeckel erinnert, in die glühenden Kohlen. Schweißperlen laufen Fatima über das Gesicht. Sie gießt Wasser auf das heiße Metall und versetzt ihm mit einem Stock einen Schlag. Dann bedeutet sie mir, ihr den plattgedrückten Teig zu reichen, legt ihn auf das Blech und kippt dieses so, dass sie das Brot mit heißer Asche bedecken kann. Das auf dem Felsen ruhende Blech bewegt Fatima wie einen Kreisel um die Hitze herum. Was mit dem Brot unter dem Haufen aus Glut und Asche passiert, kann ich nicht sehen, aber als Fatima mit einem leeren Mehlsack darauf schlägt, kommt ein relativ dichtes, aschfarbenes Brot zum Vorschein. Ich erwarte, dass sie uns jetzt auf die Männerseite des Zeltes schickt, damit wir dort das Brot mit Tee verzehren können, aber Fatima ist noch nicht fertig. Zusammen mit ihrem Mann reißt sie das Brot über einer großen Plastikschüssel in Stücke. Jetzt erinnert es an etwas, was sie vielleicht an die Vögel verfüttern könnten, doch Fatima gießt eine kleine Kanne voll frische Ziegenmilch dazu und etwas Wasser. Mit ihren vier Händen vermengen sie Brot und Flüssigkeit. In diesen Brei drückt sie mit ihrer kleinen Faust eine Vertiefung, die sie mit einer halben Tasse Olivenöl füllt. Unser geheimnisvoller Snack ist fertig. Wir setzen uns auf die Kissen, und Mazen, Sayeed, die beiden Husseins und wir waschen uns die Hände mit Wasser, das Fatima aus einer Kanne gießt. Sayeed isst als Erster. Wir sehen ihm zu, wie er die Hand in den Brei taucht und etwas davon zu einem Ball formt. Den Ball tunkt er in das Olivenöl und steckt ihn in den Mund. Wie heißt dieses Zeug? Auf diese Frage erhalten wir keine Antwort und haben den Verdacht, dass es sich hierbei um einen gutmütigen Scherz handelt. Aus Höflichkeit würden wir alles essen, was sie uns vorsetzen. Was wissen wir schon? Vivian und ich strecken die Hände aus und versuchen unsere bourgeoise, westliche Paranoia zu unterdrücken, die sich auf alle diese Hände, das Wasser und die nicht pasteurisierte Milch bezieht. An was für einer Krankheit leidet Hussein eigentlich?

Sayeed gefällt es, uns beim Essen zuzusehen. Er wendet seinen Blick kein einziges Mal von uns ab. Dieser magere Mann, dessen Gesicht Freundlichkeit und gute Laune ausstrahlt, hat etwas sehr Einnehmendes. Er gibt mir zu verstehen, ich solle den Brotball ganz in den Mund stecken, statt ängstlich kleine Stückchen davon abzubeißen. Als ich seiner stummen Anweisung folge, brechen die Männer und Kinder und sogar die argwöhnische Fatima in lautes Gelächter aus.

Mit Mazens Hilfe fragt uns Sayeed, ob wir an diesem Abend seine Gäste beim Essen in seinem Haus in der Regierungssiedlung sein wollen. Wir nehmen an. Bevor wir gehen, drücken wir Fatima ein paar Dinare im Wert von etwa zehn Dollar in die Hand. Plötzlich steht ihr Mann Hussein auf, sagt etwas zu Mazen und steigt in unser Auto, um sich in die Stadt mitnehmen zu lassen. »Wir müssen erst noch zu seinem Wagen fahren«, sagt Mazen. Ich setze Mazen vor seinem Laden ab und Viv am Hotel, dann fahre ich Hussein zu seinem liegen gebliebenen Kleinlaster. Dort holt er einen Benzinkanister.

Anschließend geht es zur Tankstelle und wieder zurück zum Laster. Amüsiert beobachten uns einige Einheimische: Eine westliche Frau in khakifarbener Kleidung fährt einen Beduinen mit einem riesigen Kopftuch durch die Gegend. Hussein ist sehr dankbar, und mir geht endlich ein Licht auf: Mit unserem Geld hat er endlich wieder tanken können. Das Benzin war ihm schon vor Tagen ausgegangen.

Hardon scheint sich tatsächlich zu freuen, uns zu sehen. »Gefällt es Ihnen?«, fragt er. »Mr. Omar hat angerufen und nach Ihnen gefragt.«

Nachdem es dunkel geworden ist, holen wir Mazen ab und fahren auf der Straße nach Klein-Petra zu der Siedlung, in der Sayeed mit seiner Familie wohnt. Es ist stockdunkel, und die Abzweigung ist nicht beschildert. Aber Sayeed erwartet uns dort mit seinem Pick-up und blendet auf. Die lange holprige Straße führt zu ein paar gesichtslosen Gebäuden aus Beton, dem genauen Gegenteil von Beduinenzelten. »Ich hatte … eine Zeltstadt von Nomaden mit ihren Herden erwartet,« schreibt die Anthropologin Lila Abu-Lughod, deren Buch *Veiled Sentiments* (Verschleierte Gefühle) ihre Jahre bei einem Beduinenklan beschreibt, »stattdessen lebten die Leute, die die Freuden der Wüste priesen, in Häusern (obwohl sie immer noch Zelte daneben aufbauten und den Großteil des Tages in ihnen verbrachten) und trugen funkelnde Armbanduhren und Plastiklatschen … und dann fuhren sie Toyota Pick-ups. Sie hielten das nicht für alarmierende Anzeichen, dass sie keine Beduinen mehr waren, weil sie sich nicht so sehr über ihre Lebensweise definieren, sondern über einen Moralkodex, der Stolz und Bescheidenheit vorschreibt.«

Als wir nach drinnen kommen, fällt uns der Zeltcharakter auf. In einem Innenhof schwelt ein Kochfeuer. Von diesem Hof gehen zwei Zimmer ab, in denen es keine Möbel, sondern nur aufgestapelte Kissen und Decken gibt. Auch in die Speisekammer kommt man von diesem Innenhof. Neben dem Gehege für die Hühner ist eine Toilette zum Hinhocken. Erst meine ich, ein Radio zu hören, aber als Vivian und ich aus unseren

Schuhen schlüpfen und uns zu den Männern und Kindern im Hauptraum setzen, sehen wir, dass sie alle auf einen riesigen Fernseher starren. Über Satellit sind hier Bilder von Ferraris, Rockvideos und halbnackte Supermodells zu sehen, obwohl über dem offenen Feuer gekocht und auf dem Fußboden gegessen wird. Sayeed lässt sich auf ein Kissen fallen und gibt seiner Frau und seinen Töchtern ein Zeichen, Tee zu bringen. Wie alle Patriarchen der Welt liebt er, was in der Ferne liegt. Den ganzen Abend will er zappen.

Sayeeds Frau hat bereits sechs Kinder, ist aber schon wieder im sechsten Monat schwanger. Sayeed hat uns mithilfe von Mazen als Dolmetscher erzählt, er wünsche sich mindestens zehn Kinder. Seine Frau und seine Töchter haben bereits mit dem Kochen angefangen, als Sayeed am Nachmittag verkündet hat, dass wir zu Besuch kommen würden. Die Gastfreundschaft der Beduinen ist sagenhaft, und es ist Sitte, ein Tier zu schlachten, um die Gäste zu ehren. Wir hatten von *mensaf,* einem traditionellen Gericht der Beduinen, gehört, einer Mischung aus Lamm, Lammfett, gedämpftem Reis und Pinienkernen. Es wird mit dem intakten Kopf des Lamms serviert: Der Ehrengast erhält die Augen. Glücklicherweise gibt es kein Lamm. Stattdessen wird *maghlubah* oder »Verkehrt-herum« aufgetragen. Eine Platte von der Größe eines Hula-Hoop-Reifens mit gedämpftem Reis, Auberginen, Tomaten und Huhn. Dieses einfache Gericht muss drei oder mehr Hühner das Leben gekostet haben. Wir sitzen im Kreis um die Schale herum und fangen jeder von seiner Seite aus zu essen an, die Männer mit den Händen, Vivian und ich mit Löffeln. Langsam wird das »Verkehrt-herum« weniger. Es ist köstlich, mit einer wunderbaren Konsistenz und leichtem Zwiebelgeschmack. »Verkehrt-herum« ist das Trostessen für die arabische Wüste. Vor jedem steht außerdem ein kleiner Teller mit Salat und Joghurt, und Sayeeds Frau und seine Kinder schauen in regelmäßigen Abständen zu uns herein, ob sie Tee (»Beduinen-Whisky«) oder Limonade nachschenken müssen. Wenn Vivian und ich zu lange Pausen einlegen, wirft uns

Sayeed einen strengen Blick zu. Dann schaut er auf das Essen und wieder auf uns. Etwas kleinlaut greifen wir zu unseren Löffeln und machen uns an der riesigen Schüssel, von der mit Leichtigkeit fünfzig Personen satt werden könnten, zu schaffen. Die Männer sind gesättigt und schläfrig und lehnen sich aneinander. Mazen sitzt zufrieden zwischen seinen Cousins und lacht leise. Später erzählt er mir, er habe seine Leute schon seit Jahren nicht mehr gesehen.

Der jüngere Hussein ruft nach Tee und gibt uns Rätsel auf. Was gehört dir, wird aber hauptsächlich von anderen Leuten benutzt? Was liegt zwischen Erde und Himmel? Sayeed zappt. Von der Tür aus starrt seine Frau erschöpft zu uns herüber. Wir gähnen nachdrücklich. »Zeit, zu Bett zu gehen«, verkündet Hussein. Könnten wir bitte unser Auto hinter das Haus stellen? Erst jetzt erfahren wir, dass unser Besuch das Misstrauen der nachts patrouillierenden Polizei erregen könnte. Ob diese Wachsamkeit etwas mit den Schmugglern, den Drogen oder der Sicherheit von Ausländern zu tun hat, wissen wir nicht. Wir bekommen auch keine klare Antwort. Auch Mazen ist ratlos. Offenbar wirken wir nervös, denn Sayeed wird auf einmal sehr ernst und sagt ein paar Worte zu uns. Mazen übersetzt sie: »Er sagt, falls jemand Ihnen etwas tun will, solange Sie unter seinem Dach weilen, wird er diese Leute umbringen.« Sayeed mag uns.

Wenig später taucht eine Schar von Sayeeds Söhnen mit Schlafmatten und Kissen auf. Sie klettern über eine schmale Leiter aufs Dach. Dort breiten sie für uns vier Matten in einem Viereck aus, immer Kopfende an Fußende (für Vivian und mich und Hussein und Mazen unsere Leibwächter). Die Männer bringen eine Kanne Tee und Tassen. Bald gesellen sich Sayeed, der ältere Hussein und die Jungen im Schein des Vollmonds zu uns. Sie gießen uns Tee ein und singen uns traurige arabische Weisen vor. »Ich schreibe Gedichte«, erzählt uns Hussein. »Wollen Sie eins hören?« Er wiegt den Kopf hin und her, als er die melodischen arabischen Zeilen spricht. Wir bitten Mazen, sie uns zu übersetzen. »Keine Ahnung, wovon das gehandelt hat«, sagt er. Dann singt Mazen ein schönes Lied. »Jetzt sind Sie dran«, sagt Hussein. Die Männer werden ganz still, als Vivian und ich »Michael, ruder dein Boot ans Ufer« singen. »Der Jordan ist tief und breit, Halleluja, Milch und Honig warten auf der andern Seit' ...« singe ich mit geschlossenen Augen. Als ich sie wieder öffne, sehe ich diese Araber vor uns, die uns hingerissen und erstaunt anschauen. Trotzdem bilde ich mir nicht ein, dass sich die kulturellen Unterschiede mit ein paar Liedern auf einem mondbeschienenen Dach überbrücken lassen. In dieser Nacht würde ich das aber sehr gern glauben.

Die Familie klettert die Leiter hinunter und überlässt uns unserer Nachtruhe. Bald schnarcht Hussein laut, Vivian bekommt überhaupt nichts mehr mit, und Mazen hat seine Matte ans andere Ende des Dachs geschleift. Ich liege wach und starre in den Sternenhimmel, lausche auf das Bellen herumstreunender Hunde und auf die Geräusche unbekannter Tiere, die unten auf dem Kies herumkreuchen. Einige Hunde beginnen plötzlich einen scheußlichen Kampf, der ebenso abrupt wieder ein Ende nimmt. Ich hoffe immer noch, Schlaf zu finden, als die Rufe zum Morgengebet die kühle Luft durchdringen, dem sich die Hähne mit ihren heiseren Schreien anschließen. Es gibt nur den einen Gott. Im ersten schwachen Licht bemerke ich, dass auf dem Dach der Kot von irgendwelchen Tieren liegt. Wir hören, wie Sayeeds Familie unter uns erwacht. Als wir in den Hof hinunterklettern, haben die Kinder bereits ihre Kleider für die Schule an. Die Älteren haben Frühstück gemacht: Spiegeleier und Fladenbrot. Wie die Orgelpfeifen aufgereiht stehen sie da und sehen uns beim Essen zu. Sie gestatten Vivian, ein paar Fotos zu machen.

»*Jella* Wadi Rum?«, sagt Hussein. Zeit zum Aufbruch, aber vorher drückt Vivian Sayeeds Frau noch einen Bündel Dinare in die Hand. Diese nickt schüchtern zum Dank. »Es in die Hand drücken – das ist die Art der Beduinen«, sagt Hussein zustimmend. Sayeed und Hussein schließen sich uns an, um mit uns zur Hauptstraße zu fahren. Die Kinder laufen winkend und lachend neben dem Auto her. Ihre Büchertaschen schwenken sie wie wild hin und her. Mit einer Hand lange ich nach hinten und drücke Mazen die Hand. *Salaam habibi.*

Wir verbringen eine Nacht und einen Tag in Wadi Rum, wo wir uns wie in einem Dampfkochtopf fühlen. In der lähmenden Hitze sitzen Viv und ich im Zelt eines Touristencamps, das an die Fernsehserie M*A*S*H erinnert, und trinken ohne Unterlass. Wir warten, bis es kühl genug ist, um in die Wüste zu laufen, die nur eine Viertelmeile hinter dem Camp beginnt. Die Hitze raubt allem Lebenden die Kraft. Einmal lässt sich Vivian im Hauptzelt auf ein paar klumpige Kissen fallen und sinkt in eine Art Hitzekoma. Als sie eine Stunde später erwacht, regt sich auch eines der Kissen. Sie war auf einem Welpen eingeschlafen. Bei Sonnenuntergang machen wir uns in das Arabien von Lawrence of Arabia (hier wurde der Film gedreht) und zu den sieben Säulen der Weisheit auf. Hier stoßen wir mit einer Gruppe Touristen zusammen, die aus Landrovern klettert und sich um ihren Führer schart – vor Samir. »Oh«, sagt Vivian. Samir schaut mich an und will etwas, was ich ihm nicht geben kann und vielleicht auch gar nicht begreife. *Saalam* und viel Glück.

Das Thermometer zeigt über vierzig Grad, und wir brechen unseren Aufenthalt im Wadi Rum ab. An einem Kontrollpunkt des Militärs, an dem Terroristen und Schmuggler geschnappt werden sollen, drückt ein Soldat einem glücklos wirkenden Mann mittleren Alters eine Aktentasche in die Hand und bittet uns inständig, ihn nach Maan, einem etwa zwei Stunden nördlich des Wüstenhighways gelegenen Handelsplatz zu fahren. Der Mann spricht kein Englisch. Vivian und ich beraten uns. Mit welcher Entschuldigung können wir diesen fremden Mann aus unserem Wagen werfen? Wieso haben wir ihn uns ans Bein binden lassen? Aber plötzlich geht es mir auf, dass dieser Mann freundlich und harmlos ist. Wieso sind wir so misstrauisch? »So würden sie uns nie behandeln«, sage ich, und Vivian seufzt. »Du hast vollkommen Recht.« »Wir nehmen ihn nach Maan mit«, sage ich. »Das ist eben die Art der Beduinen.«

Zu Omars großer Freude runden wir unseren Besuch in Jordanien mit ein paar Nächten im Hisham ab. Wir kaufen im Suk der Goldschmiede ein, essen Hummus und *fool* und statten Farq al-Din einen letzten Besuch ab, um Tee in dem Öko-Tourismus-Café zu trinken. Omar bestellt uns ein Taxi zum Flughafen. Wir verabschieden uns. Als wir den Stadtrand erreichen, klingelt das Handy des Taxifahrers. »Für Sie«, sagt er und reicht mir das Handy.

»Hallo, Omar.«

»Gute Reise, Miss Susie. Sie fehlen mir schon jetzt.«

Fladenbrot der Beduinen

ZUTATEN:
7,5 dl ungebleichtes Weizenmehl
2 Teelöffel Salz
etwa 5 dl warmes Wasser
Außerdem benötigen Sie einen Wok

Geben Sie Mehl und Salz in eine Schüssel, sodass eine Kuhle entsteht, in die Sie das warme Wasser hineinschütten. Rühren Sie so lange das Wasser in das Mehl, bis sich ein Teig bildet. Gießen Sie mehr Wasser dazu, falls Ihnen der Teig zu trocken erscheint.

Kneten Sie den Teig 5 bis 10 Minuten und fügen Sie, falls nötig, Mehl hinzu.

Teilen Sie den Teig in 8 Stücke. Rollen Sie jedes so dünn wie möglich auf 20 Zentimeter oder mehr im Durchmesser aus. Decken Sie die Fladen mit einem Tuch ab.

Stülpen Sie den Wok umgekehrt über eine Gasflamme oder auf heiße Holzkohle. Wenn der Wok heiß ist (machen Sie mit ein paar Tropfen Wasser die Probe), ölen Sie ihn leicht ein.

Legen Sie den Teig vorsichtig über den Wok. (Beduinen nehmen dazu die bloßen Finger, aber Sie können Ihre mit einem Stück Küchenkrepp oder mit einem Geschirrhandtuch schützen.) Drehen Sie das Brot nach 2 Minuten um und pressen Sie es etwa 1 Minute lang noch einmal auf den heißen Wok.

Bedecken sie die frischen Brote mit einem Tuch, damit sie warm bleiben.

Die größte Bäckerei der Welt
Biddeford, Maine

Heute bauen wieder in verschiedenen Teilen des Landes von Continental
angeheuerte Mädchen vorzugsweise mit leuchtenden Augen kleine Stände
in Lebensmittelläden auf und offerieren den neugierigen Kunden ein
schwarzes Tablett mit sechs oder mehr Brotscheiben darauf. Mit einem
süßen Lächeln wird gefragt: »Meinen Sie, dass Sie unter diesen das beste
Brot ausmachen können?« Bis heute haben von den 450 000, die an diesem
Test teilgenommen haben, 90 Prozent – Sie haben es sicher schon erraten –
Wonder Bread gewählt.

AUS DEM ARTIKEL *WONDER BREAD AND CIRCUSES* IN DER *FORTUNE*, 1938

Neunzig Meilen nördlich von Boston zwischen der maut-
pflichtigen Maine-Autobahn und dem heruntergekommenen
Zentrum von Biddeford liegt die größte Bäckerei der Welt. Sie
wurde vor zwei Jahren von Interstate Brands, der Muttergesellschaft von Nissen und Wonder Bread aus Missouri eröffnet. Die Hallen haben eine Fläche von 22 000 Quadratmetern
und überragen einen riesigen Parkplatz. Ein Oldtimer-Wonder-
Bread-Lieferwagen bewacht den Eingang. Diese Würdigung
einfacher Zeiten verblasst fast vor der unheilvoll in der Sonne aufglühenden Metallfassade der Riesenfabrik. Sie wirkt
mehr wie eine Forschungseinrichtung, die nur Leute besuchen
dürfen, die kein Sicherheitsrisiko darstellen. Kein vertrauter
Geruch geht von diesem Gebäude aus. Aber bezeichnen Sie es
um Gottes willen nicht als Fabrik!

»Ich arbeite an einem Buch und würde gern die Wonder-
Bread-Fabrik besuchen«, sage ich zu George Lampros, dem

stellvertretenden Direktor der Marketingabteilung von Interstate, der Muttergesellschaft von Wonder Bread in St. Louis. »Wieso interessieren Sie sich dafür, eine unserer *Bäckereien* zu besuchen?«, fragt er. Kurz erläutere ich ihm mein Projekt. Lampros schlägt mir vor, zur Biddeford-*Bäckerei* zu fahren. Das sei die größte und neueste der Company. Ich solle ihm per Fax mitteilen, wann ich Zeit hätte. Lampros ist freundlich und aufmunternd. Wahrscheinlich ist das sein letztes Geschäftsgespräch, bevor er für einen Monat in den Urlaub verschwindet.

Mit dem Senior Vice President Mark Dirkes fange ich dann noch einmal bei null an. Im Gegensatz zu Lampros ist er misstrauisch. »Und wieso interessieren Sie sich ausgerechnet für die *Bäckerei?*«, will Dirkes wissen. Damit beginnen langwierige Kontrollen. Bevor mir der Zugang zum Allerheiligsten der Schnittbrote gestattet wird, muss ich ein Schreiben vorlegen, aus dem meine Absichten hervorgehen. Dieses will Dirkes dann weiteren Angehörigen des Senior Management vorlegen, die einige Wochen darüber nachdenken wollen, um schließlich zu einer Entscheidung zu gelangen. Ich stelle mir einige gesetzte Herren in Anzügen vor, die sich wichtig räuspern, während sie in den Fotokopien blättern, die mein Projekt extra für sie geschönt und humorvoll darstellen. Ich weiß, dass die Firma wegen Streitigkeiten mit den Gewerkschaften eine schlechte Presse hat. Erst unlängst haben einige schwarze Angestellte des Werks in San Francisco einen Prozess wegen Diskriminierung angestrengt. Vielleicht hegen sie auch die Befürchtung, dass ich das Kapitel mit unvorteilhaften Kleinigkeiten füllen werde, beispielsweise dass es weniger kostet, ein Wonder Bread herzustellen als zu vertreiben. Aber schließlich rückt Dirkes mit seiner Hauptsorge heraus. Die hohen Herren fürchten, ich könnte schreiben, Wonder Bread sei der Gesundheit nicht förderlich. »Es ist sehr nährstoffreich. Das wollen wir deutlich rüberbringen«, sagt Dirkes und meint noch, dass einige einflussreiche Leute sich unfairerweise mit den Tugenden von Vollkornmehl aufhalten. Ob ich wisse, dass Wonder Bread eine einzigartige Kalziumquelle sei? Später kann ich mich mit eigenen Augen davon überzeugen. Ich sehe einem Techniker dabei zu, wie er Kalzium, jojo-große Tabletten, in Wasser auflöst und dieses direkt in den bro-delnden Wunderteig kippt.

Ich habe nur friedliche Absichten, versichere ich Dirkes. »Ich bin mit Wonder Bread aufgewachsen«, erzähle ich ihm, »und schließlich ist aus mir auch was geworden.« Einige Wochen später kommt das das Okay, und kurz darauf bin ich auf dem Weg nach Norden, nach Biddeford.

In kleinen Bäckereien von Paris bis nach St. Petersburg wachen Bäcker mit der Vertrautheit und Sorgfalt einer Hebamme über die tägliche Ausbeute luftiger Brotlaibe und flacher runder Brote. Wie kommt ein Wonder Bread zur Welt? Wie vereinigen sich Zutaten, die sich nicht groß von denen einer einfachen Dorfbäckerei unterscheiden, zu etwas, was immer vollkommen gleichförmig ist und – das behaupten jedenfalls manche – wie Mörtel schmeckt? Wo sind die Löcher? Falls es wirklich aus etwas so Vertrautem wie einem Ofen kommt, dann will ich ein Stück Wonder Bread probieren, das direkt aus diesem Ofen kommt.

Allein der Faktor – ich meine, die Bäckerei ist das Beste, was dem modernen Biddeford passiert ist, einer Arbeiterstadt an einem heruntergekommenen Abschnitt der Südküste von Maine. Biddeford besteht aus überwiegend stillgelegten Tex-tilfabriken und Ziegeleien am Saco River und ist eine der Küs-tengemeinden in Maine, die definitiv keine Touristen anzieht. Solche Orte scheinen sie regelrecht abzustoßen, und es ist leicht zu verstehen, warum.

An einem Dienstag im Oktober fahre ich früh am Morgen die Hauptstraße von Biddeford entlang. Ich will irgendwo Kaf-fee trinken. Mein Hund Louie und ich hatten die Nacht in dem pittoresken Dorf Ogunquit verbracht, das etwa eine halbe Stunde südlich an der Route 1 liegt. Wir logierten dort in dem einzigen Bed and Breakfast, das nichts gegen Hunde einzu-wenden hat. Das Zimmer war so kalt, dass ich mich die gan-ze Nacht an Louie wärmen musste. Das stundenlange Zähne-klappern hat mir einigermaßen zugesetzt, und mir tat alles weh.

Statt dort zu frühstücken, verließ ich die Küche des Etablissements fluchtartig. Die Eigentümer, zwei verpennte, dickbäuchige Männer in verschlissenen Morgenmänteln waren nicht sonderlich vertrauenerweckend.

Auch im hellen Licht des Morgens wirkt die Main Street von Biddeford surreal düster, etwa so wie ein Gemälde von Magritte. Ich fahre die Hauptstraße auf und ab und an leerstehenden Geschäften und Schnäppchenläden vorbei und parke schließlich direkt vor einem »Coffeehouse«, das recht viel versprechend aussieht. Über der Tür weht eine riesige Fahne mit der Aufschrift »OPEN«. Das bunte Schild über dem Fenster ist von dampfenden Kaffeetassen umrahmt. Im Fenster ist ein Halloween-Diorama ausgestellt, ein grinsender Vampir im Sarg. Jemand hat offenbar viel Zeit darauf verwendet. Es ist halb neun, und ich bin zufrieden mit meinem Espresso-Radar. Dieser lässt mich nur selten im Stich. Das Lokal ist riesig – ich kann mir Rockbands vorstellen, die dort auftreten –, aber vollkommen ausgestorben. Hinter der Theke liegen haufenweise Servietten und Pappbecher in wildem Durcheinander. An der Wand stehen zwei Bunn-Kaffeemaschinen, die nicht viel größer sind als normale Küchen-Kaffeemaschinen. Beide sind abgestellt und die Kannen noch zur Hälfte mit der dunklen Brühe vom Vortag gefüllt.

»Wollen Sie einen Kaffee?«, ein bleicher Mann um die Dreißig mit einem teigigen Gesicht taucht hinten in dem Lokal auf. Er sieht aus, als hätte er in einem Sarg geschlafen. Er hält inne, um das Radio anzumachen: Gangsta-Rap, bei dem mir fast das Herz stehen bleibt. »Verdammte Putzkolonne«, sagt der Mann und schlendert langsam hinter die Theke. »Womit kann ich Ihnen dienen?« »Einen kleinen Kaffee mit Milch.« »Hm. Kein Problem. Ich mache eine frische Kanne, das dauert nicht lang.« Ich sehe ihm dabei zu, wie er in dem Durcheinander den Kaffee sucht. »Sie sollten sich eine Espressomaschine zulegen und Cappuccino und caffè latte verkaufen«, schlage ich vor. Im Stillen verfluche ich mich, dass ich mich wie eine typische Touristin aufführe. »Das habe ich versucht«, erwidert er bekümmert und löffelt den Kaffee in den Filter. »Hier in Biddeford wollen die Leute keine Neuerungen. Hier ist die Zeit in den fünfziger Jahren stehen geblieben, falls Sie das noch nicht bemerkt haben sollten.« Was ist dann mit diesem Lokal los? Ein »Coffeehouse« mit einem riesigen »OPEN«-Zeichen und darin zwei dreckige Kaffeekannen und nicht einmal ein trockener Doughnut? »Seit zwei Jahren versuche ich, das Lokal zu verkaufen«, erzählt er. »Wenn ich es los bin, werde ich versuchen, in der Bäckerei anzufangen.« In mehreren Gewerbeparks in der Gegend würden Elektronikgeräte, Maschinen und Plastikgegenstände hergestellt, aber die Bäckerei sei der beste Arbeitgeber. Alle wollten nur in der Bäckerei arbeiten.

Am Rand eines Meeres von Autos finde ich eine freie Parklücke auf dem Besucherparkplatz der wunderbaren Bäckerei. Der funkelnde Koloss muss den Einwohnern von Biddeford wie ein Heiligtum vorkommen. Ich breite für Louie eine Decke aus und gehe auf den Eingang zu. Mit der Sicherheit nehmen sie es wirklich sehr genau. Die Empfangsdame sitzt etwas erhöht, als sei sie Richterin des Höchsten Gerichts. Und noch etwas ist seltsam. Diese »Bäckerei« duftet nicht. Wie kann das sein? Einen Augenblick lang gebe ich meiner verstopften Nase und dem Heuschnupfen die Schuld. Ich nähere mich der Empfangsdame und ihrem unsichtbaren Radarfeld. Nach einigen Minuten halblauter Beratung lässt sie mich durch die Tür in einer breiten Glaswand treten. Dort steht auch schon Jeff Jordan und begrüßt mich mit einem herzlichen Händedruck. Der Fünfundvierzigjährige ist der Direktor des Werks. Er ist klein und stämmig, hat grau meliertes, volles Haar und nette, jungenhafte Züge. Jordan arbeitet seit dreiundzwanzig Jahren bei der Firma. Er wurde von Natick in Massachusetts nach Biddeford versetzt, um dort das Werk zu leiten. Es ersetzte mehrere ältere Bäckereien. Wie viele der Wonder Bread-Manager und der Leute, die die Fertigungsstraßen überwachen, ist Jordan Absolvent des American Institute of Baking in Manhattan, Kansas, der Princeton University der Brotfabriken. Hier lernen die Bäcker nicht nur die Mathematik der

Mischungsverhältnisse für Teige oder die Chemie des Gärungsprozesses. Die Einheitlichkeit von Konsistenz und Geschmack wird ebenfalls wissenschaftlich erforscht. Die besten Bäcker in Paris werden Ihnen sagen, dass sich Brot von Tag zu Tag unterscheidet, aber wie ein Big Mac oder eine Coca-Cola wird Wonder Bread mit dem Versprechen geliefert, dass man immer genau weiß, was man zu erwarten hat.

Wie bereits erwähnt, bin ich mit zwei Arten von Brot aufgewachsen: Roggenbrot mit Zwiebeln von Bambi, der Bäckerei in der Nachbarschaft, und mit Wonder Bread. Wie bei den meisten meiner Altersgenossen hat die Erinnerung an das Brot mehr mit Gefühl als mit Geschmack zu tun. Wir liebten an Wonder Bread, dass man es zu kleinen, harten Kügelchen formen konnte. Michael, einer der Nachbarsjungen, kam immer mit einer Butterbrottasche, in der er drei oder vier Scheiben Wonder Bread hatte, zum Spielen. Das war das Brot, das wir alle zu Hause aßen, aber alle hatten wir es auf seine Scheiben abgesehen, da sich das bekannte, baumwollartige Brot in seiner Tasche in einen Snack verwandelt hatte. Michael war immer sehr geizig und wedelte mit dem Brot herum, ehe er es in den Mund schob. Ich hörte irgendwann auf, mit Michael zu spielen. Das hatte mit einem verfehlten Deal zu tun. Ich wollte die Hose herunterlassen, wenn er das ebenfalls tat. Auf neutralem Terrain – dem Garten der Cohens – führte er mich hinter eine Fichte. Dort ließ er unvermittelt die Hosen runter. Ich kreischte, rannte nach Hause und hielt meinen Teil des Deals also nicht ein. Danach ging ich ihm aus dem Weg, und bald waren wir auch erwachsen und der Vorfall nur noch eine ferne Erinnerung genau wie die Vorstellung, dass Wonder Bread einen Spielplatz-Snack abgeben kann.

Meine Freundin Vivian, die Künstlerin, benutzt Wonder Bread, um Pastellfarben auf Papier aufzutragen. Fast hätte ich Jordan das verraten, kann mich aber noch rechtzeitig beherrschen. Ich vermute, dass er das beleidigend fände. Vielleicht auch nicht. Später sehe ich, dass auf der Wonder Bread-Website dazu aufgerufen wird, nostalgische Erinnerungen mitzuteilen. Der Beitrag einer Frau betrifft ein geliebtes Spiel ihrer Kindheit, »Wonder Bread Basketball«. Man höhlt ein Brot aus, formt das Weiche zu Kugeln und schmeißt dann diese »Bälle« in den »Korb«, der aus der Kruste gebildet wird, erklärt diese Frau, die selbst wieder Kinder hat. Sie sagt uns im Grunde, dass sie lieber mit Wonder Bread spielt, als es zu essen. Aber so etwas gefällt der Company. Wichtig ist, dass schon ihre Eltern Wonder Bread kauften.

Das Wonder Bread wurde im Frühjahr 1921 von der Taggart Baking Company in Indianapolis erfunden. Das war eine große Sache. Es wurde mit einem Aufwand vorgestellt, der einem Luxusauto oder einem neuartigen Flugzeug angemessener gewesen wäre. Wochenlang schaltete die Firma Anzeigen, auch auf Plakatwänden, in denen von dem kommenden Wunder die Rede war. Das Etikett des neuen, »slo-baked«, langsam gebackenen, ungeschnittenen (eine fabriktaugliche Schneidemaschine wurde erst sechs Jahre später erfunden) Anderthalbpfund-Brotes wurde von Elmer Cline erfunden, dem es bei einem internationalen Ballonrennen die Grundfarben am Himmel angetan hatten.

Die Zeiten waren reif für den Aufstieg von Wonder Bread. Im Jahr 1919 hatte die Fleischmann Company, die Hefe an Großbäcker verkaufte, einen Werbefeldzug begonnen. Hausfrauen wurden ermahnt, Brot in der Bäckerei zu kaufen, statt sich selbst mit dem Brotbacken abzurackern. Im folgenden Jahr entwickelte C. J. Patterson, ein Chemiker aus Kansas City, zusammen mit seinen Geschäftspartnern einen Zusatzstoff, den sie Paniplus nannten. Die Mischung aus Kalziumperoxid und Puffersalzen erhöhte die Trockenheit von Fabrikbrot, das sich damit schneller und in größeren Mengen herstellen ließ.

Drei Tage vor dem großen Ballonrennen erschien folgender Song im *Indianapolis News and Star*:

Schluss mit der Geheimniskrämerei,
Denn jedem nun verkündet sei:
Die Botschaft, die euch Freude bringt,

Mutter, Vater und jedem Kind,
Und Mary, Betty, Jack und Joe,
Ja, alle macht die Erkenntnis froh,
Zu verstehen jetzt das Wunderwort,
In aller Mund, an jedem Ort.
Von früh bis spät mit jedem Biss
ereilt euch neuester Genuss,
Ganz wie es Mary auch versprach,
Sie kennt sich aus in dieser Sach.
Das Brot, das sie am meisten liebt,
Sie nun euch allen übergibt,
Wonder Bread heißt die Köstlichkeit
Aus der besten Bäckerei weit und breit.

Falls man aus Wonder Bread einen Film gemacht hätte, wären in ihm Donna Reed und Jimmy Steward aufgetreten. Nach der offiziellen Firmengeschichte zu urteilen, konnte es Amerika kaum noch erwarten. Schließlich kamen am 24. Mai die Taggart-Lieferwagen mit Heliumballons für die Kinder zu den Supermärkten. Die neumodischen Brote gingen zum Einführungspreis von einem Penny weg wie warme Semmeln.

Das Wort Wonder Bread im amerikanischen Wortschatz zu etablieren, war ein Ford unter den Kraftfahrzeugen sowie DeBeers unter den Diamanten vergleichbarer Marketing Coup. Aber im Unterschied zu Autos und Edelsteinen ist Brot seit biblischen Zeiten etwas Lebensnotwendiges. In den meisten Teilen der Welt sind die Menschen damit zufrieden, das Brot ihrer Ahnen zu essen, das auch so hergestellt wird wie in früheren Zeiten. Um die »Hausfrauen« zum Kauf von Wonder Bread zu verführen, so heißt es in der Firmengeschichte, musste die Company sie davon überzeugen, das bislang gewohnte, hausgemachte oder beim Bäcker erstandene Brot nicht mehr zu essen. Die Marketing-Experten verliehen diesem ganz gewöhnlichen Weißbrot einen fast mythischen Status. Aus einer gesunden Familie war es einfach nicht wegzudenken. Nachdem die Continental Baking Company 1925 die Indianapolis

Bakery erworben hatte, artete der Kreuzzug aus. Alle amerikanischen Radiohörer mussten sich daraufhin regelmäßig das sentimentale Gedudel von den Happy Wonder Bakers anhören. In strahlend weißen, gestärkten Uniformen sang das Quartett: »Jo Ho! Jo Ho! Wir sind die Bäcker und mischen den Teig, das Backen des Brotes braucht seine Zeit ... Wir sind die Bäcker in strahlendem Weiß, die Backformen sauber und glänzend. Wir backen das Brot immer perfekt, Hurra den Wonder Bakers!« Die Company sponserte Hörspiele im Radio, wie *The Great McCoy, Pretty Kitty Kelly* und *Bachelor's Children,* die tagsüber gesendet wurden.

Wie jedes Kind, das in der Frühzeit des Medienzeitalters groß geworden ist, war ich eine Quelle übernommener Weisheiten. Beispielsweise wusste ich, dass Winston schmeckt, wie eine gute Zigarette schmecken soll (»*good like a cigarette should*«), dass die Preise in den Keller fallen, wenn der Deal besser wird. Ich wusste, wie man das Wort »Shampoo« mit der richtigen Betonung ausspricht. Und obwohl ich das nicht näher erklären konnte, wusste ich, dass Wonder Bread stark macht, und zwar zwölffach. Diese Werbekampagne wurde in den dreißiger Jahren ersonnen, und irgendwie wurde aus acht zwölf. Auf der New Yorker Weltausstellung im Jahr 1939 frequentierten unzählige Besucher die ballongeschmückte, eigens errichtete Bäckerei und lernten dort die Wunder des Wonder Bread kennen. Das waren die Zeiten, in denen sich die Regierung noch nicht um den Wahrheitsgehalt von Anzeigen kümmerte. Es konnte also ungeniert behauptet werden, die Nährstoffe würden Muskeln, Zellen, Appetit, Gehirn, Blut, Energie, Wachstum, Knochen und Zähne stärken. Das war natürlich Unsinn. All das ließ sich über jedes andere Nahrungsmittel ebenfalls sagen.

Heute lacht Jeff Jordan über dieses »zwölffache« Wachstum, das einem mit Wonder Bread versprochen wurde. Er ist sich nur zu bewusst, dass Weißbrot, dass schon lange als fade und langweilig gilt, seit den siebziger Jahren schwer unter Beschuss ist. Damals verliebte sich unsere Generation – seine und meine – in Vollkornweizen, Weizenschrot, Hafer, Kleie, in alles eben außer dem protein- und glutenreichen, vielfach gesiebten Mehl, das für Wonder Bread verwendet wird. Fakt ist: Je weißer das Mehl, desto weniger Ballaststoffe, Proteine, Vitamine und Mineralstoffe enthält es. Diese nehmen mit zunehmenden Grad der Verarbeitung ab. Natürlich können sie heute in den Fabriken alle diese Bestandteile in Form von Zusatzstoffen wieder zuführen, das Brot »anreichern«. Aber für Erwachsene, die sich für Essen begeistern, ist Wonder Bread ein Witz, ein Gräuel, ein Euphemismus für alles, was aufgesetzt und falsch ist.

Kinder lieben dieses Brot. »Die Kinder sind unser wichtigster Markt«, sagt Jordan. Ein Kindergartenkind würde das so nicht ausdrücken, aber Kids lieben Wonder Bread wegen seiner gleichmäßigen, nahtlosen Krume. Wonder Bread ist für den Teil der Bevölkerung, für den Lebensmittel keine Unregelmäßigkeiten aufweisen dürfen, wie harmlos auch immer sie sein mögen. Für Kinder bedeutet das, dass Mom und Dad zuverlässig ein Brot aus dem Supermarkt nach Hause karren, das keine Löcher hat. Mit Erdnussbutter und Gelee bestrichen, das klassische *peanut butter jelly sandwich,* weicht es auch bis zur großen Pause nicht durch. Es lässt sich auch mühelos verstümmeln. Kleinkinder können das, was irreführend die Kruste genannt wird, ohne Schwierigkeiten selbst ablösen. Für Kinder ist das Entfernen der Kruste ebenso selbstverständlich wie den Doppelkeks Oreo in seine Hälften zu zerlegen.

»Wissen Sie, es ist viel einfacher, Brot mit Löchern zu backen als ohne«, sagt Jordan und reicht mir eine Haube, die ich aufsetzen soll, ehe ich die Fabrik, Entschuldigung!, die Bäckerei, betrete. Ich fühle mich an eine leidenschaftliche Abhandlung des missionarischen Bäckers Dan Wing erinnert, eines Arztes aus Vermont, der sich einen Steinofen auf einen Anhänger baute, damit er nie etwas anderes als natürlich aufgegangenes Steinofenbrot zu essen brauchte. In *The Bread Builder,* das er zusammen mit Alan Scott verfasste, zieht er über Supermarktbrot her und hat für die Tölpel, die es tatsächlich essen, nur Mitleid und Verachtung übrig. »Supermarktbrot schmeckt nach nichts«, schreibt Wing. »Es schmeckt nicht einmal nach Weizen und nur ein wenig nach Karamell (falls wie beim Fabrik-»Weizen«-Brot dem Teig Weizen hinzugefügt wurde). Wing beschreibt das Supermarktbrot weiter als an »stumpfsinnige Schüler erinnernd, die von einer Klasse zur nächsten gehen und die Schule verlassen, ohne lesen und rechnen zu können, unwissend und ohne sagen zu können, wie sie die letzten zwölf Jahre verbracht haben«. Die Versuche, das, was er das »Supermarkt-Brotproblem« nennt, zu lösen, indem man Hefebrot zu Hause backe und diesem Vollkorn hinzufüge oder die Brote zu Stangenbroten forme, würden nicht funktionieren, schreibt er, »da man langweilige Schüler auf eine Berufsschule schickt, wo sie auch das Schweissen nicht lernen werden, da sie auch vorher schon die Geschichte Amerikas als Kolonie nicht gelernt haben.«

Für Wing wäre ein Unternehmen wie die Biddeford-»Bäckerei« vermutlich schrecklicher als der Schwefelgestank der Hölle. Hier haben Absolventen des American Institute of Baking wie Jordan – des Antichrists der Brotliebhaber – ein Brot perfektioniert, das vollkommen weiß und chemisch verändert ist, damit es feuchter erscheint, als es wirklich ist, es hat den Charakter eines echten Rührteigs, ist mit Süßstoffen angereichert und so gleichmäßig, dass nirgends Licht durchscheint. Oder wie Wing das ausdrücken würde: »Die Krume ist weich, weil die Wände der Gaszellen dünn und flexibel sind. Drückt man sie etwas zu sehr mit den Fingern, fallen sie zusammen. Sie haben keine Elastizität. In einem Teller Suppe löst sich das Brot sofort auf. Wenn man abbeißt, sieht man, wo die Zähne die Krume zerstört haben. Beim Kauen verschwindet es sofort, eine feuchte Paste, die nicht einmal den Speichelfluss anregt.« Man fragt sich, ob Dr. Wing diese feuchte Paste äße, wenn die Alternative Verhungern wäre.

Jordan schmeckt richtiges Ofenbrot ebenfalls. Er fordert mich auf »When Pigs Fly« zu besuchen, eine Kleinbäckerei eine Ausfahrt weiter südlich an der Autobahn. Trotzdem liebt Jordan seinen Job. Während wir uns auf gepolsterte Drehstühle sinken lassen, sind Brote, Doughnuts, Hamburgerbrötchen, Muffins und Susie Q-Schokocroissants in Zellophan auf dem Weg in die Regale von Stop & Shop, Cumberland Farms, A & P und Tausende andere Supermärkte. Jordan wäre nie so dumm, Wonder Bread als Sensation für Gourmets zu bezeichnen, genauso wenig würde er ein Susie Q mit einem *pain au chocolat* aus einer kleinen Pâtisserie vergleichen. Aber wenn die Anhänger von Slow-Food, Biokost und Designer Food behaupten, der Nährwert von Supermarktbrot entspreche in etwa dem von Wasser, werden die Leute von Wonder Bread ziemlich säuerlich.

Obwohl fast alles automatisch abläuft, habe sich das Backen von Wonder Bread seit dreißig Jahren nicht sonderlich verändert, meint Jordan, als wir einen Korridor entlanggehen, der sehr an ein Krankenhaus erinnert. »Würde es Ihnen etwas ausmachen, Ihre Ohrringe unter die Haube zu stecken?« Wir betreten einen kühlen Lagerraum, der so riesig ist, dass ich sein Ende nicht ausmachen kann. Jede Woche verbraucht die Bäckerei etwa eine Million Kilo Mehl, das mit der Bahn aus dem Bauerndorf Ayer in Massachusetts kommt. Die Waggons, von denen jeder 100 000 Kilo Mehl fasst, stehen unter Druck. Das Werk hat einen Bahnanschluss, und neben den Tanks, auf denen die Aufschrift ESSBAR, VEGETABILISCHES FETT und BACKFORMFETT prangt, nehmen sich die Waggons winzig aus. In die Eisenbahnwaggons werde Luft gepumpt, und auf diese Weise das Mehl in einen feinen Staub verwandelt, der sich mühelos durch das Gebäude blasen lasse, erklärt mir Jordan, während die Rohre über unseren Köpfen einen Lärm machen wie ein Tornado. In riesigen Tanks lagern hier Soja- und Sonnenblumenöl, die ohne mit einer Hand in Kontakt zu kommen, ins Werk gepumpt werden.

Einige haben sicherlich *Der Sumpf* von Upton Sinclair gelesen. Welche Nager und Körperteile wohl in dem Sojaöl herumschwimmen mögen? Wie sollen wir wissen, dass in dem Mehl keine Katzenkadaver sind? Es gibt jedoch Methoden. Jede Mehllieferung durchläuft eine Reihe von Magneten, die auch noch winzigste Metallfragmente entfernen. Komplizierte Siebanordnungen entfernen die meisten Insekten und alles, was noch größer sein sollte.

Wir gehen zur *processing area,* dem Herstellungsbereich, weiter. Jordan führt mich zu einem stark riechenden Tank mit schäumender Hefe, der konstant 40 Grad hat. Ohne das Gesicht zu verziehen, erzählt mir Jordan, Wonder Bread würde ganz altmodisch hergestellt. Damit meint er, das man mit einem Rührteig aus Mehl, Wasser, Hefe und Backfett beginnt. Dieser Brei darf dann vier Stunden lang aufgehen, genau so wie Sie das Brot in Ihrer häuslichen Küche backen würden. Mitnichten genau. Der Mixer rührt in 1500 Kilo. (»Sie werden nirgends etwas Größeres sehen.«) Jeder Satz des gegangenen Teigs wird über ein Fließband in gewaltige Mischtröge gekippt, nicht anders wie der Müll aus einem Müllauto. Bis zu fünfundzwanzig Tröge Teig können in der »Bäckerei« gleichzeitig gehen. »Der gesamte Prozess wird von Computern überwacht«, sagt Jordan und reicht mir einen etwa pflaumengroßen Klumpen noch nicht gegangenen Teigs und einen weiteren, der bereits gegangen ist. Der erste fühlt sich wie Knetgummi an, der zweite etwa wie cremig geschlagener Philadelphia-Käse. Ich gebe Jordan die Proben zurück, und dieser drückt geistesabwesend an ihnen herum, während wir weitergehen. Dann stoßen wir mit einem menschlichen Wesen zusammen, einem Mann namens Tom. Wie Jordan hat Tom das American Institute of Baking in Kansas City besucht und die relativ junge Wissenschaft der Lebensmittelzusatzstoffe studiert. Er hat ein Tablett mit riesigen Pillen in verschiedenen Gelbtönen vor sich. Er löst die Nährstoffpillen, beispielsweise Askorbinsäure, in einer Plastikschüssel mit Wasser auf und wartet darauf, dass der Computer ihm mitteilt: »FERTIG ZUM BEIMISCHEN«. Da kommt der Teig auch schon, den noch niemand angefasst hat, und Tom kippt die gelbliche Brühe mit den Zusatzstoffen hinein. Ein weiterer Zusatzstoff ist Kalk oder Gips, der Kalzium enthält, »die großartige Quelle des Kalziums«, als die Wonder Bread verkauft wird. Tom hämmert auf die Tastatur des Computers ein und Schlangen aus rostfreiem Stahl erwachen zum Leben: Mehl, Molasse, Sojaöl, Wasser. Er wirft einen Eimer voll Salz in den Teig. Dann schließt sich die runde Klappe mit einem Quietschen, und der Inhalt wird wie in einer Zementmischmaschine gemischt.

Jordan führt mich über einen Laufsteg, und ich schaue auf eine Unmenge rostfreien Stahl. Wie eine Mischung aus einem Kunstwerk von Rube Goldberg und einer Achterbahn schlängeln sich in einem Chaos aus Kesseln, Rohren und Tunnels die Fließbänder dahin, aufwärts, abwärts, verschwinden und tauchen wieder auf. Rechts von mir bewegt sich eine Prozession leerer Brotformen vorwärts, in die eine Maschine gleich große Teigbälle ausspuckt. »Hier wird der Teig geglättet, bei diesem Prozess werden die Luftbläschen entfernt«, sagt Jordan und beugt sich vor, um einen Stau zu beheben. Für einen Augenblick verschwindet der Teig unter einer Walze und kommt dann wie in einem Zeichentrickfilm vollkommen geplättet wieder zum Vorschein. Eine weitere trickreiche Maschine legt dann den Teig wieder zusammen, und da tauchen die Backformen auch schon von links auf, alle mit einem Spritzer Öl eingefettet, der aus einer ganzen Batterie von Düsen kommt. In Sechserformation gehen die Backformen nebeneinander weiter zu einer Kreuzung. Hier werden sie dann in einen Kasten gehoben, in dem sie bei 115 Grad und 70 Prozent Feuchtigkeit 50 Minuten lang verweilen. Sie kommen zum Vorschein und marschieren weiter direkt in eine kleine Stadt aus Gasöfen. Nach neunzehn Minuten bei 400 Grad geht es in die Maschine, die die Brote aus den Backformen löst, eine Reihe von Vakuumvorrichtungen, die die Brote buchstäblich aus den Formen saugt. Der Ausstoß der Bäckerei ist 210 Brote in der Minute.

So sehr fasziniert mich diese Brotversion von *Triumph des Willens,* dass mir zunächst gar nicht auffällt, dass das Werk vollkommen geruchlos ist. Unzählige Brote werden gebacken und das ohne jeden Geruch. »Das liegt an den neuen Öfen«, sagt Jordan und macht eine ausladende Handbewegung. »Sie

verbrennen das Äthanol. Und das ist es, was man beim Brotbacken riecht. Das gesamte Brot hier würde fünfzig Tonnen
Äthanol erzeugen, genug, um die Atmosphäre zu verpesten.
Unsere Öfen sind umweltverträglicher.« Ich hatte schon von
Bäckern gehört, die von den bei der Gärung entstehen Dämpfen einen Rausch bekommen hatten. Ich vermute, dass Jordan
und ich ohne diese neumodischen Öfen anfangen würden, laut
zu singen.

Ich würde gern das Brot probieren, wenn es direkt aus der
Backform kommt, aber als Jordan ein heißes Brot vom Fließband nimmt und aufreißt, tut er das nur, um mir zu demons-
trieren, dass es dampfend heiß ist, ehe es über unseren Köpfen etliche Runden zum Abkühlen dreht. Wir kommen an einer
Tonne vorbei, auf der »Nicht essbar« steht, und Jordan
schmeißt das frische Brot einfach hinein. Die Tonne ist halb
voll mit beschädigten oder nicht vollkommen perfekten Broten. »Die nennen wir Krüppel«, sagt Jordan. Nach etwa einer
Stunde werden die abgekühlten Brote in Scheiben geschnitten
und in Tüten verpackt. An diesem Punkt greift sich Jordan ein
Brot und reicht mir eine Scheibe. Er nimmt ebenfalls eine. Wir
beißen beide ab. »Das ist doch der echte Geschmack, oder?«,
sagt Jordan und nickt anerkennend. Ich finde, das Brot
schmeckt auch nicht anders, als hätte es schon eine Woche bei
A & P im Regal gelegen. Jordan wirft den Rest des Brotes in
die nächste Tonne für Ausschuss, und wir sehen zu, wie ein
Tintenstrahldrucker ein Verfallsdatum auf jedes Brot schreibt.
Als nächstes werden die verpackten und mit einem Datum ver-
sehenen Brote in eine Flotte Lieferwagen verladen. Das sei
langweilig, sagt Jordan, und führt mich in die Abteilung für
süßes Gebäck. Wenig später sehen wir Millionen Doughnuts
auf Fließbändern und Mini-Pies, die – spritz! – mit einem
Klecks leuchtend roter, blauer oder beiger Schmiere versehen
werden.

Wieder in seinem Büro, danke ich Jordan überschwänglich.
Der Rundgang hat mir wirklich Spaß gemacht und ihm offenbar ebenfalls. Er verschwindet aus dem Zimmer und kehrt

lächelnd mit einer Tüte Susie Q, Obsttörtchen und ein paar Tüten dieser runden, mit weißen Zuckerschnörkeln verzierten Kuchen mit Vanillefüllung und Schokoladenguss zurück. Einen Laib des klassischen Wonder Bread hat er ebenfalls dazugelegt. Ich bringe es nicht über mich, ihn wegzuwerfen, lege ihn in die Gefriertruhe und vergesse ihn sofort. Das war vor fast einem Jahr, und er liegt immer noch dort. Offenbar ist er mir irgendwie wichtig, das muss mit der Vergangenheit zu tun haben, mit einfacheren Zeiten. Es ist als würde ich eine Shirley-Temple-Puppe oder einen echten Hula-Hoop-Reifen aufheben. Für jemanden meines Jahrgangs hat dieses pappige Brot einen großen sentimentalen Wert, der jedoch nicht das Geringste mit dem Kalziumgehalt zu tun hat.

Wonder Bread Basketball Set

Man nehme eine Scheibe Wonder Bread und entferne das Innere, sodass die Kruste intakt bleibt.

Das Innere wird zu mehreren kleinen, harten Bällen geformt.

Der Gegner hält den »Korb« (das heißt, die Kruste) hoch.

Wirft die Bälle in den Korb.

Dann wechselt man und beginnt von vorn.

Schlichte Gaben
Shanagarry, Irland

> Während ihre Hände
> über den Backtisch strichen
> sandte der erglühende Ofen
>
> seine Plattenhitze
> zu ihr hinüber, die
> in mehliger Schürze
> am Fenster stand.
>
> ...
>
> Und Liebe –
> wie eine Zinnschippe,
> die aufschimmerte
> und im Mehltrog versank.
>
> SEAMUS HEANEY, SONNENLICHT

An einem kühlen Novembertag fliege ich mit der Nachtmaschine von Boston nach Irland zum Shannon Airport. Hier miete ich ein Auto und fahre nach Süden in die Grafschaft Cork. Böse Falle, ich meine das mit dem Selbstfahren. Vermutlich sucht man mich in Irland inzwischen als Terroristin, und zwar von der Sorte, die beim Fahren Außenspiegel demoliert und Hecken ruiniert.

Ich taumele aus der Maschine, erschöpft vom Schlafmangel und ganz mitgenommen, weil ich bei dem Film *Herbst in New York,* der an Bord gezeigt wurde, so viele Tränen vergossen habe. Bald sitze ich, immer noch benommen, am Steuer eines

Mietwagens von Sixt. Hat die Sechs nicht überhaupt irgendwas mit dem Teufel zu tun? Es handelte sich um eine dieser Thunfischdosen, die nur existieren, um sie vermieten zu können, und die, Gott steh mir bei!, eine Gangschaltung haben. Mit unguten Gefühlen holpere ich durch die wegen diverser Baustellen verstopften Straßen von Limerick. Aus Angst und vor Erschöpfung ist mir fast schlecht. Ich muss verrückt sein, dass ich todmüde und noch dazu auf der falschen Seite Auto fahre. Auf der Suche nach dem Schalthebel greife ich immer wieder ins Leere, gerate auf den Randstreifen und versuche mir auf eine Karte, die von Tadschikistan sein könnte, einen Reim zu machen. Ich habe kein Gefühl dafür, wo sich das Auto auf der Straße befindet oder ob es das überhaupt noch ist. Nach etwa einer Stunde kommt mir in den Sinn, dass es vielleicht nicht dumm wäre, den Rückspiegel einzustellen, da ich in ihm nur eine Ecke der Rückbank sehen kann.

Hungrig und mutlos esse ich mein erstes Stück irisches Sodabrot in einem Arbeiterlokal, das ich nur deswegen wähle, weil ich dort anhalten kann, ohne eine Massenkarambolage zu verursachen. Das Brot verfängt sich unnatürlich lange in meiner Speiseröhre und schmeckt so entsetzlich wie eine Sulfonamidtablette. Ein stämmiger Farmer neben mir schlingt ein fetttriefendes Hacksteak mit Bohnen runter. Kein einziges Mal schaut er von seinem Teller auf. Ich trinke meinen Tee aus und gehe nach draußen in den kalten Regen. Ich fühle mich einsam und verloren. In den wenigen Stunden, die ich jetzt hier verbracht habe, ist mir die Insel als ein unwirtliches Land erschienen: traurige Lokale, traurige Farmer, die traurige Mahlzeiten verzehren und trauriges, trockenes Brot.

Bis nach Shanagarry und Ballymaloe House, meinem Ziel dort, ist es weit. Aber es ist diese entsetzliche Anreise wert.

Warum nur essen die Iren Sodabrot? Trotz seines neuen, nie da gewesenen Wohlstands war Irland immer ein karges Land. Die bescheidenen Ansprüche seiner Bewohner hatten sich an Jahrhunderten der Entbehrungen orientiert. Vor dem Brot kamen die Kartoffeln, und das in solchen Mengen, dass Brot als Fußnote auf der irischen Tafel bezeichnet werden kann. Weizen war kostbar und Brot ein Leckerbissen. Bis um 1840 zahlten die irischen Bauern mit dem Getreide und dem Vieh ihre Pacht und lebten von Kartoffeln. Im Jahre 1845 wurde die gesamte irische Kartoffelernte von einem Pilz zerstört, der die Kartoffeln nicht nur im Boden befällt, sondern auch dort, wo sie gelagert werden. Als Folge davon kamen mindestens eine Million Iren um. Sie verhungerten oder starben an Typhus. Und was wurde aus dem Weizen? Die englischen Großgrundbesitzer, die gar nicht in Irland lebten, exportierten ihn weiterhin. Eine Änderung der Steuergesetze machte es einträglicher, Vieh zu züchten statt Getreide anzubauen, was dazu führte, dass viele Kleinbauern von ihren gepachteten Höfen vertrieben wurden. Die amerikanische Hilfe schlug fehl. Eilig geliefertes Getreide blieb in den Häfen liegen, da die Iren keine Pferdefuhrwerke besaßen, um es weiterzutransportieren. Auch Öfen gab es nur wenige und Bäcker überhaupt nicht. Die Iren bereiteten ihr Brot in einem Topf zu, den sie mit Asche und Glut zudeckten. Als die USA Maismehl oder »gelbes Mehl« exportierten, um die Hungersnot zu lindern, kochten die Iren damit Porridge und mischten es nur allmählich und zögernd mit dem rationierten Weizenmehl, um daraus Sodabrot zu backen. Die fast schon sprichwörtliche irische Trunksucht wird auf jene Episode zurückgeführt, in der Whiskey billiger war als Brot. In der Zeit, die ich in den ländlichen Küchen Irlands verbrachte, konnte ich beobachten, dass Weizenmehl mit einer Vorsicht behandelt wird, als stelle bereits der Verlust eines Teelöffels voll, der auf den Boden fällt, eine Sünde dar.

Das Brot aus dem gelben Mehl setzte sich nie wirklich durch, das Rezept für Sodabrot blieb aber bis heute unverändert. Ein Laib braunes Sodabrot, den es überall gibt, ist ein Gegenstand urwüchsiger Schönheit, der eine ebenso ergreifende Geschichte erzählt wie das Gesicht eines Achtzigjährigen. Das Krustenbrot ist unnachgiebig. Es hat eine erdige Patina und könnte, so es auf der Erde läge, mit einem Felsbrocken verwechselt werden. Mit einem Ei, Rosinen und etwas Zucker verwandelt es sich in den irischen »Hochzeitskuchen«. Das traditionelle Sodabrot kommt mit so etwas Feudalem wie einem Rührlöffel nicht in Berührung – der Teig wird mit der flachen Hand gemischt. Die Zutaten sind von Familie zu Familie unterschiedlich, aber immer sind Mehl, Buttermilch (oder Sauermilch) und Natriumbikarbonat, auch Backsoda genannt, mit dabei.

Ein Stück dickkrustiges warmes Sodabrot füllt den Magen. Aber abgesehen von den Proteinen im Weizen und in der Milch beeinträchtigt das Natriumbikarbonat, das Treibmittel des armen Mannes, die Nährstoffe. Sodabrot taugt nur als Alternative zum Verhungern.

Bei den verwirrenden Verkehrskreiseln, den Stauungen und Baustellen in Limerick komme ich nur entsetzlich langsam weiter Richtung Süden und Cork. Ich bin auf dem Weg in das winzige Dorf Shanagarry im Südosten der Grafschaft Cork, unweit der Irischen See. Dort will ich ein paar Tage bei der Familie Allen verbringen, die eine Pension, einen Bauernhof und eine Kochschule betreibt. Sowohl die Hausfrau als auch ihr Sohn sind für ihr Sodabrot und ihr irisches Brown Bread berühmt.

Obwohl die Straßen kein Ähnlichkeit mit den ordentlichen Linien meiner Landkarte aufweisen, finde ich schließlich zu dem Küstendorf Kinsale in East Cork. Dort beziehe ich Quartier im Long Quay Bed and Breakfast. Die Sonne war schon lange wieder verschwunden, und der Fiat war an einer Reihe sehr einladend wirkender Herbergen durch die Pfützen gepflügt. Aber für das Long Quay entscheide ich mich aus folgendem Grund: Es ist die erste Herberge an der Main Street von Kinsale, vor der es Parkplätze gibt. Ich bringe den Motor meines widerlichen kleinen Gefährts zum Schweigen und falle förmlich durch die hohen Doppeltüren des Long Quay. »Ich hoffe, Sie haben ein Zimmer«, verkünde ich, »weil ich mich nicht noch einmal in dieses Auto setze. Ich verkrafte das einfach nicht.«

Ich verschlafe das Frühstück und erwache zur Erkennungsmelodie der Grünen Insel: Regen, der gegen die Fensterscheiben prasselt. Mit Kopftuch und Parka begebe ich mich auf die Hauptstraße von Kinsale, die Läden mit leuchtend farbigen Schildern, Cafés und Pubs säumen. In einem Meer wogender Regenschirme gehe ich zur ersten Bäckerei, die ich finden kann, und setze mich an einen der Tische. Ich sehe die durchnässte Ortsbevölkerung hereinkommen und Morgenscones und Sodabrot kaufen. Wie in Amerika backen immer weniger Iren ihr Brot selbst, obwohl hier das Brotbacken nicht mit sonderlich viel Arbeit verbunden ist. Die Großmütter, denen ich in Cork begegne, rühren ein Sodabrot in zehn Minuten zusammen. Wie auch schon ihre Mütter und Großmütter haben sie für ihre Familien das täglich Brot gebacken. In dieser Bäckerei sind die Sodabrote rechteckige, klumpige Kissen in der Farbe von Strandsand. Jeder verkaufte Laib fällt mit einem Plop in eine raschelnde Plastiktüte. Nach allem, was ich gestern durchgemacht habe, ist mein Magen immer noch recht empfindlich, und ich bekomme nur wenige Bissen von einem Scone runter, der stark nach Weizen schmeckt.

Die Weiterfahrt nach Shanagarry erschien mir wie mehrere Runden russisches Roulette. Jeden, der bereit gewesen wäre, mich in meinem Fiat hinzufahren, hätte ich fürstlich honoriert. Aber das hier ist nicht die Dritte Welt und keines der Länder mit unendlich vielen Menschen, die einem jederzeit zu Diensten sind. Das hier ist das neue Irland, und seine Straßen bevölkern junge Leute mit einem guten Beruf. Über die vorsintflutlichen Landstraßen rasen BMWs, und die blühende Konsumwirtschaft nähert sich dem krassen Materialismus der Freunde von der anderen Seite des Atlantiks.

Nach vielen schreckensvollen Meilen und einer Rückspiegelamputation (das Opfer war ein geparkter Mercedes) biege ich unendlich erleichtert auf den schmalen Weg zum Ballymaloe House ab. Das vierhundert Jahre alte, mit Immergrün bedeckte Farmhaus ist heute ein Gasthof. Der von der Hauptstraße von Shanagarry abgehende Zufahrtsweg wartet mit einer haarsträubenden Haarnadelkurve auf. Ein großer Pool hält in der herbstlich kalten Luft seinen Winterschlaf. In der ehema-

ligen Remise sind sechsunddreißig Gästezimmer untergebracht. Ballymaloe präsentiert sich in einer beiläufigen, schon
etwas mitgenommenen Schönheit, die selbstbewusste Reiche
und unauffällige Berühmtheiten anzieht. Hillary Rodham
Clinton und ihre Tochter Chelsea ruhten sich hier nach einem
Staatsbesuch in Irland aus. Ich warte darauf, dass man mich
zu meinem Zimmer bringt. Die anderen Gäste sitzen vor dem
Kaminfeuer, schöne Paare in stabilen Wanderschuhen und
Kaschmirpullovern, die Tee aus dünnem englischen Porzellantassen trinken. Ballymaloe ist einer der Orte, an denen das Personal so herzlich und gut drauf ist, dass man nicht ganz sicher
weiß, ob sie so gut behandelt werden oder mit Elektroden pro-
grammiert sind. Der Fiat schlummert in einer Pfütze auf dem
Kies des Parkplatzes, und ich könnte alle umarmen.

Mein Zimmer ist schlicht und einladend, blassgelb mit einer
schmalen Couch und einem Teetisch. Nachdem ich in einer
Wanne auf Löwenfüßen gebadet habe, wähle ich die Nummer
von Tim Allen, dem »Brotmann«, um ihm zu sagen, ich sei
fast in einem Stück eingetroffen. »Gut, gut«, erwidert er.
»Dann komme ich um sieben und esse mit Ihnen zu Abend.«
Von meinem Erkerfenster kann ich auf einen gepflasterten Weg
schauen, der zur Küche von Ballymaloe führt. Ich lehne auf
der Fensterbank und fühle mich in die Zeiten von Dickens
zurückversetzt. Junge Maiden mit rosigen Wangen in grauen
Kleidern mit weißen Schürzen tragen Körbe voller Obst,
Gemüse und frischer Kräuter. Bald sind die Küchenfenster vom
Dampf aus schmurgelnden Pfannen und Töpfen beschlagen.
Fast rechne ich damit, einen Jungen in Knickerbocker mit einer
Gans unterm Arm zu sehen. Mein Magen rumort: Noch zwei
Stunden bis zum Dinner. Ich krieche unter die Bettdecke und
schlafe bis halb sieben.

Eine Hand voll gut aussehender Paare mittleren Alters in
Tweed sitzt im großen Salon von Ballymaloe um den Kamin
herum. Die Mädchen mit den rosigen Wangen servieren Wein
und Cocktails. Ich suche mir einen Sessel – als Einzige bin ich
ohne Begleitung – und warte auf Tim Allen, der sich verspä-

tet. Er kommt immer zu spät, aber das weiß ich noch nicht. Ich bin nervös und trinke mein Mineralwasser. Gegen halb acht betritt ein zerknitterter Mann mit Pferdeschwanz und zu weiten Hosen den Raum, und zwar so wenig anmutig, als hätte ihm jemand auf der anderen Seite der Tür einen Stoß versetzt. Er blinzelt durch eine kleine runde Brille, schaut mich abschätzig an und betrachtet dann alle anderen Anwesenden. Das ist unterhaltend. Er hat entschieden, dass ich nicht die Richtige sein kann, und ich muss ehrlich sagen, dass auch ich nicht jemanden wie ihn erwartet hätte. Fragend schaut er verschiedene Frauen an. Dann wendet er sich an mich und fragt: »Sind Sie Susie?«

Ständig stirnrunzelnd, mit weiten Hosen, verbeultem Pullover und überhaupt sehr uneitel, scheint Allen ein Mann zu sein, der nicht gern im Vordergrund steht. Er ist mir auf Anhieb sympathisch. Seine Frau Darina ist die selbstbewusste, fotogene Kraft – im Wortsinn –, die die Kochschule leitet und ihr Talent in einer Reihe von Kochbüchern auf Hochglanzpapier und beliebten Kochprogrammen im Fernsehen umgesetzt hat. Allen ist es gewohnt, sich um Journalisten zu kümmern, während Darina auf einer ihrer häufigen kulinarischen Exkursionen ist. Gerade jetzt ist sie auch wieder unterwegs auf einer Konferenz über die Thai-Küche im kalifornischen Napa. Sie kommt erst am Vorabend meiner Heimreise zurück, ich habe Tim also für mich. Nach nur wenigen Minuten in seiner angenehmen Gesellschaft bin ich auch froh darüber.

Die Iren machen keinen lebenslustigen Eindruck. Ich begleite Tim in das Küstendorf Ballycotton, um seinem Enkel Joshua ein Geschenk zum ersten Geburtstag vorbeizubringen. Er lebt dort in einem winzigen Cottage mit seiner Mutter Rachel und seinem Vater Isaac, dem Ältesten von Tim und Darina. Die einfachen, zeitlosen Geschenke, eine Holzlokomotive samt Waggon, sind in Zeitungspapier gewickelt. Rachels überschwänglicher, fast ausufernder Dank, sie ist vollkommen aus dem Häuschen, muss einfach echt sein. Rachel und Isaac müssen mit dem Bauernhof und der Kochschule recht gut verdienen, aber sie leben in ihrem Cottage am Meer weitaus bescheidener, als das ein vergleichbares Paar in den USA tun würde. Die Iren haben es noch nicht verlernt, sich mit sehr wenig zu bescheiden.

»Es tut mir Leid, dass ich zu spät komme«, sagt Tim, als er mich am nächsten Morgen eine Stunde später als geplant abholt. Ich seufze nur. Er gehört zu der Spezies, die immer zu spät kommt und der das immer Leid tut. Aber seine Entschuldigung ist ebenso entwaffnend wie unerwartet: »Ich bin Freiwilliger bei der Telefonseelsorge. Und heute Morgen rief da einer an, der wirklich in einem sehr schlechten Zustand war.« Ich bin erst seit zwei Tagen in diesem Land und verstehe bereits, wie schwierig es sein muss, in Irland allein oder einsam zu sein oder beides. Abends kann ich das Bedürfnis nach einer Schlaftablette kaum noch unterdrücken. Die Tage sind düster und nass, sie sind richtiggehend widerwärtig. Für die meisten Bewohner liegt das nächste Café oder der nächste Laden mehrere Meilen entfernt. Kühe und Schafe sind zahlreicher als Menschen. Wenn ich mich so reden höre, sollte ich vielleicht selbst die Telefonseelsorge in Anspruch nehmen.

Obwohl auch ihm die irische Melancholie nicht fremd ist, findet Tim, dass er hier ein gesegnetes Leben führt. Seine Kinder sind intelligent, fröhlich und produktiv. Gerade erst ist er Großvater geworden. Obwohl die Kochschule nur langsam und beiläufig für einen Nebenverdienst aufgebaut wurde, ist sie ungeheuer erfolgreich. Sie hat international einen guten Ruf, es gibt eine Warteliste, und die Lehrer sind Promiköche. Dank Ballymaloe ist der Ausdruck »Irish Cuisine« kein Oxymoron mehr.

»Für zwei Dinge in meinem Leben bin ich ewig dankbar: Ich kann kochen und Brot backen.« Mit diesen Worten beginnt Tim das Gespräch, als er seinen Volvo wie ein Amphibienfahrzeug durch einen Wolkenbruch nach Cork lenkt. Hier will er mit mir auf den großen Markt gehen. Am Stadtrand stehen wir plötzlich im Stau. Tim bleibt jedoch so gelassen und gesprächig wie vorher. Um Bagger und Straßensperren herum bahnt er sich durch das Chaos einen Weg, und bald stehen wir in der Schlange zum größten Parkhaus im Zentrum von Cork. Wie der relaxte Tim, der ständig zu spät kommt, scheinen es alle Iren nie eilig zu haben.

Nachdem er endlich einen Parkplatz gefunden hat, führt mich Tim durch etliche Passagen auf den Bauernmarkt. Hier werden Fleisch, Geflügel, Käse, Kaffee, Brot und Süßigkeiten feilgeboten. Der Geruch von rohem Fleisch liegt jedoch über allem, und mehrere Stände scheinen sich auf ausgesprochen unappetitliche Eingeweide spezialisiert zu haben. Jedenfalls sieht in meinen Augen das Zeug ekelhaft aus, und man kann sich kaum vorstellen, dass jemand beim Anblick diese Bottiche glitschiger Innereien wie beispielsweise angesichts eines Filet Mignon »Lecker!« ausruft. Wie auf einem Propagandafoto aus dem Kalten Krieg wacht eine mürrische Matrone in fleckiger Schürze über einen fahlen verschlungenen Haufen ... was eigentlich? Gedärme? Bauchspeicheldrüsen? Nur von welchem Tier? »Eine Menge der Gerichte hier sind aus Innereien«, erklärt Tim. Er holt einen Sack Hühnerteile ab, aus denen er Brühe kochen will. Vor der irischen Unabhängigkeit sicherte sich die englische Herrschaft die besten Stücke der geschlachteten Tiere, und für die Bauern blieb nur der Abfall, die inneren Organe, die Knochen und das Fett. Genauso wie sich die Iren an eine Brottradition klammern, die aus extremer Armut hervorging, essen sie weiterhin Innereien, was noch dazu als Spezialität von Cork gilt. Wenn ich mir dieses scheußliche Zeug jeden Tag ansehen müsste, würde ich vermutlich bald nur noch neunzig Pfund wiegen.

Tim schlängelt sich zwischen den Ständen hindurch und kauft das eine oder andere für die Kochschule und ein paar Leckereien für uns einschließlich einiger scharf eingelegter Oliven. Für Obst, Gemüse und Kräuter verlassen sich Tim und Darina weitgehend auf die Ernte ihres Biobauernhofs, zu dem auch ein riesiges Gewächshaus und ein im Stil des 19. Jahrhunderts angelegter Garten gehören, dessen Wege an einer Fülle von Blumen und Kräutern vorbeiführen. Der Hof ist nicht nur ertragreich, sondern auch eine Augenweide. Zu ihrer Silberhochzeit schenkte Tim Darina ein kleines Cottage mit Kuppel. Er ließ es innen ganz mit Muscheln auskleiden. Es ist hinreißend. Bei Sonnenschein funkeln Perlmutt, Austern, Trompetenschnecken, Kauris und Abalonen in blendendem Glanz und erstrahlen Girlanden aus Trompetenschnecken und Nautilussen. Eine junge Frau aus England brauchte für dieses Muschelhaus, während sie bei den Allens wohnte, sechs Monate. Es war ihr erster großer Auftrag. Dann erschien ein großer Artikel in der Einrichtungszeitschrift *HG,* und siehe da, jetzt verlangen alle Berühmtheiten in Beverly Hills nach Muscheln für ihre Badezimmerwände.

»Wir haben die Schule 1983 eröffnet, weil wir Geld verdienen wollten«, sagt Tim, während wir durch den düsteren, endlosen Tunnel aus Regen fahren. »Wir hatten einen Bauernhof und vier kleine Kinder, das war alles nicht so einfach.« Darinas unendliche Energie und ihr Geschäftssinn waren entscheidend. Sie besitzt ein Diplom in Hotelmanagement. Die beiden begegneten sich, als Darina im Ballymaloe House arbeitete. Von Darina heißt es allgemein, sie sei ein Wirbelsturm, der sich im Körper einer Frau verberge. In den bunten Korridoren der Schule strahlt mich Darinas langes, eckiges Gesicht von einer Reihe Kochbuchumschlägen und Zeitungs- und Zeitschriftenartikeln an. Die knallbunte Einrichtung hat sicher damit zu tun, dass die Familie alljährlich Oaxaca in Mexiko besucht. Vom neuen Café der Schule aus sieht man über die Hügel bis zum Meer in der Ferne. Aber die Allens schlossen das Café bald wieder, sie kamen gegen die örtliche Bürokratie nicht an, was sie immer noch aufregt: »Die Inspektoren waren hier und hielten sich daran auf, dass die Pfannen fleckig und angelaufen sind. Sie müssen glänzen! Können Sie das verstehen? Wir sind *Köche.* Unsere Pfannen bleiben nicht lange glänzend.« Glücklicherweise sind die Regeln für Kochschulen weniger streng. Die Räumlichkeiten sind jedoch makellos, ich fühle mich auch gar nicht wie in einer Schule, obwohl die Spülen und Hackblöcke alle dieselbe Größe haben. Die Böden sind mit Terrakotta gefliest und an den weißen Wänden hängen Milagros und Gobelins. Tonwaren aus der Gegend stehen in den Regalen.

Ich kenne einen Mann, der in Ballymaloe Kurse gemacht hat und immer wieder dorthin fährt. Der Zwölfwochenkurs für Profis nimmt siebenundfünfzig Teilnehmer auf, von denen etwa vierzig in den umgebauten Ställen und in den ehemaligen Gesindehäusern der Farm wohnen. Sie kommen von überall her, aus England, den USA, Kanada, Neuseeland, Belgien, Südafrika und neuerdings auch aus Japan. Es gibt eine Warteliste, und das überrascht kaum. In einer Zeit, da Chefköche Promis sind, kann Ballymaloe kellenschwingende Koryphäen wie Alice Waters aus dem Chez Panisse, Madhur Jaffrey, Nina Simonds und natürlich Darina Allen selbst, als Lehrer an sich binden.

Darina hat das Sagen. Sie ist die Muse, sieht zu, dass die Sachen gemacht werden, und ist außerdem die Mutter der Kompanie. Aber wenn es um Brot geht, dann ist Tim unser Mann. Süßes Gebäck ist für die Kleinlichen und Pingeligen, Brot ist die spontanere Leidenschaft, etwas für unabhängige Geister und Dichter. Ich habe keine Ahnung, ob das wahr ist. Ich habe es gerade erfunden. In der Zeit mit Tim brüte ich eine Theorie über Brotmenschen aus. Die Kochschüler in Ballymaloe kreieren mit größter Genauigkeit Pasteten, die sich wunderbar fotografieren lassen, glasierte Speisen und andere *en croûte*. »Aber nie sehe ich sie so aufgeregt wie in dem Moment, in dem sie ihr erstes Brot backen«, sagt Tim. »Vielleicht liegt das daran, dass der Brotteig tatsächlich lebendig ist, dass sich die Leute dieser Aufgabe nicht würdig fühlen.« Falls sie nicht mit hausgemachtem Brot aufgewachsen sind, halten sie den Prozess des Backens für etwas Mystisches. Ganz sicher werden sie als Sterbliche daran scheitern. »Da steht etwas in ihren Gesichtern, wenn sie das Brot aus dem Ofen nehmen.« So vertraut sie mit der Alchemie des Kochens auch sein mögen – Zucker, der schmilzt und zu Sirup wird, oder klebriges Eiweiß, das sich in schneeweißen Schaum verwandelt –, werden sie doch von der Magie des Brotes verzaubert. »Wenn sie erst einmal begriffen haben, dass man wirklich nur Mehl und Wasser braucht, kommen sie aus dem Staunen nicht mehr heraus«, sagt Tim. »Das ist eine Offenbarung.«

Tim isst mit mir in Ballymaloe recht spät zu Abend. Ballymaloe ist berühmt für seine biologische Gourmetküche – alles aus eigenem Anbau –, die mit orgiastischem Flair serviert wird. In Ballymaloe House, hier ist Tim mit seinen fünf Geschwistern aufgewachsen, gleicht jeder Abend einer Wiederholung von *Tom Jones*. Tims verstorbener Vater Ivan kam im Alter von siebzehn als Landarbeiter hierher. Während des Zweiten Weltkriegs lernte Myrtle, wie man gesundes Essen aus Überschüssigem kocht, aus Tomaten, Pilzen, Gurken, Äpfeln, Sahne, Butter und Eiern. In den fünfziger Jahren begann die Familie, ein paar der abgelegeneren Zimmer des Herrenhauses zu vermieten. Tims Mutter Myrtle begann für die Gäste zu kochen. Sie probierte ihre Rezepte aus. Das sprach sich schnell herum, schließlich ist das Irland. Hier essen die Wohlhabenden gekochtes Fleisch mit Kartoffeln zum Abendessen, und Pfeffer gilt als exotisches Gewürz. Ab 1964 war das Restaurant dann fünf Tage in der Woche geöffnet.

Es ist verständlich, dass Myrtle beruflich sehr viel mit ihrer Freundin Alice Waters auf der anderen Seite des Atlantik verbindet. Wie Waters in ihrem berühmten Restaurant Chez Panisse beginnen Myrtle und Küchenchef Rory O'Connell, Darinas Bruder, den Tag damit, die Speisekarte zusammenzustellen. Sie überlegen sich, was gerade frisch ist, etwa so, als würde man einem Schneider besonders schlecht zusammenpassende Stoffreste geben, Seide, Leinen, Samt und Sackleinen und ihm die Anweisung erteilen, daraus ein Ballkleid zu nähen. Die Liste ihrer Lieferanten liest sich so, als entstamme sie einem Märchen. Einmal Mr. Cuddigan, der Metzger, der über sein Vieh und seine Schafe wacht. Noch das kleinste Wiesenkraut auf seinen alten Weiden ist ihm wichtig und ebenso das süße Wiesengras, aus dem sein Heu ist. Patty Walshe bringt Schellfisch aus der Kenmare Bay. Das Biogemüse kommt von den Gärtnern der

Kochschule. Und dann ist da noch Fingal Fergusons Bacon von frei laufenden Schweinen. Er wird mit wilden Kräutern geräuchert. So etwas wie diesen Bacon hatte ich noch nie gegessen. Ich wachte morgens um fünf auf und dachte: Jetzt sind es nur noch drei Stunden bis zum Bacon. Fingal Ferguson, du hast dieses nicht koscher essende jüdische Mädchen sehr glücklich gemacht.

In einem eleganten dunklen Kostüm und mit einer pastellfarbenen Bluse ist Myrtle eine beeindruckende Erscheinung. Sie geht von Tisch zu Tisch, sagt ein paar Worte, legt einem Gast ihre Hand auf den Rücken und beugt sich herunter, um seine Kinder zu begrüßen. Ihr intelligentes Gesicht ist von weißem Haar umrahmt. Sie ist jedoch eine Spur ungeduldig, eine Miss Marple mit einer herrischen Art. Mir ist klar, dass mit dieser Frau nicht zu spaßen ist. Seit ihr Mann vor zwei Jahren starb, ist sie mit Ballymaloe regelrecht verheiratet. Dieser Bund scheint für alle Betroffenen harmonisch und erfüllend zu sein. Myrtle hat zweiundzwanzig Enkel und zwei Urenkel. Sie arbeitet härter als alle anderen in Ballymaloe. Vermutlich ist das einer der Gründe, dass die Angestellten sie eher respektieren als fürchten. Myrtle hat Klasse, und ihre unsichtbaren Spuren erklären die internationale Anziehungskraft dieses alten Hauses, um das nicht viel Aufhebens gemacht wird. Eine von Ballymaloes beruhigenden Eigenschaften ist, dass nirgendwo bezahlt wird, außer im Shop. Nach einem Tag kennen die Angestellten bereits deine besonderen Bedürfnisse: Sie wissen, welchen Wein du trinkst, wann es Zeit für den Tee ist und ob dir Plätzchen oder Kuchen lieber ist.

Ich habe das Gefühl, dass Myrtle nicht sonderlich begeistert von mir ist. Meine Anwesenheit am Tisch der Prominenz raubt ihr Zeit, sich mit Susie und Betsey aus Amerika auszutauschen, die mit der wichtigen Alice Waters eng befreundet sind. Ob das immer so gut ist, kann ich nur schwer einschätzen. Es ist mir anzumerken, dass mich Susie nervt, die eng mit Hillary Rodham Clinton befreundet ist und für diese Geld für den Wahlkampf sammelt. Dauernd redet sie von Elton (John),

Drew (Barrymore) und dem Präsidenten (der USA) und von Alice, Alice, Alice. Bis zum Gehtnichtmehr müssen wir uns anhören, wie Susie und ihr Gatte bei der erlauchten Chefköchin zu Gast waren und wie sie ihnen ein Crimini-Pilz-Moosbeeren-Soufflé und ein gegrilltes Jalapeño-Blaubeeren-Perlhuhn-Irgendwas vorgesetzt habe und so weiter und so weiter. Tim hört sich die Geschichten schweigend an, aber Myrtle scheint von allem, was Susie sagt, hingerissen zu sein. Mein Beitrag zur Unterhaltung beim Dinner scheint sie überhaupt nicht zu begeistern. Die andere Susie sagt: »Das ist so aufregend. Alice sammelte dieses ganze Geld, damit die Kinder an den Schulen von Berkeley Biogärtnerei lernen können!« Ich: »Super. Vielleicht stiftet jetzt auch noch jemand Geld, damit sie Schulbücher kaufen können.«

Es ist auch nicht weiter hilfreich, dass ich mich zu der Behauptung versteige, dass ich der Meinung sei, es sei leicht Sodabrot zu backen. Damit kann man bei Myrtle nicht punkten. »Das ist überhaupt nicht leicht!«, erwidert Myrtle missbilligend. Etwas kleinlaut versuche ich die Situation dadurch zu retten, dass ich sage, ich hätte »unkompliziert« gemeint. Aber das Kind ist bereits in den Brunnen gefallen.

Über irisches Brot kann man Myrtle nichts Neues erzählen. Wie alle Übermütter ihrer Generation hat sie jeden Tag für ihre riesige Familie gebacken und das normalerweise mehr als einmal. Ihr Brown Bread aus Weizen ist berühmt. James Beard hat es in seinem Klassiker *Beard on Bread* unsterblich gemacht. Es ist gleichzeitig dicht und luftig, etwa so wie die besten handgewebten irischen Schals. Es hat dieses gesunde Weizenaroma, bei dem man am liebsten die Nase in dem Brot vergraben würde. Howie und ich wohnten einmal in einem Bed and Breakfast in Galway. Die Besitzerin war eine schöne Frau – sie erinnerte mich an Liv Ullman – und hatte kräftige, elegante Hände. Es schien sie nicht zu stören, dass wir in der Küche blieben, während sie den Teig für das Brown Bread knetete. Ich weiß noch mich, dass ich morgens ein Frühstück mit diesem Brot serviert bekam und es geradezu perfekt fand. Myrtles

Brot hat dieselbe Wirkung. Deswegen kann man die Zutaten auch im Ballymaloe Shop kaufen. In dem Laden ist immer gerade etwas ausverkauft, und man sieht ständig abreisende Gäste ungeduldig auf und ab gehen, die auf eine versprochene Lieferung warten.

An einem eisigen Sonntagmorgen fahre ich die zwei Meilen auf der schmalen Straße nach Shanagarry zu Darinas und Tims Bauernhof, um einen Tag lang zu backen. Mit dem Fiat habe ich einen Waffenstillstand geschlossen, riskiere es aber trotzdem nicht, die Hand auch nur für eine Sekunde vom Schalthebel zu nehmen. Ich stelle den Wagen auf dem Parkplatz der Kochschule ab und folge einem freundlichen Terrier zwischen frei laufenden Hühnern hindurch an ein paar verschlossenen Türen vorbei bis zum Haupteingang von Tim und Darinas Heim, einem Herrenhaus aus Sandstein mit einem beeindruckenden Portal. Eine ungewöhnlich gut aussehende weißhaarige Frau in einem dicken Pullover mit Button-down-Kragen begrüßt mich, Elizabeth O'Connell, Darinas Mutter. Im Haus ist es vollkommen still, und im Wohnzimmer mit seinen weichen Sesseln und Läufern riecht es nach Feuchtigkeit. Elizabeth zieht sich einen Parka über und geht mit mir am Garten der Schule vorbei zum Büro, in dem Tim gerade mit dem Computer kämpft.

»Ah, Sie sind das«, sagt er, die Brille schief auf der Nase. »Kommen Sie rein. Lassen Sie mich Mehl holen.« Er macht sich an irgendwelchen Behältern und Waagen in einer der vielen Vorratskammern der Schule zu schaffen und erklärt mir dabei, dass die Methode, Soda als Treibmittel zu verwenden, im 19. Jahrhundert erfunden wurde. In jenen schlimmen Tagen gab es in der Küche der armen Bauern nur Sauermilch und weiches, glutenarmes Mehl. Es war zwar schlecht zum Backen geeignet, aber wenn man Backsoda hinzufügte, ging das Brot wunderbar auf. Das Sodabrot ließ sich außerdem über dem Feuer backen, man benötigte nicht einmal einen Ofen.

Die zeitlose Küche von Tim und Darina wird vom Herd beherrscht. Es handelt sich um einen riesigen Aga, der solange heiß bleibt, wie es Brennstoff gibt. Alle Oberflächen und Regler leiten keine Hitze und bleiben so kühl, dass man seine Hand darauf legen kann. »Der Aga wurde von einem schwedischen Arzt entworfen, dessen Frau blind war«, erklärt Tim. »Er brauchte einen Herd, den sie nie anzuzünden brauchte, mit Brennern, an denen sie sich nicht verbrennen konnte.« Die Temperatur des Aga lässt sich nicht regulieren. »Man sagt einfach, okay, jetzt ist es heiß genug«, meint Tim. Ich muss zugeben, dass der Aga eine geniale Erfindung ist. Aber der blöde Typ hätte vielleicht doch zusehen sollen, dass er seiner Frau einen Koch besorgt.

Ich sitze an dem langen Holztisch und sehe Tim zu, wie er sich mit verschiedenen Gerätschaften und Rührschüsseln zu schaffen macht. Die Küche erinnert mich mit ihrer niedrigen Decke an die Illustration eines Märchens. Vielleicht für die drei kleinen Bären. Auf offenen Regalen mit hübschen Regalborten stehen Dosen mit Tee, Kräutern und Gewürzen. Das stabile Geschirr aus Ton bildet bunte, leicht schiefe Türme. Die Schranktüren sind in einem Bonbonblau lackiert, das eher in ein Kinderzimmer passen würde. Von der einen Seite der Küche geht es auf einen gepflasterten Hof. Dahinter liegen ein altmodischer Garten und die Wirtschaftsgebäude. Auf der anderen Seite öffnen sich Flügeltüren auf einen Patio, der an eine toskanische Villa erinnert. Diese Küche ist mir viel lieber als die laborähnlichen Edelstahlküchen der ernsthaften Kochfreaks aus meinem Freundeskreis. Natürlich weiß ich, dass der bodenständige Charme alles andere als zufällig war. Hier waren Innenarchitekten am Werk gewesen. Trotzdem habe ich den Eindruck, dass Tim mit einem Campinggeschirr und einem Lagerfeuer auskommen würde.

Tim hat das Programm vorgegeben: »Wir machen braunes Sodabrot, weißes Sodabrot, weiße Scones, Ballymaloe Brown Bread und Gefleckter Hund.« Gefleckter Hund? Das ist vermutlich weißes Sodabrot mit Sultaninen, der traditionelle irische »Hochzeitskuchen«. Nach getaner Arbeit, essen wir einen Lunch aus Brot, Scones, noch mehr Brot, scharfem Käse und starkem französischen Kaffee aus einer Pressfilterkanne. Ich schaue mir die verschiedenen Dosen mit Mehl an und das seltsame Ungetüm, das Aga heißt, und fürchte, dass der Snack noch sehr lange auf sich warten lässt. Glücklicherweise habe ich heute Morgen bei Fingals nobelpreisverdächtigem Bacon richtig zugeschlagen und dazu einen ganzen Korb mit Myrtles Brot gegessen.

»Als die Kinder klein waren, sind wir immer mit dem Hausboot auf dem Shannon gefahren, und ich habe jeden Tag Brot gebacken«, sagt Tim. Er wiegt das Mehl für den Gefleckten Hund ab, das erste Sodabrot. »Das erste Mal, als ich nach der Geburt unseres Sohns mit ihm allein war, habe ich das Brown Bread meiner Mutter gebacken. Ich machte das aus dem Gedächtnis, schließlich hatte ich ihr oft genug zugeschaut. In meiner Kindheit musste ich immer den Teig überwachen. Das ist das Einzige, was mir auf Reisen fehlt, das Brown Bread. Als ich mit den Mädchen zwei Wochen in Italien war, nahmen wir das Mehl für das Brown Bread mit. Das Problem war nur, dass wir bei einer Familie wohnten, die keine Butter verwendete.«

Tim kann seinen Schülern nur schwer vermitteln, dass dieselbe Art Brot zu backen jedes Mal ein anderes Ergebnis zeigt. »Ich vergleiche das immer mit dem Entwickeln eines Films«, sagt er. »Die Voraussetzungen sind immer unterschiedlich, es kommt also sehr auf das Gefühl, den Geruch und den Geschmack an.« In das gelbliche Mehl gibt Tim etwas grobes Salz und einen gestrichenen Teelöffel Backsoda, das er durch ein Sieb gedrückt hat. Er fügt ein paar Löffel Zucker hinzu und fährt mit der Hand durch die trockenen Zutaten, damit sie lockerer und luftiger werden. »Sodabrot zu backen ist mehr eine Kunst als eine Wissenschaft«, sagt Tim. »Es hängt ganz allein von den Händen ab, davon, wie man mit dem Mehl umgeht. Als Erstes sage ich meinen Schülern, dass sie den Rührlöffel beiseite legen sollen.«

Tim schlägt zwei Eier (aus Freilandhaltung) auf und rührt sie in etwas Buttermilch. Die Eier und die getrockneten Früchte machten den Gefleckten Hund früher zu einem ungewöhnlichen Leckerbissen. »Die armen Bauern haben die Eier immer verkauft, um etwas Bargeld zu bekommen. Für die Familien waren sie also wirklich etwas Besonderes«, sagt Tim. »Und Rosinen waren so teuer, dass sie nur ganz wenige verwenden konnten und das auch nur zu Hochzeiten und besonderen Anlässen.« Einige Leute nennen den Gefleckten Hund auch »Eisenbahnkuchen«. »Im Bummelzug von Dublin nach Cork konnte man an jedem Bahnhof eine Rosine essen.« (Es gab dreißig Bahnhöfe und vielleicht auch dreißig Rosinen.) Als Tim die Mischung aus Eiern, Butter und Milch in die Schüssel mit dem Mehl gießt, wird sein Gesichtsausdruck plötzlich ganz ernst. Wie Dr. Jekyll, der sich in Mr. Hyde verwandelt, versteifen sich sein Arm und seine Hand. Er steckt diese beunruhigend wirkende Extremität in die Schüssel und verkündet: »Mit einer entspannten Hand ist Ihnen nicht gedient. Sie müssen die flache Hand verwenden und dürfen nur wenige Male umrühren.« Seine Hand kreist drei- oder viermal, gerade lang genug, um alle Zutaten anzufeuchten. »Fertig!«

Weil kein Kneten erforderlich ist, ist Sodabrot für den Amateur eine Herausforderung. (Kneten würde das Glutenniveau erhöhen und den Teig fester machen.) Es ist diese routinierte Leichtigkeit – ein paar Bewegungen mit einem Arm in Leichenstarre sind alles –, die einen nervösen Laien wie mich wünschen lassen, es würde noch mehr passieren, aber es ist nicht viel mehr zu tun. Tim hebt den Teig vorsichtig auf ein Backblech und stupst ihn zurecht, sodass er in etwa einen Kreis bildet. Mit einem Messer schneidet er dann ein tiefes Kreuz in den Teig, »um die Feen herauszulassen«. Ohne die Einschnitte würde das Brot nicht aufgehen. Beim Backen teilen diese dann das Brot in vier große Dreiecke.

Der Gefleckte Hund verschwindet im Aga, und mit einer Pirouette steht Tim wieder an seinem Arbeitstisch und mischt das grobe Mehl mit Soda, das er durch ein Sieb gestrichen hat. Das Mehl kauft er von einem Müller in Kilkenny, der nur biologisch angebautes Getreide verarbeitet und Spezialmischungen herstellt. »Man kann auch grobes Hafermehl, Kleie oder

Weizenkeime dazutun. Ich glaube ich nehme noch ein Ei«, sagt Tim. Elizabeth schaut von der Sonntagsausgabe der *Irish Times* auf und ist entsetzt. »Ich würde nie ein Ei in braunes Sodabrot tun«, verkündet sie. »Auf dem Bauernhof, auf dem ich groß geworden bin, haben wir immer die saure Sahne und Butter, die übrig war, verwendet, falls die frische Buttermilch zu wässrig war.«

»Wollen Sie es mal versuchen?« Tim hat die Buttermilch in das Mehl gegossen. Jetzt bin ich an der Reihe, meine Hand zu einer Klaue zu verkrampfen. Aber statt meinen Arm in eine Gerätschaft zu verwandeln, verspanne ich den ganzen Körper, sogar den Unterkiefer. Als ich mein Handgelenk ein erstes, ein zweites und ein drittes Mal bewege, muss ich gegen einen Krampf ankämpfen. »Genug.« (Myrtle hat Recht, das ist nicht einfach!) Tim formt einen weiteren Berg aus dem nassen Teig und erlaubt mir, die Feen herauszulassen. Etwa zehn Minuten später ist der Gefleckte Hund fertig. Das weiß man, weil er hohl klingt, wenn man mit der Hand dagegen klopft. »Früher hat der Bräutigam den Gefleckten Hund über dem Kopf der Braut gebrochen«, sagt Tim und schwenkt das felsbrockenähnliche Brot in meine Richtung. »Aber Sie sind nicht meine Braut.« Das ist wirklich eine Erleichterung. Er legt das Brot zum Abkühlen auf die Stufen zum Garten, und wir machen weiter.

Neben Sodabrot ist Vollkornhefebrot das Nationalbrot der Iren. In den USA ist Vollkornbrot gleichbedeutend mit gesunder Lebensführung. Wenn wir unseren Aufschnitt auf Vollkornbrot legen, auch auf die Massenware, kommen wir uns ganz tugendhaft vor – es ist voller Megasachen und außerdem gut für die Verdauung. Aber Anfang des letzten Jahrhunderts, als die Iren kaum von etwas anderem lebten, führte der Verzehr von Brown Bread in Dublin zu einer Rachitisepidemie, die ihren Höhepunkt während des Zweiten Weltkriegs hatte. Das Brot enthält pflanzliche Säuren, die reichlich in Weizenkleie vorhanden sind und die Kalziumaufnahme verhindern. Für sich genommen war das Brot nicht ungesund, aber die irische Kost war auch an sich schon kalziumarm.

Aber dem gut genährten Allen-Clan mangelt es nicht an Kalzium, und Myrtles braunem, von Beard hoch gelobtem Hefebrot verdankt Ballymaloe seinen internationalen Ruf. Nachdem er auf der Suche nach Hefe die ganze Schule auf den Kopf gestellt hat, entdeckt Tim noch einen Brocken, der sich jetzt in warmem Wasser und Melasse auflöst. Zu dem mit richtigen Mühlsteinen gemahlenen Weizen kommt Salz, dieses verstärkt den Geschmack und dämpft die Wirkung der Hefe. »Ich benutze Melasse, weil wir keinen Sirup haben«, sagt Tim. »Ach so«, erwidere ich, und es geht mir auf, dass ich gar nicht weiß, worin der Unterschied besteht. Ich würde nicht wissen, was was ist, wenn ich direkt davor stünde. Sirup ist so etwas Ähnliches wie Melasse, nur stärker raffiniert, fast schon Zucker.

Jetzt überlagern sich in der Küche alle Gerüche – die trunkenen Dämpfe der Hefe, das Aroma des frisch gebackenen Gefleckten Hunds, der Geruch des braunen Sodabrots, das sich gerade im Ofen befindet, sowie der Duft der weißen Sodabrot-Scones. Mein Magen brummt. Er sagt die ganze Zeit: Lass uns endlich mit dieser Brotparty anfangen! Ich erwarte, dass das Hefebrot eine Menge Hin und Her mit sich bringt. Aber Tim mischt die Hefeflüssigkeit ganz beiläufig unter das Mehl und füllt die Masse wiederum mit starrer Hand in eine Brotform. Dann deckt er diese mit einem Küchentuch zu, damit der Teig aufgehen kann. Das sieht so einfach, ich meine unkompliziert, aus.

»Bei meinen Schülern will ich dem Brotbacken sein Geheimnis nehmen«, sagt Tim. »Aber ich will, dass sie das Brot und das, was mit ihm passiert, bewusst wahrnehmen. Wenn ich sie dabei beobachte, wie sie zum ersten Mal Brot backen, schauen sie auf die Uhr und nicht auf das Brot.« Ich fühlte mich an den Nachrichtensprecher von der NBC erinnert, der meinte, die Wetterleute hätten alle Hightechgeräte, dabei würde ein Fenster genügen.

Als der Teig des Weizenbrots über den Rand der Backform steigt, ist es Zeit zum Backen. Tim macht uns einen sehr guten Kaffee, und wir essen heißes Sodabrot in Scheiben, Gefleckten

Hund und Scones mit einer Menge Butter. Draußen ist der Himmel schwarz, und der Regen prasselt aufs Dach. Das und der Brotmarathon des Morgens, so angenehm er auch war, lassen in mir eine Sehnsucht nach meinem Zimmer erwachen. Tim verspricht, das Weizenbrot abends zum Dinner in Ballymaloe mitzubringen.

Ich beschließe ein oder zwei Stunden lang einen Mittagsschlaf zu halten und mich dann auf die Straßen zu wagen, um das kurze Stück nach Ballycotton zu fahren. Dort will ich auf den Klippen spazieren gehen. Als ich erwache, scheint etwas überhaupt nicht zu stimmen. Es ist das seltsame Licht, das durch die Fenster fällt. Ich blinzele in die Richtung dieser Erscheinung und begreife dann erst, was los ist. Die Sonne scheint.

Ich war bereits einmal in Ballycotton. Vor etwa fünfzehn Jahren waren Howie und ich durch England, Schottland und Wales gefahren und hatten dann aus einer Laune heraus beschlossen, die Fähre nach Irland zu nehmen. Nach ein paar Tagen im ständigen Kreuzfeuer der Videokameras der Chartertouristen (werden sie sich je das Video der Cliffs of Moher ansehen?) entkamen wir in die Grafschaft Cork. Wir nahmen den direktesten Weg zum Meer und stiegen in Ballycotton in einem Hotel ab, dessen einzige Gäste außer uns Priester und Nonnen waren – für uns eine willkommene Abwechslung zu den zu jedem Unsinn bereiten üblichen Horden. Das Hotel lag direkt am Strand neben dem Pier für die Fischerboote. Mit nur einem Pub und einem Café war der Ort so ruhig, dass die Hunde mitten auf der Straße schlafen konnten. Am ersten Tag gingen wir meilenweit auf den matschigen Wegen der Kliffs spazieren und zogen uns sofort eine fürchterliche Erkältung zu. Schließlich blieben wir eine ganze Woche, lange genug, damit Howie im Pub »Foggy Foggy Dew« singen konnte und auch, um einen Rentner seine Schüchternheit überwinden zu lassen. Er bat uns darum, ihm eine Baseballmütze der Red Sox zu schicken, wenn wir zurück nach Boston kämen.

In Wolle und einen Fleecepullover gehüllt, nur die Nasenspitze ist noch zu sehen, gehe ich auf einem matschigen Weg auf den Kliffs die Ballycotton Bay entlang. Die Wellen schlagen gegen die zerklüfteten Felsen unter mir. Über mir gehen vernünftig gekleidete Paare die Straße entlang, die immer mehr an Höhe gewinnt. Ich lasse mir durch den Kopf gehen, wie einfach – nicht leicht – das Leben der Mittelklasse in Irland doch zu sein scheint. Natürlich wird es in Dublin auch einige Cuppies – Celtic Urban Professionals – geben, die den ganzen Tag nur shoppen gehen. Tim Allen und seine Familie kommen mir jedoch sehr erdverbunden und so bescheiden wie ein Stück Brown Bread vor. Sie machen Ferien in Frankreich, Italien und Mexiko und lassen sich Skulpturen in den Garten stellen und ein Haus mit Muscheln auskleiden. Aber Tim scheint am meisten in seinem Element zu sein, wenn er einen Gefleckten Hund in Händen hält, der direkt aus dem Aga kommt. Dieser Flecken Erde nimmt mich immer mehr für sich ein. Als ich auf die Main Street von Ballycotton zurückkomme, die so kurz ist, dass man sie verfehlen könnte, habe ich das Gefühl, meine Nase würde abfallen. Ich war zu lange in dem schneidenden Wind. Ob ich hier leben könnte? Entweder ist man draußen in dem peitschenden Wind oder man sitzt mit einer Decke über den Knien vor dem Feuer. In *Mein Irland* schreibt Edna O'Brien über etwas, was eine »heimliche Katastrophe« für das Land darstellt: »Die Besucher reden und werden angesprochen, sie angeln, sie jagen, sie essen braunes Brot, tauchen in heilige Brunnen ein, küssen Wunschsteine, sind überwältigt, aber haben nicht das Bedürfnis zu bleiben.«

Mein plötzliches Heimweh verschwindet beim abendlichen Dinner. Alle sind guter Laune. Myrtle setzt sich zu uns, und wir essen alle den Gefleckten Hund und das Brown Bread, das Tim und ich gebacken haben. Tim übertreibt meinen Einsatz, und das ist wirklich reizend, denn eigentlich war ich ihm nur im Weg. Susie Angeberin ist ebenfalls wieder in Hochform und sagt beispielsweise: »In New York kennen sie mich noch nicht, aber alle kennen mich in San Francisco.« Drew (Barrymore) bezeichnet sie als ihre Ersatztochter. Wieder lässt sie sich weitschweifig über Alice aus: Alice, die Tugendhafte, Alice, die Weise, Alice, die die Welt ändern könnte und das vielleicht noch tun wird. Ich sitze da, schlürfe Haselnusssuppe und denke: »Jetzt hör mal auf. Wir reden über eine *Chefköchin*.« Ich frage Frau Angeberin, wie sie ihre Freundin und Reisegefährtin kennen gelernt habe, die ich inzwischen recht gut leiden kann. »Durch den Präsidenten«, erwidert sie. »Haben Sie Betsey durch den Präsidenten kennen gelernt?« Ich bin verwirrt. »Oh«, meint Frau Angeberin seufzend, »ich dachte, Sie meinen, wie ich *Hillary* kennen gelernt habe.«

Eines der Geheimnisse des Ballymaloe Brots ist die erstklassige Qualität des Mehls. Er wird aus einer Mischung irischen und kanadischen Weizens auf spezielle Weise gemahlen. Der Müller ist ein Purist, der eine erfolgreiche internationale Karriere als Lebensmitteltechniker hinter sich ließ, um die Mühle in Familienbesitz wieder auf Vordermann zu bringen. Der Mann heißt Bill Mosse, und Bill konnte seine Hingabe und Integrität gar nicht genug loben. Ein Besuch der Mühle ist eine Reise in die Vergangenheit, aber auch ein Blick darauf, was die neuen handwerklichen Bäcker zu erreichen trachten. Außerdem ist es vermutlich eine halsbrecherische Tour mit meinem Fiat. Ich beschließe, Bill trotzdem einen Besuch abzustatten.

Kells Wheatmeal Mill liegt mit dem Auto einige Stunden östlich von Cork am Ufer der Nore, die durch das winzige Dorf Bennets Bridge in der Grafschaft Kilkenny fließt. Die Mühle lässt sich bis 1750 zurückdatieren. Bill Mosse wuchs in dem pittoresken Dorf auf, in dem nur Töpfer und andere Handwerker wohnen. Der erfolgreichste ist Bills Cousin Nicholas, der in einer der Mühlen der Familie eine große Töpferei, einen Laden und eine Snack Bar betreibt. Trotz des strömenden Regens, der ewigen Baustellen und ein paar bedenklichen Begegnungen mit Hecken, treffe ich fast eine Stunde zu früh in Bennets Bridge ein und flüchte mich in die Töpferei von Nicholas Mosse. Sonst scheint auch nichts geöffnet zu sein. Wasser läuft meinen Parka hinab und bildet Pfützen auf dem Fußboden. Ich esse einen Scone im Tea Shop und habe gerade noch genug

Zeit, eine Obstschale mit einem Blumenmuster, eine Zucker-
dose und ein Sahnekännchen zu kaufen. In meiner Abwesen-
heit sind die Pfützen auf dem Parkplatz zu veritablen Teichen
angewachsen. Nass und frierend fahre ich weiter zu Kells
Wheatmeal. Hier begrüßt mich eine Sekretärin, die drei Pullover übereinander trägt. »Kalt draußen«, sagt sie. Ich sitze bib-
bernd in einem Besprechungszimmer mit kahlen Wänden, und
sie holt Tee.

Nach einer ziemlich langen Wartezeit stürzt Bill Mosse ins
Zimmer. Er ist riesig und hat eine gesunde Gesichtsfarbe, trägt
eine randlose Brille, und sein volles, angegrautes Haar steht in
alle Richtungen. Auf mich wirkt er wie der Inbegriff des irischen Komikers. Sein weißer Kittel spannt etwas über dem
Bauch. Er ist kurzatmig. Er weiß, warum ich hier bin und
beginnt zu erzählen.

»Ich habe ein Ingenieurstudium hinter mir und bin fünf Jahre lang durch ganz England, den Nahen Osten und Irland
gefahren, um den Leuten beizubringen, wie man Getreide-
mühlen baut«, sagt Mosse. »Dann leitete ich eine andere Mühle und anschließend eine riesige Brotfabrik.« Nach einer Weile hatte ihm das nicht mehr getaugt. Genau da wollte Mosses
Vater die Mühle schließen, die er ein Leben lang betrieben hatte. »Ich brachte ihn davon ab und sagte ihm, ich würde sie leiten«, fährt Mosse fort, »und das tat ich dann auch, aber es
rechnete sich nicht, wir produzierten nicht genug. Also ver-
legte ich die Firma hierher nach Bennets Bridge. Das war vor
zwölf Jahren. Die Mühle ist so klein, wie sie nur sein kann,
und ich habe nur ganz spezielle Kunden – Leute wie Tim Allen.
Aber jetzt sollten wir uns vielleicht die Mühle ansehen.«

Mosse und ich rennen ohne Mäntel durch den Wolkenbruch
zu seinem Subaru-Kombi, in dem es wie in einem Stall riecht.
Er fährt über eine Brücke – vermutlich Bennets Bridge, der der
Ort seinen Namen verdankt – und hält vor einem etwas schie-
fen Gebäude, das man für längst stillgelegt halten würde, wäre
da nicht das kleine Schild mit der Aufschrift: KELLS WHEAT-
MEAL. »Einige Mühlen hat man für die Touristen wieder in

Betrieb genommen«, sagt Mosse. Aber hier drehen sich die Mühlräder unbehelligt von Fremden. Mosse verkauft nur an Großabnehmer, er hat wenige Kunden, aber diese wissen, was sie wollen.

In der alten, pittoresken Mühle stellt Mosse Mischungen mit hohem und geringem Glutenanteil her, die besonders gut für Sodabrot und braunes Weizenbrot geeignet sind. Ich gehe hinter ihm her, und er bückt sich, um unter den jaulenden Förderbändern durchzukommen. In großen Trommeln wird das Getreide verlesen. Mosse zeigt mir ein paar Körner, damit ich sehen kann, was hier zu Mehl verarbeitet wird. »Niemand in diesem Land tut, was ich tue«, sagt Mosse, der die Getreidekörner mit ebensolcher Vorsicht behandelt wie ein Händler in Antwerpen Diamanten. »Niemand ist verrückt genug.« Jedes Mal legt Mosse die Körner wieder sorgfältig zurück in die Trommel.

»Das Brot wird schlechter«, meint Mosse mit einem Seufzer. »Zwar gibt es die Biobäckereien, aber das Fabrikbrot wird schlechter. Ich war in San Francisco, um mich dort mit Sauerteig zu beschäftigen, und erfuhr, dass eine Menge Leute chemischen Sauerteig verwenden. Wer das weiß, schmeckt die Chemikalien heraus, wenn er in das Brot beißt.« Mosse gibt mir eine Hand voll weichen Weizen in die eine und die gleiche Menge harten in die andere Hand, damit ich den Unterschied spüren kann. Die Nebenprodukte, die beim Verlesen in Trommeln und Separatoren anfallen, sind beschädigte Weizenkörner, unreifer Weizen, wilder Hafer und Unkrautsamen. All das wird als Tierfutter verwendet. Nach dem Verlesen wird das Getreide eingeweicht. »Trockenes Getreide zerbricht«, sagt Mosse. »Es wird gequetscht. Es soll geöffnet werden, ohne zu zerbrechen, etwa so, als würde man mit einem Hammer auf einen Stein schlagen.« Mosse erklärt mir den Prozess und bleibt bei jedem Mühlstein stehen. Sie bestehen aus Feuerstein und Schmirgel, die von Magnesium zusammengehalten werden. Das Getreide rutscht zwischen zwei Steinen hindurch, von denen sich der untere dreht. Das Mahlen mit Mühlsteinen erzeugt sehr viel Hitze, die dem Mehl einen gerösteten Geschmack verleiht, den Mehl aus Stahlmühlen nicht besitzt. Alle paar Jahre müssen die Mühlsteine ausgetauscht werden. Bei Mosse sind es die dritten.

Einen Ozean entfernt von der computerisierten Qualitätskontrolle der größten Bäckerei der Welt für Wonder Bread verlässt sich Mosse bei der Prüfung seiner Mischungen einzig und allein auf drei Werkzeuge: seine Augen, seine Nase und seine Hände. Auf einem mit Säcken gefüllten Dachboden ermuntert mich Mosse, mir die groben und die feinen Mischungen anzusehen. Ich soll an einem offenen Sack riechen, ihm entströmt das Aroma von Erde.

An meinem letzten Morgen in Ballymaloe stopfe ich schamlos etwa ein Pfund von Fingals Bacon in mich rein und steige dann zu unserem letzten Ausflug in den Fiat. »Das war wirklich eine Leistung, dass Sie ganz allein hierher gefunden haben«, sagt Tim. Nach fünf Tagen ist ihm endlich aufgegangen, dass ich mit einer miserablen Karte den ganzen Weg von Shannon nach Shanagarry gekommen bin. Das ist ebenso eindrucksvoll wie idiotisch. Als ich wieder am Flughafen bin und den Fiat zurückgebe, muss ich das Verlangen unterdrücken, ihm einen Tritt zu versetzen.

Eine Woche vor Thanksgiving Day kehre ich nach Hause zurück. Meine Freundin Madeline lädt uns zum Dinner ein, und ich biete ihr an, den Salat und das Brot mitzubringen. Ich habe das seltene Bedürfnis zu backen und außerdem Tims Vorführung noch frisch im Gedächtnis. Ich kaufe also ein Sieb und mache mich an die Arbeit. Mein braunes Sodabrot gerät etwas zu groß. Es kommt aus dem Ofen und sieht eher wie ein riesiger Kuhfladen aus. Aber als ich daran klopfe, klingt es genauso hohl wie das Brot von Tim. Erst habe ich den Eindruck, Madeline, ihre Familie und ihre Freunde trauten ihm nicht recht, aber einmal aufgeschnitten, sieht es zweifellos sehr appetitlich aus. Als sie hineinbeißen, fallen einige der Gäste, ein paar sind sogar echte Iren, fast in Ohnmacht. Sie essen es bis zum letzten Krümel auf, und die irischen Ehrengäste lächeln.

Ich schreibe Myrtle einen Brief, wie begeistert ich von Ballymaloe House war, ein paar Tage später kommt die reizende Antwort, dass sie meine Gesellschaft sehr genossen habe. Ich vermute, alles ist vergeben.

Braunes Weizenbrot aus Ballymaloe

ZUTATEN:
10 dl Vollkornmehl
1 Teelöffel Salz
1 Teelöffel dunklen Sirup oder Melasse
5 dl warmes Wasser
2 Stück Hefe oder die entsprechende Menge Trockenhefe

Den Ofen auf 450 Grad vorheizen.

Das Mehl mit dem Salz mischen und auf dem Ofen, der jetzt langsam heiß wird, etwas erwärmen.

In einer kleinen Schüssel wird die Melasse mit einem Teil des Wassers und der zerkrümelten Hefe gemischt. Diese Schüssel wird an einen warmen Platz gestellt (beispielsweise oben auf den Herd). Die Kastenform einfetten und im Ofen vorwärmen, bei dieser Gelegenheit ebenfalls ein sauberes Küchentuch vorwärmen.

Die Hefe etwa 5 Minuten gehen lassen oder bis die Mischung cremig ist und oben leicht schaumig.

Die Hefemischung gut umrühren, mit dem verbliebenen Wasser in das Mehl gießen und einen nassen Teig herstellen. Die Mischung sollte zu feucht sein, um sich kneten zu lassen. Den Teig in der eingefetteten, erwärmten Form verteilen. An einen warmen Platz mit dem Küchenhandtuch abgedeckt stehen lassen.

Jetzt etwa 20 Minuten gehen lassen, bis der Teig etwa die doppelte Größe erreicht hat. Das Küchentuch entfernen und das Brot 45 bis 50 Minuten backen oder so lange, bis es eine hübsche braune Färbung hat und hohl klingt, wenn man daran klopft. In Ballymaloe werden die Brote etwa 10 Minuten vor Ende des Backvorgangs aus der Form genommen und sofort wieder in den Ofen gestellt, damit sie rundherum knusprig werden. Falls Ihnen eine weichere Kruste lieber ist, lassen Sie das Brot bis zum Schluss in der Backform.

Das Brot des Elends
Brooklyn, New York

Dies ist das Brot der Armut, das unsere Väter in Ägypten gegessen haben.
Wer hungrig ist, komme und esse. Wer in Not ist, komme und feiere
Pessach. Dieses Jahr sind wir hier – im nächsten Jahr im Land Israel.
Dieses Jahr sind wir Sklaven – nächstes Jahr freie Menschen.

SEGEN BEIM JÜDISCHEN PASSAHFEST

Baruch atoh adonoy elohenu m'elech a'oholom,
a motzi l'echem Minnie Horowitz.

ABGEWANDELTER SEGENSSPRUCH ZUM SABBAT IN EINEM JÜDISCHEN

KINDER-SOMMERCAMP

Wir waren keine religiöse Familie, als ich heranwuchs. Meine Mutter scherzte immer, die Synagoge sei so reformiert, dass sie an den Feiertagen schließe. Vermutlich hätte man sagen können, dass wir zwar schwach im Glauben, aber stark an der Kultur interessiert waren. Jedes Frühjahr feierten wir das Passahfest, nippten an dem widerlich süßen Wein und lasen die vor dem Essen vorgeschriebenen Texte rasend schnell wie ein Junge auf Speed, der seine Bar Mizwa feiert.

Je älter ich wurde, desto schlimmer wurde es. In einem Jahr zählten meine Freunde und ich die neun Heimsuchungen – Frösche, Stechmücken, Geschwüre und so weiter – zur Melodie des Weihnachtslieds »Twelve Days of Christmas« auf. Trotz aller infantilen Witze haben mir meine vom Glauben abgefallenen Verwandten und Freunde die Geschichte zumindest in einer Art Zusammenfassung überliefert. Vor dreitausend Jahren waren wir, die Juden, Sklaven im Ägypten der Pharaonen. Wir mussten für den König Städte und Straßen bauen und uns in seinen Steinbrüchen abrackern. Diese Schmach hinderte uns aber nicht daran, fruchtbar zu sein und uns zu mehren. »*Dayanu*«, stöhnten wir, »genug«. Der alternde Moses forderte den Pharao heraus und sagte: »Lass mein Volk gehen.« Der weigerte sich und Gott wurde richtig böse, verwandelte Wasser in Blut, überzog das Land mit Stechmücken, tötete die Haustiere und schließlich alle nichtjüdischen, erstgeborenen männlichen Nachkommen in Ägyptenland einschließlich die des Viehs. Angeführt von Moses entkamen die eben erst befreiten Juden dem Heer des Pharaos. Als die Kinder Israels vom Roten Meer aufgehalten wurden, sagte Moses: »Was nun?«, und Gott erwiderte, er solle sich keine Sorgen machen, und die Wasser teilten sich gerade lange genug, um die Juden durchzulassen und das Heer der Ägypter aufzuhalten.

So jedenfalls habe ich diese Geschichte gehört. Alles, was an der Sedertafel verzehrt wird, erinnert an einen Teil dieser Geschichte. *Charosset* – eine Mischung aus klein gehackten Äpfeln, Nüssen und Wein – symbolisiert den Mörtel, mit dem die Juden in der Knechtschaft die Ziegel für den Pharao aufmauerten. Die bitteren Kräuter stehen für die Bitterkeit dieser Jahre, das Salzwasser, in das wir die Eier, Symbol dauernder Fruchtbarkeit, tauchen, steht für die vergossenen Tränen. Und das Brot des Elends, der Matzen, ist die Inkarnation des ungesäuerten Brotes, das in aller Eile gebacken wurde, ehe die Juden die Flucht durch die Wüste antraten.

Rituale habe mich immer fasziniert, vorzugsweise die anderer, exotischer Religionen. Aber jedes Mal wenn die Passahgeschichte erzählt wurde, hatte ich insgeheim das Gefühl, Gott habe überreagiert. Ich fand es richtig gemein und unnötig, all die kleinen Jungen zu töten. Meiner Meinung nach war er mit den Fröschen, Stechmücken und Geschwüren schon deutlich genug geworden. Juden waren keine Mörder, das wussten wir alle. Als David, »Son of Sam«, Berkowitz mit seiner Mordserie begann, erinnerte meine Großmutter immer daran, dass er als Nichtjude zur Welt gekommen und adoptiert worden sei. Und wieso waren alle diese unschuldigen Tiere der Ägypter getötet worden, die, wenn überhaupt, doch selbst Sklaven waren? Bei unserem Festmahl besprachen wir nie die Einzelheiten genauer. Wenn die Schnellfeuerlesung erst einmal vorbei war und die schon etwas beschwipsten Erwachsenen ihre Gläser erhoben und dröhnten: »Nächstes Jahr in Jerusalem!«, dann debattierten und diskutierten wir nicht mehr sonderlich viel. Unsere Münder waren voll. Wir waren es nicht gewohnt, auf ein Vergnügen zu warten, und als wir es uns endlich gestatteten, mit dem Essen zu beginnen, schlangen wir alles hastig herunter. Ich komme aus einer Familie von Zauberern. Es gelang uns, sogar noch die Bruststücke spurlos verschwinden zu lassen.

An Sederabenden öffneten wir Schachteln mit Matzen. Perfekte, taschentuchgroße Rechtecke, die an Wellpappe erinnerten. Am besten schmeckten sie mit Philadelphiakäse und Salz, und waren unser Passahlieblingsfrühstück. Obwohl wir weiterhin gesäuertes Brot aßen, kauten wir während der acht Tage des Passahfests auch Matzen und auch noch in den folgenden Wochen, bis unser Vorrat erschöpft war. Das war der einzige Matzen, den ich kannte, und ich liebte an ihm, dass es ihn nur einmal im Jahr gab, als Matzen mit Butter oder als gebratener Matzenbrei, der ungewürzten Version eines French Toasts. Zu anderen Jahreszeiten brachte meine Mutter manchmal Matzencracker mit Ei und Zwiebel nach Hause, die waren aber nie so knusprig wie der Matzen an Passah, der nur aus Mehl, Wasser und Salz und manchmal auch noch Ei und Cidre hergestellt wurde. Jahre später, in meinem letzten Jahr auf dem College, weilte ich am Passahfest bei der Familie meines Freundes Mark. Seine Eltern waren Orthodoxe und wohnten in einem Haus, das ich als Hexenhäuschen bezeichnen würde, in Flatbush in Brooklyn. Es war ein schmales Backsteinhaus im Tudorstil mit einem schmalen Garten. Der Abstand zwischen den Nachbarn betrug gerade mal eine Fahrradlänge. Tag und Nacht durchdrang der Geruch von Zwiebeln und gekochtem Fleisch das

Haus. Geheimnisvoll drangen die Dämpfe aus der winzigen Küche, die so steril und spartanisch wirkte wie ein Operationssaal. Marks Mutter war eine wahnsinnig clevere Lehrerin mit Perücke und Brille mit Gleitsichtgläsern, die Sorte Frau, die das Kreuzworträtsel der Sonntagsausgabe der *New York Times* in etwa acht Minuten lösen kann. Ihr Sohn betete sie an, und ich mied ihren durchdringenden Blick. Die Küche war ihr Reich, und wir bewegten uns dort nur mit größter Vorsicht. Mrs. Brown trug beim Kochen eine Kittelschürze. In den Tagen vor dem Passahfest sah man sie den ganzen Tag in diesem Kittel.

Am Tag vor dem ersten Sederabend kam Marks Vater mit zwei Schachteln ähnlich denen, in denen man Pizza transportiert, nach Hause. Sie trugen eine Aufschrift in hebräischen Buchstaben, und Marks Vater stellte sie ganz behutsam ab. »Meine Güte, der heilige Matzen!«, rief Mark und öffnete eine Schachtel. Darin ihm lag ein schiefer Stapel runder, gewellter und an den Rändern geschwärzter Matzen. Mark und ich aßen sofort einen und waren überrascht, wie hart er war. Handgemachter Matzen ist dick und kräftig. Ich stellte mir vor, dass so der Schiffszwieback der arktischen Entdecker, der Wal- und Robbenfänger in den Sagas, die ich so gerne las, ausgesehen hatte. Es wäre mir abwegig vorgekommen, Frischkäse auf diesen Matzen zu streichen.

Seit ein paar Jahren esse ich Matzen das ganze Jahr über als Snack. Was Esswaren angeht, ist er irgendwie nichts, und das sage ich, um ihn zu empfehlen. »Genau um die Einfachheit geht es«, sagt der Ljubawitscher Leitfaden für das Passahfest. »Matzen ist die demütigste Nahrung – flach und bescheiden, unverfälscht und schmucklos. Am Passahfest Matzen zu essen hilft tatsächlich dabei, die Demut zu kultivieren … und Demut ist der Anfang der Befreiung.« Mir sind die Tugenden der Demut lieber als der Gedanke daran, dass die gesamte nichtjüdische Bevölkerung Ägyptens unter eiternden Geschwüren und Stechmücken zu leiden hatte. In meinen Ohren klingt das wahr. Das ganze Jahr über esse ich Matzen, wenn mir nichts

Besseres einfällt und mein Appetit von Kummer, Depressionen, Stress oder Gleichgültigkeit beeinträchtigt ist, ich aber weiß, dass ich etwas essen muss. Dann ist Matzen das Einzige, was ich überhaupt runterkriege, die reinste und grundlegendste Nahrung.

Matzen strikt nach dem Wort des jüdischen Gesetzes, der Thora, zu backen, wird als ein Akt betrachtet, der einen zu einem besseren Menschen macht. Das ist das, was die Juden als *mizwa* bezeichnen. Andere *mizwas* sind die Hilfe für Bedürftige, dass das eigene Kind einen Studienplatz in Medizin bekommt und der Umgang eines Mannes mit seiner Frau, die gerade den Eisprung hat. Der wirklich koschere Artikel wird *Schmurah*-Matzen genannt. *Schmurah* bedeutet so viel wie »bewacht«, weil die Bäcker es so genau damit nehmen, dass das Brot nicht mit der geringsten Menge gesäuerten Brotes – dem gefürchteten *chamez* – verunreinigt wird. Die gesamte Prozedur, von der Ernte des Getreides bis zum Backen der rund ausgerollten Teigfladen im Feuer, wird genauestens überwacht, damit der Matzen koscher bleibt. Nach Ansicht der orthodoxen Juden soll dieser heiligste Matzen rund sein, weil ein Kreis, wie der Schöpfer des Universums, keinen Anfang und kein Ende hat.

Ich hatte gehört, dass man die *Schmurah*-Matzen-Bäckereien, die nur vor dem Passahfest in Betrieb sind, besichtigen kann. Auf Vorschlag der Ljubawitscher vom Cape Cod rufe ich Rabbi Dubrovsky von der chassidischen Enklave in New York, in Crown Heights in Brooklyn, an.

»Ja, ja, Sie dürfen zugucken«, meint der Rabbi müde. Im Hintergrund ist ein seltsamer, nicht ganz menschlicher Lärm. Ich stelle meine Fragen, und seine Stimme wird ungeduldiger und unfreundlich. »Sie machen keine Fotos!«, knurrt er, und ich stelle mir einen arthritischen Finger vor, mit dem er mir droht. Er legt auf, ohne sich zu verabschieden. Ich kann es kaum erwarten, diesem Mann gegenüberzustehen.

Dubrovskys *schmurah* Matzo Bakery wird jedes Jahr ein paar Monate vor dem Passahfest in Betrieb genommen. Sie befindet sich im Keller eines heruntergekommenen Gebäudes in der Albany Avenue. Ich besuche sie an einem trüben, feuchten Sonntag im März. Die Hausnummer 460 steht handgeschrieben auf einem Stück Matzenkarton, das an der Tür hängt, und wirkt eher wie eine Warnung oder Lösegeldforderung. Die Bäckerei betreten hieß, eine gewaltige kulturelle Barriere überwinden. Bevor ich noch dort war, wusste ich schon, warum. Obwohl uns nur der East River trennte, lebten der Rabbi und ich in zwei verschiedenen Welten. Man steigt an der geschäftigen 23rd Street mit einem caffè latte von Starbucks in die U-Bahn und kommt eine halbe Stunde später irgendwo an, wo man sich vorkommt, als habe es einen ins Krakau vor dem Zweiten Weltkrieg verschlagen.

Bevor er auflegte, hatte mir der Rabbi noch eine rudimentäre Wegbeschreibung in den Hörer gebrüllt, aber als ich endlich auf dem Eastern Parkway stehe, fehlt mir trotzdem jede Orientierung. In diesem ruhigen Viertel leben fast nur chassidische Juden. Der Eastern Parkway ist stellenweise recht heruntergekommen, aber immer noch ein wunderbarer, von einem breiten baumbestandenen Grünstreifen geteilter Boulevard. Eine Gruppe betuchter Homosexueller könnte aus diesen vernachlässigten Anlagen und diesen charmanten Häuserzeilen wirklich etwas machen. Ist das hier wirklich noch dasselbe New York, in dem gepiercte, postapokalyptisch wirkende Jugendliche mit rasierten Haaren auf der Suche nach Ecstasy und Schuhen mit Plateausohlen auf dem Broadway herumlungern? Die Männer in schwarzem Anzug, die mit gesenktem Blick den gepflasterten Mittelstreifen entlang kommen, lassen meine achtzigjährigen Tanten regelrecht schick und jugendlich erscheinen. Aus der beharrlichen Weigerung, einem in die Augen zu schauen, lese ich einen gegen die Schamlosigkeit meines anliegenden Pullovers, meines Make-ups und meines offenen Haars gerichteten Vorwurf heraus. In der Gesellschaft von Chassiddim komme ich mir in die Ecke gedrängt vor. Meinen säkularisierten jüdischen Freunden geht es ähnlich.

»Sie werden schon die Schachteln bemerken. Halten Sie nach den Schachteln Ausschau.« Abgesehen von der Adresse war das alles, was Dubrovsky mir verraten hatte. Von außen unterscheidet sich die Bäckerei in Nichts von den düsteren Eingängen und Treppen an der baumlosen Albany Avenue. Von der U-Bahn gehe ich eine heruntergekommene, von Chassiddim in schwarzem Tuch und unterbezahlten Schwarzen und Hispanos, die in Bedford-Stuyvesant oder Brownsville wohnen, bevölkerte Straße entlang. Ich biege in die Albany Avenue ab und sehe ein paar teuer gekleidete Matronen mit Kopftüchern oder Hüten, die mit ihren Kindern auf dem Bürgersteig spazieren. Aus den Fenstern einer Jeschiwa höre ich Jungen melodisch die Thora lesen. Mit Ausnahme von Computern scheinen sich hier keine Neuerungen breit gemacht zu haben. Es gibt keinen GAP, keinen Starbucks, keine Kinos, Cafés oder Tierhandlungen. Haushaltswarenläden, koschere Lebensmittelläden und bescheidene Drogerien mit Schildern, auf denen Echthaarperücken angeboten werden, beherrschen das Straßenbild.

Ich entdecke die Schachteln. Sie ruhen auf den Armen der Patriarchen und ihrer Frauen aus dem Viertel, die sich auf die acht Feiertage vorbereiten, während der die jüdisch-orthodoxen Gesetze das Essen und auch nur das Vorhandensein von gesäuertem Brot, dem *chamez*, verbieten. Das schließt Milk Bone-Hundekuchen und die Krümel von einem Oreo Doppelkeks in einer Jackentasche mitein. »An anderen Abenden essen wir sowohl gesäuertes als auch ungesäuertes Brot. An diesem Abend essen wir nur Matzen«, werden sie an der Sedertafel deklamieren. Gelehrte haben geschrieben, dass Jehovah, Gott, selbst nichts anderes als Matzen isst. Und wenn man die Ljubawitscher reden hört, dann ist der einzige Matzen, den man ihm überhaupt anbieten könnte, ihr eigener *Schmurah*-Matzen. Eulen nach Athen tragen, könnte man meinen, aber ich hatte gehört, dass selbst Leute aus Jerusalem ihren Passahmatzen bei Dubrovsky bestellen.

Das kleinste Krümelchen *chamez* kann das Allerheilige der *Schmurah*-Matzen-Bäckerei verunreinigen. Respektvoll schüttele ich deswegen die Krümel meines Frühstückscroissants von meinem Pullover. Dann klaube ich ein paar vergessene Hundekuchen aus meinen Taschen. Obwohl wir dieses Ritual bei uns zu Hause nie praktizierten, hat mir die Vorstellung immer gefallen, den *chamez* loszuwerden. Diese starke Metapher leuchtete mir ein. Es geht um eine innere und äußere Reinigung, die mit der vom Frühling verkörperten Wiedergeburt zusammenfällt. Für mich bedeutete das Loswerden des *chamez*, dass man nichtigen Groll auf andere begrub und sich von der Vorstellung befreite, andere hätten etwas – wirklich oder nur eingebildet – gegen einen. Nach Sonnenuntergang am Abend des Passahfestes führen religiöse Juden bei Kerzenschein eine rituelle Suche nach allem *chamez* durch, den sie übersehen haben könnten. Und hier ist nicht von ganzen Keksen Marke Yodel oder Fig Newton die Rede. Die Frommen suchen in Dielenritzen, hinter Kommoden und Sofas. Kein noch so kleiner Krümel gesäuertes Brot darf ihnen entgehen. Damit das Ritual komplett ist, raten die Weisen, ein Tütchen *chamez*, beispielsweise Brotkrümel, irgendwo zu verstecken und dann so zu tun, als habe man es gefunden, um auf diese Weise eines der Passahgebote zu erfüllen. Am nächsten Morgen muss man dann den *chamez* vor die Tür tragen und verbrennen und dabei die folgenden (oder so ähnliche) Sätze aufsagen: »Hiermit sage ich mich von jeder Verbindung oder von jedem Besitz jedes gesäuerten Brotes oder jedes Säuerungsmittels los, das ich nicht gesehen und nicht gefunden und deswegen nicht zerstört habe oder von dem ich nichts weiß. Diese sind jetzt nichtig und ohne Besitzer wie der Staub der Erde.« Diejenigen, die ihren *chamez* nach dem Passahfest wieder zurückhaben wollen, können ihn an einen Nichtjuden verkaufen und später zurückerwerben. Als Kind habe ich das erste Mal diesen Trick wörtlich genommen und fand es unglaublich bescheuert, dass wir beispielsweise eine halb leere Schachtel Mallomars an die Bridgens auf der anderen Straßenseite, an die einzigen Nichtjuden des Viertels, verkaufen sollten? Inzwischen aber versuche ich auf meine eigene säkularisierte Art auch mein Leben vom *chamez* zu befreien, selbst wenn das nur bedeutet, dass ich ein paar Säcke mit abgelegten Kleidern zur Heilsarmee bringe.

Ich begebe mich in Dubrovskys Matzenkeller, und die Luft dort kommt mir abgestanden und schwerer vor als auf der Straße. Im vorderen Raum stapeln sich Schachteln chaotisch bis an die Decke. Ich stoße mit mehreren Herren mit schwarzen Anzügen, ungepflegten Bärten und Schläfenlocken zusammen. An einem Tisch faltet ein Mann eine Schachtel nach der anderen, legt ein Pfund runde Matzen hinein und klebt den Deckel zu. Ich versuche die Lieferscheine an den Stapeln mit den fertigen Bestellungen zu entziffern. Ein Stapel ist auf dem Weg nach Chicago, ein anderer geht nach Johannesburg. Bei den Chassiddim aus Brooklyn ist es genauso schwer das Alter der Männer zu schätzen wie bei den Bewohnern von Mea Shearim in Jerusalem. Es scheint nur zwei Kategorien zu geben: die Alten und die Älteren. Ein Kunde nickt Rabbi Dubrovsky zu, und der am ältesten wirkende der Männer, wirft einen frostigen Blick in meine Richtung. Ich bin kurz davor, die Flucht zu ergreifen, als Rabbi Eli Cohen, eine *kipa* auf seinem hübschen roten Schopf, auf mich zutritt und mich mit einem freundlichen Lächeln begrüßt. Ich folge Cohen und dem hutzligen, immer noch schweigenden Dubrovsky in den Backraum. Ich bin selbst recht klein, habe aber das Bedürfnis, den Kopf einzuziehen, als ich mich durch den engen, schwach erleuchteten Raum zwänge, in dem ein Gedränge herrscht wie in der U-Bahn zur Zeit der Rushhour. Viele der Männer sehen aus wie Rabbis. Das liegt an den Bärten und der schlechten Beleuchtung. Das Ganze wirkt wie eine Roman-Vishniac-Szene. In H.E. Jacobs *Sechstausend Jahre Brot* zeigt die Abbildung eines deutschen Holzschnitts von 1726 Matzen-Bäcker bei der Arbeit, beim Ausrollen des Teigs und dabei, das ungesäuerte Brot aus dem Ofen zu holen. Denkt man sich zu diesem Bild Armbanduhren und Turnschuhe dazu, ergibt sich die Szene, die sich mir gerade bietet.

Cohen bestätigt mir, dass sich mindestens sieben Rabbis in der Bäckerei befinden. Alle haben gut zu tun. Sie wachen über das Mehl und das Wasser und kontrollieren den Mischvorgang, das Ausrollen, Perforieren und Backen. Die ganze Zeit schauen sie auf die Uhr, um sicherzustellen, dass die Prozedur vom Teig zum Matzen schneller als in achtzehn Minuten vonstatten geht. Danach beginnt jede Mischung aus Mehl und Wasser automatisch zu gehen. Das wäre eine Katastrophe. Diese Katastrophe hat einen Namen: *chamez*.

Der Keller erinnert an ein Irrenhaus. Tatsächlich aber bleibt kein Handgriff dem Zufall überlassen. Die Regeln seien sehr streng, sagt Cohen, der zehn Kinder hat und, das sehe ich erst jetzt, wahrscheinlich jünger ist als ich. Der grundsätzliche Ablauf ist folgender: Unter dem wachsamen Blick eines Rabbis sieht der dazu ernannte Wassergießer zu, dass das Mehl bei der Zugabe des Wassers auf keinen Fall stäubt. Ein Kneter knetet den Teig dann maximal dreißig Sekunden. Darauf wird dieser unter die Ausroller verteilt. Das sind die Drohnen der Operation, sie rollen den Teig zu runden Matzen aus. Nachdem er perforiert worden ist, damit sich keine Luftblasen bilden können (Verstecke für *chamez*!), wird der Matzen in einen auf 1400 Grad erhitzten Ziegelofen geschoben. Die gebackenen Matzen werden ein letztes Mal auf verdächtige Krater und Blasen, in denen sich ungebackener Teig verstecken könnte, untersucht: wiederum der Schrecken des *chamez*. Vom Anfang bis zum Ende dauert dieser Herstellungsprozess keine fünf Minuten.

Wie kann etwas so Einfaches so hoffnungslos kompliziert erscheinen? Die Gebete, die ständig mit heiseren Stimmen gesprochen werden, lassen einen kaum einen klaren Gedanken fassen. Dazu kommt die ständige Ermahnung, hölzerne Gerätschaften nicht mehr als einmal zu verwenden. Vorher müssen sie immer ordentlich abgeschmirgelt werden. Dass die engen, kerkerähnlichen Räumlichkeiten mit Männern bevölkert sind, deren einzige Aufgabe das Beobachten ist, jene, die die Arbeit machen, zwingen, um sie herum einen Hindernislauf zu veranstalten, erschwert den Arbeitsablauf zusätzlich. Ganz zu schweigen von einer oder zwei Sprachbarrieren und irgendwelchen Kleinkindern, die ihre eigenen Wege gehen.

Mehl und Wasser werden getrennt in kleinen Verschlägen aufbewahrt. Meine Angst, ich könnte stolpern und das Wasser in das bewachte Mehl verspritzen, ist also vollkommen unbegründet. Ich bin eine Heidin, die nichtsahnend mitten in diesen Tornado der Aktivitäten hineingeraten ist. Trotzdem stelle ich für diese Leute sicher die geringste Sorge dar.

In den orthodoxen Gemeinden wird eine Diskussion geführt, ob es koscher sein kann, Matzen mit der Maschine herzustellen. Einerseits würde man so die Möglichkeit menschlichen Irrtums ausschließen, andererseits könnten mit *chamez* verunreinigte Matzen einfach unentdeckt das Fließband passieren. Ferner lässt sich anführen, dass echter *Schmurah*-Matzen genauso hergestellt wird wie schon unter den Augen von Moses. Andererseits, nun, andererseits gibt es nicht.

Diese ungleichmäßigen runden Matzen entstehen nach einem Rezept, das so kompliziert ist wie das angereicherten Urans. Damit ist nicht zu spaßen. Ich bin einem freundlichen Chassiden auf den Fersen, der Moshe heißt. Schritt um Schritt betrachte ich den Vorgang. In der düsteren Katakombe hängt Mehlstaub. In dem Raum scheinen sich hundert Personen zusammenzudrängen. In der fürchterlichen Hitze tragen sie alle zu viele Kleider. Die Decke ist so niedrig, dass sich die größten Männer bücken müssen, und die fleckigen Wände sind ungeschmückt, abgesehen von einem Foto des Ljubawitscher Menachem Schneerson, den manche für den *Moschiah*, den Messias, halten. Wie die grellbunten Bilder von Krischna, die die winzigen Bäckereien in ganz Indien schmücken, hängt der Rebbe etwas schief neben einem abgerissenen Stück Pappe, auf das jemand etwas gekritzelt hat, in … was? »Das ist Russisch«, sagt Moshe. Das erklärt auch den langen Tisch mit den Matronen aus Usbekistan, die jetzt in Brighton Beach leben. Die sind ein erstaunlicher Anblick. Jeden Tag mieten verschiedene Gruppen gläubiger Juden aus ganz New York die Bäckerei jeweils für vier Stunden. Für das Privileg, einen Morgen lang Matzen auszurollen, dürfen alle etwa vier Pfund Matzen mit nach Hause nehmen, der normalerweise dreizehn Dollar das Pfund kostet, und das ist nicht gerade billig, würde mein Vater sagen, besonders dann nicht, wenn man eine große Familie hat.

Für die *mizwa*, den eigenen Matzen ausrollen zu dürfen, haben diese Babuschkas, das verkünden sie mit stark russischem Akzent, eine einstündige (man stelle sich vor!) Busfahrt auf sich genommen. Sie hätten sich hergeschleppt, sagen sie mit dem englisch-jiddischen Ausdruck. Sie tragen Wollpullover, deren Farben sich nicht mit denen ihrer Jerseykleider vertragen, und sind gut gelaunt und übermütig. Ihr Übermut ist ein willkommener Kontrast zur Schwermut von Dubrovsky und den anderen Rabbis. »Wir sind zweiundzwanzig – alle eine Familie!« Sie wollen auch etwas über mich wissen: »Sprechen Sie Russisch? Verheiratet? Kinder?« Die Frechste von ihnen, eine Brünette mit einer Reihe von Muttermalen auf ihrem breiten Gesicht, deutet auf meine Brüste, fasst dann unter die ihren ausladenden und lässt sie spöttisch grinsend wogen. Das veranlasst die Usbekinnen zu einem hysterischen Gelächter. Hilflos verlegen verschränke ich die Arme. »Für welche Zeitschrift schreiben Sie? Geben Sie mir gleich mal Ihre Telefonnummer«, ruft ihr einziger Landsmann, Yakov, der aus Samarkand eingewandert ist. Die Frauen heulen fast vor Lachen. Ihre Frivolität kommt mir reichlich unorthodox vor. Wie sie so gestikulierend um den langen Tisch herumstehen, erinnern sie mich an die Gäste in der Schenke in Dickens' *Oliver Twist*. Ich könnte sie alle umarmen.

Damit ihr Besuch sich auch lohnt, hat man die Frauen gedrängt, so schnell wie möglich zu arbeiten. Was erst wie eine usbekische Version der Fließband-Episode aus der TV-Sitcom *I Love Lucy* wirkt, wird bald von Ermahnungen der Matzen-Polizei unterbrochen. »Nein, nein, so nicht!« Unter der Woche sei es hier viel stiller, erzählt mir Rabbi Cohen seufzend.

Vor jeder Runde werden alle Oberflächen in der Bäckerei mit neuem Packpapier abgedeckt und neue Gummihandschuhe übergestreift. »Wissen Sie, was Sie haben, wenn nur ein Teigkrümel am Nudelholz hängen bleibt?«, fragt mich mein neuer bester Freund Moshe, ein gut gelaunter Tscheche. Er droht mir mit dem Finger. »*Chamez!*« Deswegen geben die Jungen aus der Jeschiwa den Frauen auch für jeden neuen Matzen ein neues Nudelholz – runde, frisch gedrechselte Kiefernhölzer. Irgendwo weiter hinten im Gebäude spuckt eine Drechselbank ständig neue Nudelhölzer aus. Jedes Mal wenn sie einen ausgerollt haben, rufen die Frauen: »Matzen!« Ein Gehilfe, ein Rabbi oder ein Junge aus der Jeschiwa eilt herbei und ersetzt ihre Nudelhölzer durch neue. Der tellergroße Matzen wird über ein Holz gehängt. »Der Matzen darf nicht zusammenpappen«, sagt Moshe. »Sonst … *chamez!*« Von dem umdrängten, etwas erhöhten Tisch, an dem die Ausrollerinnen arbeiten, wird der Matzen zu einem der wenigen Angestellten der Bäckerei getragen. Er arbeitet an einer Maschine, die den Matzen mit einer Reihe winziger Zahnräder perforiert. Diese Löcher waren mir immer vollkommen selbstverständlich vorgekommen, etwa so, wie die Einkerbungen eines Ritz Crackers. Aber jetzt geht mir auf, dass es sich dabei nicht um eine kosmetische Maßnahme handelt. »Wozu ist das gut?«, frage ich Moshe. »Damit wird man alle Luftbläschen los«, entgegnet er. »Schon bei dem kleinsten Luftbläschen …« »*Chamez!*«, rufe ich. Moshe nickt mir lächelnd zu. Er ist sehr stolz auf seine Schülerin.

Moshe ist ein sanfter Zeitgenosse, dessen bin ich mir sicher. Mit neunzehn Jahren wanderte er nach Kanada aus und fand erst mit sechsundzwanzig, als Schüler einer Jeschiwa, zum orthodoxen Glauben. Er ist verheiratet und gibt etwas kleinlaut zu, nur zwei Kinder zu haben, eine »sehr, sehr kleine Familie.« »Die Thora ist die Nahrung für die Seele«, meint Moshe einfach so. Oder: »Die Bibel sagt, dass du nur gesättigt werden kannst, wenn du gesegnet bist, und du kannst den Herrn nur segnen, wenn du voll von ihm bist.« Wie war das gleich wieder? Er steckt voller solcher Erklärungen, und sieht mich dann immer durchdringend, aber nicht unfreundlich an, um zu prüfen, welche Wirkung sie auf mich haben. Ich lache. Er lacht ebenfalls. Die Augen der Rabbis senden kleine Dolche in unsere Richtung.

In Sechsergruppen hängen die Matzen auf fast vier Meter langen Stangen. Auf diesen werden sie zur Öffnung eines riesigen, mit Kohle befeuerten Ofens getragen. Da der *chamez* immer nur einen winzigen Teigklumpen oder eine Luftblase weit entfernt ist, finden die Rabbis es verständlicherweise wenig lustig, wie sich die Usbekinnen aufführen. Sie werden von einem Trupp Jeschiwaschülern in schwarzen Anzügen bei der Arbeit unterstützt, die genauso humorlos sind wie sie. Emsige Geschäftigkeit und erwartungsvolle Pausen lösen bei diesem menschlichen Fließband einander ab. Alle schwitzen.

Nur bei *Schmurah*-Matzen beginnt die Wachsamkeit bereits bei der Ernte. Das ganz normal wirkende Mehl, das ich in einem Eimer sehe, ist aus Getreide, das auf einem koscheren Weizenfeld in Spanien geerntet wurde. Diese Ernte ist nie mit Feuchtigkeit in Berührung gekommen. Jeder Rabbi oder Jeschiwaschüler hier könnte Ihnen mit einem müden Seufzer erklären, dass Getreide und Feuchtigkeit zu Gärung und damit zu Sauerteig führen können.

Dass meine neuen Freunde in Dubrovsky's Bakery von dem *chamez* wie besessen sind, hat damit zu tun, dass sie in den folgenden Wochen die langwierige Suche nach offensichtlichem ebenso wie nach verstecktem *chamez* und nach allem, was diesen enthalten oder berührt haben könnte, vor sich haben. Deswegen wird der letzte verderbliche *chamez* panisch verzehrt oder verbrannt. Geschirr und Haushaltsgeräte, die mit *chamez* verunreinigt sein könnten, werden in eine Kammer getragen, die später mit Klebestreifen abgedichtet wird. Was dann noch an *chamez* übrig ist, wird an einen Nichtjuden verkauft. Der Ljubawitscher-*chamez*-Vertrag wird vom Rabbi sehr ernst genommen, er sieht beispielsweise vor, dass der Unterzeichner den Rabbi X ermächtigt, »sämtlichen *chamez,* den ich wissentlich oder unwissentlich – wie von der Thora und den rabbinischen Gesetzen bestimmt – besitze, zu verkaufen (beispielsweise *chamez*, möglichen *chamez* und alle Arten von *chamez*-Mischungen).« Der Vertrag bezieht sich auch auf »alle Arten von Tieren und Haustieren, die *chamez* und *chamez*-Mischungen gefressen haben«. Ob die Orthodoxen auch *chamez*-Zwinger besitzen?

Vor dem ständigen Zuschauen wird mir schwindlig im Kopf. Trotz dieses ritualisierten hin und her Gerennes ist der Prozess denkbar einfach, es geht nur um Mehl, Wasser und Hitze. Es wäre jedoch nichts dabei, wenn jemand zu einem anderen Schluss käme. Von meinem Standort neben den Teigschüsseln kann ich alles sehen. Ich warte nur darauf, dass jemand aus dem Tritt kommt, was *chamez* bedeuten würde. Ich komme mir wie personifizierter *chamez* vor, wie ein aus Gomorrha stammender Pfeiler aus *chamez*. Was für eine Neugier diese Männer an mir auch immer an den Tag legen, sie verschwindet sofort, wenn ihnen aufgeht, dass ich kinderlos bin. Für die meisten orthodoxen Religionen ist das ein Anathema, außer für die Shaker, die das Gelübde ablegten, im Zölibat zu leben, und sich damit selber auslöschten. Im Judentum heißt es, »seid fruchtbar und mehret euch«, und das ist nicht als Segnung gemeint, sondern als Gebot. Während meines Besuchs watschelt eine Frau herein, die im elften Monat schwanger zu sein scheint und ein Baby auf dem Arm hält. Im Schlepptau folgt ihr eine Schar Kleinkinder in allen Größen wie die Orgelpfeifen. Das ist schon okay, denke ich: Für jedes Kind, das ich nicht bekomme, haben Frauen wie sie drei. Da reißt mich Rabbi Dubrovsky aus meinen weisen Überlegungen. Er schaut mich so hasserfüllt an, dass ich mich frage, ob er meine Gedanken, meine Seele und mein Sexleben durchschauen kann. Aber die Bäcker versichern mir, dass er zu allen gleichermaßen unhöflich ist, zu den Frommen wie zu den Heiden. »Machen Sie sich keine Gedanken über ihn«, flüstert mir Moshe zu.

Trotzdem gibt mir Dubrovskys finsterer Blick vage Schuldgefühle ein. Weitere schwangere Frauen kommen mit ihrer Brut herein, und ich habe allmählich das Gefühl, nicht mehr sonderlich willkommen zu sein. Wenn die nur wüssten. Das Essen, das ich an Jom Kippur beim Chinesen holte. Meine Vorliebe für Roastbeef, Schweizer Käse und Sandwichs mit Mayonnaise.

In der Tat ist es so, dass Dubrovskys finsterste Miene nicht mir, sondern dem Wasserträger vorbehalten bleibt. Er könnte auch durch einen sorgsam programmierten Roboterarm ersetzt werden und ist derjenige, der alles auf den Kopf stellen könnte, jedenfalls was den *chamez* betrifft. Er hat die eine der beiden Aufgaben, die zu wichtig sind, um sie einem Freiwilligen zu überlassen. Der andere ist der Kneter. Aus einem bibelgroßen Fenster eines Kabuffs aus Tischlerplatten reicht ein Arm – die Hand steckt in einem Handschuh – eine große Tasse Wasser heraus. Das Wasser kommt aus einem Brunnen und hat eine Nacht gestanden, um Zimmertemperatur zu erreichen. Die Hand kippt das Wasser in eine Schüssel, die drei Pfund Mehl enthält. Das Mehl ist eben erst aus dem zweiten Kabuff gekommen. Mehrere Rabbis überwachen den Vorgang, um sicherzustellen, dass das neue Mehl wirklich vollkommen trocken ist, ehe es mit dem Wasser in Berührung kommt. Von da an läuft die Uhr, und alles erwacht zum Leben. Die Usbeken, Rabbis und Jeschiwaschüler sagen das *Matzen Mizwat*. Ich wohne hier einer *mizwa* bei. Ein paar bezahlte Angestellte kneten den Teig und teilen ihn rasch in Klumpen von Brötchengröße auf. Die usbekischen Frauen rollen diese Klumpen zu frisbeegroße Fladen aus. Dann wechseln die Nudelholzstöcke Hände, als handele es sich um einen Stafettenlauf. Dieser Prozess wird so lange wiederholt, bis die vier Stunden um sind. Neben dem Ofen hängt ein Schild: »OFEN: DIESER ZIEGELOFEN ERWÄRMT SICH BIS AUF 1400 GRAD. IN DIESER HITZE BRAUCHT DER MATZEN IN ETWA 30 SEKUNDEN (ZÄHLEN UND AUSPROBIEREN).«

Die Matzen, die zum Vorschein kommen sind eiförmig und knusprig. Sie werden ein weiteres Mal von den Jeschiwaschülern kritisch in Augenschein genommen. »Wonach sucht ihr?«, frage ich sie. »Blasen könnten ungebackenen Teig enthalten, und das ist *chamez*«, sagt einer. »Wo habt ihr das gelernt?«, will ich wissen. Alle die diese Frage hören, stimmen in die ungläubige Antwort ein: »Das ist doch nicht schwer!«

Es ist Zeit zum Aufbruch. Mir ist ganz heiß. Ich bekomme langsam Hunger, und außerdem habe ich den ganzen Prozess jetzt mehrmals gesehen. Da sieht mich Dubrovsky an, als wollte er dafür sorgen, dass ich handgreiflich vor die Tür gesetzt werde. Die Usbeken werden unruhig. Mir wäre es auch wirklich lieber, über alle Berge zu sein, wenn es richtig Ärger gibt. *Chamez! Chamez!* Ich nehme ein Stück ausgesonderten Matzen, den mir ein Jeschiwajunge mit mürrischer Miene reicht, und bahne mir einen Weg zur Tür. Dort kaufe ich eine Schachtel voll. Moshe winkt mir zum Abschied zu, und Rabbi Cohen gibt mir für eventuelle Fragen seine Bürotelefonnummer. Ich danke Rabbi Dubrovsky, der nur müde nickt. Die Luft auf der Albany Avenue kommt mir seltsam belebend vor.

Kurze Zeit nach meinem Besuch in Crown Heights sitze ich in dem fast hundert Jahre alten Büro von Streit's Matzo Factory, in 148 Rivington Street, an der Lower East Side, einer Gegend, die immer teurer wird. Hier in der Nähe ist mein Vater aufgewachsen, und die Streit's Factory gehört zu den wenigen Gebäuden, die aus dieser Zeit noch übrig sind. Die erste Fabrik wurde 1916 an der Pitt Street eröffnet. Im Jahre 1925 zog die Bäckerei in die Rivington Street um. Dort arbeitet sie seitdem, obwohl die jüdischen Immigranten der Lower East Side schon lange in die Vorstädte abgewandert sind, nach Long Island, Westchester und New Jersey. Den Geruch von *flanken,* gekochtem Fleisch, und Hühnersuppe, der die Kindheit meines Vaters umgab, hat schon lange der Duft von Jasmin, Sandelholz und Empanadas abgelöst. Die Leute, die Pâtés und getrocknete Tomaten essen, sind auf dem Vormarsch. Wo einmal die großen Immigrantenfamilien wohnten, breiten sich jetzt die geräumigen doppelstöckigen Wohnungen der Neureichen aus.

Der Matzen-Bäcker Aron Streit war aus Österreich-Ungarn eingewandert. Zusammen mit Rabbi Weinberger, ebenfalls einem Immigranten, stellte er den Matzen von Hand her. Als Streit 1937 starb, lief das Geschäft sehr gut. Sein Sohn Jack, der das Geschäft mit seinem Bruder weiterführte, hielt die Tradition seines Vaters aufrecht. Er sorgte dafür, dass die primitiven Fließbänder weiterliefen, und änderte auch nichts an dem einfachen Rezept aus Mehl und Wasser. Im Jahre 1998 starb er, achtundneunzig Jahre alt, und hinterließ die letzte Matzen-Bäckerei in Familienbesitz. Dieses Image pflegt die Firma weiterhin: eine Einrichtung der alten Welt, die jüdische Werte in den USA aufrechterhalten will. Meine Familie aß diesen Matzen, weil er besser schmeckte als jeder andere. Er ist knuspriger. Streit's war der Matzen meiner Kindheit, und Jacks letztes Zugeständnis an den modernen Geschmack, die Eier-Zwiebel-Variante, waren die Kohlenhydrate, die meine Mutter mit Vorliebe konsumierte.

Heute stellt Streit's achtzig Produkte her, von Matzenmehl bis hin zu einer Passahkuchen-Backmischung. Die Firma breitet ihre Geschichte auf einer flotten Homepage aus. »Aber wir sind immer noch der kleine Laden«, sagt Enkel Mel Gross, ein Anwalt, der erst vor drei Jahren in der Firma anfing. Der Hauptkonkurrent heißt Manishewitz, der die koscheren Produkte von Goodman und Horowitz-Margareten geschluckt hat. Vor mehreren Jahren wurde Manishewitz in Florida wegen Kartellabsprachen verurteilt, weil er den Preis einer Schachtel Passahmatzen in die schwindelnde Höhe von zehn Dollar getrieben und damit dem Ausdruck »Brot des Elends« eine neue Bedeutung gegeben hatte.

Gross ist ein attraktiver, angenehmer Mann mit lockigem Haaren, der gesunden braunen Gesichtsfarbe des Golfspielers, und er trägt einen gut sitzenden Anzug. Alle Streit-Enkel wohnen in Hewlett, Lawrence und Manhasset, den Vierteln der Reichen auf Long Island. Bei einer Besichtigung des Fließbands erklärt mir Gross, die Anlage sei geschlossen, alles sei geschrubbt und generalüberholt für die Passahproduktion. Der *chamez* wird auch hier nicht auf die leichte Schulter genommen. Streit's befolgt die jüdischen Speisegesetze bis ins Kleinste, aber die Liebhaber von *Schmurah*-Matzen würden vermutlich genauso genüsslich einen Bacon Cheeseburger verspeisen. Streit's rechnet auch gar nicht damit, die Puristen zufriedenzustellen. Diesen Ehrgeiz hat man gar nicht. Gross zuckt mit den Achseln, eine klassische jüdische Geste, die besagen will: »Was soll man da machen?«

Dieses Achselzucken: In der Albany Avenue hatte ich Moshe gewissermaßen unter Freunden gefragt: »Und wenn jetzt doch?« Sie wissen schon, das Unaussprechliche. Ein unentdeckter Klumpen *chamez* würde irgendwie durchrutschen? Und Moshe zuckt genauso mit den Achseln und zwinkert mir zu. Was soll man da machen? Ich bin erleichtert, dass es diese *chamez*-Angelegenheit scheinbar doch nicht ganz so streng gehandhabt wird. Der Grund dafür ist, dass ich, als ich wieder in der U-Bahn nach Manhattan sitze, in den Tiefen meiner Handtasche ein halb aufgegessenes Chocolate Chip Cookie entdecke.

Hausgemachter Matzen

ZUTATEN:
5 dl Weizenmehl
2,5 dl Vollkornweizenmehl
Quellwasser

Den Ofen auf 450 Grad vorheizen. Zwei Backbleche mit Backpapier auslegen.

Das Mehl mit einem Rührlöffel mischen, etwas Wasser hinzufügen, bis der Teig geschmeidig ist. Den Teig etwa 5 Minuten kneten und etwa 3 Minuten ruhen lassen.

Handtellergroße Teigklumpen sehr dünn oval ausrollen. Mehrmals mit einer Gabel einstechen.

Die Teigfladen auf das Backpapier legen und etwa 3 Minuten backen – bis sie knusprig sind.

Aus: Marcy Goldman, *A Treasury of Jewish Holiday Baking
(Die besten Backrezepte für die jüdischen Feiertage)*

Kein Zutritt
Pueblo Country, New Mexico

Fünf Jahrhunderte lang hat unser Volk unter Intoleranz und fremden Einflüssen gelitten. Ich rechne nicht damit, dass sich daran etwas ändert. Während dieses Jahrtausends wird unsere Selbständigkeit erneuten Angriffen ausgesetzt sein ... Was mich angeht, sehe ich einen fortgesetzten Kampf vor mir, ehe wir wirklich so leben dürfen, wie wir leben wollen.

JACOB VIARRIAL, GOUVERNEUR VON POJOAQUE PUEBLO

Als ich zum ersten Mal das Foto eines Horno-Ofens sah, ließ er mich nicht mehr los. Kann man einen Ofen zum Brotbacken als bewundernswert bezeichnen? Horno-Öfen sind einfache, mit Holz befeuerte Kuppeln aus Lehmziegeln und Fliesen, die es überall in den Pueblo-Dörfern im Südwesten der USA gibt. In meinen Augen sahen sie aus, als gehörten sie eher in das Kinderbuch von *Pu der Bär*. In der sengenden Hitze Anfang September, der Zeit der Erntefeste, schnürte ich meine Wanderschuhe und streifte durch die Pueblo-Dörfer New Mexicos. Ich betrachtete die Hornos, strich mit der Hand über ihre von der Sonne erwärmten Dächer und schaute hinein. Ich sah winzige Hornos, riesige Hornos und Hornos, die so spitz zuliefen wie Raketen. Ich ging um gedrungene Hornos herum, die groß genug waren, dass Kinder sie als Spielhäuser verwenden konnten. Die winzigen Hornos wirkten manchmal wie die Nachkommen ihrer Nachbarn. Doppelhornos ragten in den Himmel wie der Busen einer Riesin. In Sandia Pueblo sah ich ein Deluxe-Modell, das jemand gerade erst beim Küchenausrüster Hammacher Schlemmer hätte bestellen haben können.

Horno-Öfen sind in der Tat in Pueblo Country so zahlreich wie Pilze in einem feuchten Wäldchen. Bedauerlicherweise können Öfen nicht sprechen. Also machte ich mich auf den Weg, mich mit den Besitzern dieser Öfen zu unterhalten. Ich hätte genauso gut versuchen können, bei der strategischen Einsatzzentrale der Luftwaffe die Einsatzcodes zu erfragen. Obwohl es bei ihren Kritzeleien nur um ein Brotrezept geht, fertigt man hier eine neugierige Fremde mit einem Notizbuch abweisend und einsilbig, wenn nicht gar mit eisigem Schweigen, ab. Für die Neugierigen, die die überfüllten Touristengehege der Indianerreservate verlassen, gibt es ein Wort: Eindringlinge. Das hatte mir niemand gesagt, und es dauerte eine Weile, bis ich es begriff.

Die Hornos waren jahrhundertelang unentbehrlich. In der heutigen Landschaft mit ihren riesigen Plakatwänden und Satellitenschüsseln erscheinen sie einem anachronistisch. Aber diese bienenkorbgroßen Öfen sind in den Pueblo-Gemeinden das, was in den Vorstädten der USA ein Weber-Ofen ist. Die noch vorhandenen Öfen befinden sich in den Höfen und stehen unter Denkmalschutz. Viele werden nur selten benutzt oder verfallen. Über manche hat jemand eine von Ziegeln gehaltene Plane gebreitet. In gutem Zustand wirkt ein Horno so, als könne man darin wohnen, wie eine Klause für eine Elfe. Einige sind über dreihundert Jahre alt. Wie Terrakottaskulpturen stehen sie auf dem harten Lehmboden der Wüste und auf der Lava-Mesa. Am Backtag, meist einmal die Woche bei denen, die immer noch selbst backen, heizen die Indianer die Hornos mehrere Stunden lang mit Zedernholz ein. Dann kehren sie Asche und Glut beiseite, um Platz für das Brot zu schaffen. Nach der Brotbäckerei garen sie in dem Ofen Kürbis, Zucchini oder Mais. Es ist nicht nötig, die Temperatur einzustellen; in Hornos lässt sich wunderbar backen, weil der Prozess auf abstrahlender Hitze beruht. Egal ob der Ofen jetzt 500 Grad warm ist oder auf die Hälfte der Temperatur abgekühlt ist, die dichte Erde gibt die gespeicherte Hitze gleichmäßig ab. Hornos gibt es in drei Größen, Papas, Mamas und

Babys. Die Papa-Hornos sind fast anderthalb Meter hoch, in ihnen lassen sich drei bis vier Dutzend Brote gleichzeitig backen. In den Mama-Öfen haben nur zwei Brote Platz. Die Baby-Öfen sind winzig, vielleicht dreißig Zentimeter hoch, und werden nur zum Verbrennen von Weihrauch verwendet.

Obwohl ich mit meinen hellen Haaren überall unangenehm auffiel, konnte ich es doch nicht lassen, auf den Höfen mit solchen Öfen herumzuschnüffeln. Was zeichnet sie aus? Nicht nur ihre Schönheit und zweckmäßige Schlichtheit zieht mich an. Vor dem blauen Himmel und auf den nach Rauch, Erde und Mist riechenden Höfen verkörpern die Öfen etwas, das ich in Nordafrika und im Nahen Osten gesehen und gespürt habe. Irgendeine Erinnerung des Blutes, eine oder zwei verbotene Vereinigungen meiner Vorväter mit fremden Genen machen die arabischen Länder und die Sahara zu meiner Traumlandschaft. Denkt man sich Dattelpalmen und ein oder zwei Kamele hinzu, könnte die Pueblo-Siedlung Picuris, was so viel wie »die, die malen« bedeutet, ein Dorf der Tuareg oder der Beduinen sein.

Ich betrachte die Sahara, während ich mich irgendwo zwischen Santa Fe und Albuquerque befinde, und das hat weniger mit meiner absonderlichen Einbildung zu tun. Maurische Einflüsse, die die Spanier, die auf ein Weltreich aus waren, mitbrachten, lassen sich überall im Land der Pueblos erahnen. Schließlich ist das Wort *adobe*, Lehmziegel, eine Verballhornung des arabischen *attub,* was Ziegelstein bedeutet. Wir alle wissen, dass die Spanier die Mauren 1492 aus ihrem Land vertrieben haben – so wie ich das in der Schule gelernt hatte, habe ich mir immer vorgestellt, dass die Mauren das Land abrupt und en masse verließen und dass die gesamte spanische Bevölkerung höhnisch jubelnd zuschaute. Die Vertreibung der Mauren erfolgte aber erst, nachdem der arabische Einfluss die Iberische Halbinsel bereits dreihundert Jahre lang durchdrungen hatte. Als die Spanier Mexiko eroberten und von dort aus nach Norden vordrangen – sie hatten phantastische Geschichten von Städten gehört, deren Herrscher ganz in Gold gehüllt waren –, kamen sie nach Neu-Spanien, und dort sah es eher wie in Nordafrika oder in Andalusien aus. Die vergoldeten Festungen waren eine Illusion, hervorgerufen vom Licht der untergehenden Sonne, die auf alles ihre goldenen Strahlen wirft. Acoma Pueblo, das auf einem hohen, sonnenverbrannten Felsen thront, könnte man für eine Kasba aus der Sahara halten.

Jahr um Jahr sind die Hornos der sommerlichen Hitze ausgesetzt und halten unter Schnee ihren Winterschlaf. Wenn Risse nicht mit Lehm und Stroh repariert würden, implodiere der Horno schließlich, erzählte mir der Bäcker Geronimo Romero aus Taos. Heutzutage werden Hornos auch mit Zement verstärkt. Meist haben die Hornos nur unter Vernachlässigung zu leiden, manchmal findet einer aber auch ein gewaltsames Ende. Ein unfähiger, abgelenkter oder betrunkener Autofahrer und peng!, drei Jahrhunderte sind in Trümmern. Bei den überlebenden Öfen führen sämtliche Face-lifts dazu, dass aus einem Ofen, der einmal einem Bienenkorb ähnlich sah, eine Art behäbiges irdenes Iglu wird. Die Öffnung für den Rauchabzug ist weiter nach unten verlagert und ähnelt mehr und mehr einem Schornstein. Die Horno-Tür, die häufig nur mit einer Holzplatte verschlossen wird, erinnert an die Öffnung einer Höhle. In dieser Öffnung verschwinden an jedem Backtag fünfzig bis sechzig runde Brote, auf die Kuchen und Zimtplätzchen folgen und manchmal auch frisch geernteter Mais. Solange ein Horno aufgeheizt ist, wird jemand etwas hineinschieben. Ich begegnete einer Frau, die ganze Kürbisse in ihm gart, andere kochen dort Fleisch und Bohnengerichte. »Wie alt ist dieser Horno?«, frage ich, und finde mich nach dem dritten Mal damit ab, dass ich immer dieselbe Antwort erhalte. »Dieser hier? Oh, vielleicht dreihundert Jahre.«

Mein Plan war von Pueblo zurück in die Vergangenheit zu reisen, zu Dörfern, die schon seit fünf Jahrhunderten, lange bevor die ersten Pilgerväter kamen, bestehen. Zu dem Zeitpunkt, da sie von den Spaniern »entdeckt« wurden, wie das die meisten Berichte etwas seltsam ausdrücken, gab es in New

Mexico etwa hundert Pueblo-Dörfer, die meisten westlich von Albuquerque und nördlich von Santa Fe unweit des Rio Grande. Die Bewohner waren Bauern und Handwerker, die riesige Flächen kultiviert und bewässert haben und als einziges Haustier den Hund kannten. Die Menschen lebten in Mehrfamilienhäusern, die die Spanier Pueblos nannten.

Es ist schon erstaunlich, wie weit weg man sich im eigenen Land fühlen kann. Schon die Namen auf der Landkarte befriedigen meinen unstillbaren Hunger nach Exotischem: Nambe, Tesuque, Pojoaque, Santa Ana, Picuris, Sandia, Alcade, Acoma, Jemez und Taos. Indianische Namen stehen neben spanischen, so wie bei mir zu Hause in Cape Cod Sandwich neben Cotuit, Pricilla Bradford und Goody Hallet neben Nauset und Wampanoag steht. Ungeachtet dessen, wie viele Schulkinder die Bedeutung von Plymouth Rock nachplappern, halte ich die kleine Landzunge von Provincetown in Massachusetts für den Ort, an dem die ersten Pilger an Land gingen. (Sie verweilten dort nicht, und die Ortsbevölkerung scherzt, sie hätten einfach keinen Parkplatz gefunden.) Im Gegensatz zum Südwesten der USA sind in Cape Cod alle Spuren der Ureinwohner ausgelöscht. In den teilweise aufgeforsteten Province Lands, den Wäldern, die die Siedler zum Schiffsbau plünderten und aus denen sie ihr Brennholz holten, gibt es ein paar Gedenktafeln, die an die Nauset-Indianer erinnern, die hier jahrhundertelang in Harmonie mit dem Land gelebt haben. Jeden Tag gehe ich in diesen Wäldern und Dünen spazieren, bin mir ihrer Geschichte aber kaum bewusst, von Respekt für diese ganz zu schweigen. Ich bin viel zu sehr von den Dingen abgelenkt, die an die Walfangära erinnern: dem ramponierten Fundament einer Lebensrettungsstation, den Resten eines Piers, die aus einer Sandbank hervorschauen, und den nummerierten Pfosten, die die Gräber der namenlosen Opfer einer Pockenepidemie des 19. Jahrhunderts markieren. Eine Gedenktafel beim North-Truro's-Pilgrim-Heights-Erholungsgebiet erinnert an die Indianer des Outer Cape und bezieht sich auf so etwas Vergängliches wie Fußabdrücke im Sand.

Trotz häufiger, beharrlicher Bemühungen, das Gegenteil zu erreichen, weigert sich die Vergangenheit der Ureinwohner New Mexicos, sich begraben oder trivialisieren zu lassen. Ihre Gegenwart lässt sich nicht einfach in ein Diorama verwandeln, um die große Nachfrage zu befriedigen. Die Reservate, die immer weiter schrumpfen, beziehen wichtige steuerfreie Einnahmen von den Kasinos, die sie an den Interstate Highways unterhalten. Diese scheußlichen Gebäude lassen alle architektonischen Ambitionen vermissen. Riesig und abgeschieden ähneln sie Strafanstalten, und erwecken den Eindruck, als hätte man sie irgendwo aus New Jersey auf das Pajarito Plateau versetzt. Es liegt nahe zu sagen: »So weit ist es also gekommen«, und das tat ich auch. Die Kasinos wirken schäbig, und Glücksspiel führt meiner Erfahrung nach nur zu Elend. Ich fahre an einer ganzen Reihe Kasinos vorbei – eines für jeden Stamm – und sehe allmählich ein, dass sie ein notwendiges Übel darstellen wie Parkhäuser und Krankenhäuser. Da der Staat immer weniger für das Gesundheitswesen, die Bildung und die Umwelt ausgibt, sind die Pueblo-Dörfer immer stärker auf ihre Kasinodollar angewiesen, damit die Dörfer bewohnt bleiben, die nachfolgenden Generationen ermuntert werden, weiterhin dort zu leben, zu arbeiten und Familien zu gründen, um den Fortbestand der Stammeskultur zu sichern. Trotz des zunehmenden Interesses an ihren ungewöhnlichen Töpferarbeiten und anderen handwerklichen Erzeugnissen, sehen sich viele Pueblo-Indianer gezwungen, das Reservat zu verlassen, um ihren Lebensunterhalt zu verdienen. »Es gibt Leute, die würden uns gern als lebendes Museum versklaven«, sagt Jacob Viarrial, der Gouverneur des Pojoaque-, des »Wassertrinkplatz«-Pueblos. »Wenn ein Stamm irgendetwas auf die Beine stellt, tun die Politiker alles, um uns Steine in den Weg zu legen.«

Entfernt man sich jedoch von den riesigen Kasinos, dann ist hier alles ländlich und zeitlos. Es ist die Art von Umgebung, in der selbst noch eine Satellitenschüssel natürlich wirken kann. Die Adobe-Dörfer und hochgelegenen Wüsten waren ein gutes Gegenmittel gegen die viktorianischen Exzesse des Bottger-

Koch Mansion, eines Bed and Breakfast in Albuquerque, das ich telefonisch auf Empfehlung der fröhlichen Dame der New Mexico Bed and Breakfast Association gebucht hatte. »Es ist etwas teuer, aber ich würde unbedingt dort wohnen, wenn ich in Albuquerque frei wählen könnte«, sagte sie mir. Ich fiel darauf herein und vergaß – vermutlich würde das jedem so gehen –, dass diese nette Dame und ich einen vollkommen unterschiedlichen Geschmack haben könnten. Das Bottger-Koch Mansion, 1912 rechteckig aus Ziegeln erbaut, liegt auf einem seltsam asymmetrischen Grundstück am Übergang von Albuquerques Altstadt in die Vorstadt des Lomas Boulevard. Bis zur Einrichtung der Route 66 war das Mansion ein Privathaus. Später stiegen solch schillernde Persönlichkeiten wie Machine Gun Kelly und seine Gang dort ab. So jedenfalls ist es in der Broschüre zu lesen. Historische Pensionen nehmen gerne tote Persönlichkeiten für sich in Anspruch. Als ich auf dem Fernwanderweg Katy Trail in Missouri unterwegs war, schlief ich fast nie in einem Bett, in dem nicht auch schon Daniel Boone gelegen hatte.

Albuquerques Altstadt ist eine kleine Ansammlung von Lehmziegelgebäuden im spanischen Stil mit gefliesten Höfen, die sich um eine zentrale Plaza und ihren Park gruppieren, wo Bänke, Blumenbeete und eine Laube zum Verweilen einladen. Im Park ist viel los, kleine Mädchen in hellen Kleidchen laufen durcheinander, da in der ehrwürdigen Kirche San Felipe de Neri aus dem Jahr 1706 mit Vorliebe geheiratet wird. Für Hochzeitsgesellschaften habe ich seit jeher eine Schwäche, weil man in sie so viel hoch dramatische Familiengeschichten hineinlesen kann. Man darf sich auch ruhig als Voyeur gerieren; das wird sogar erwartet. Ohnehin sind diese Leute meist mit sich beschäftigt, sodass sie einen kaum bemerken.

Ursprünglich dachte ich, mir die Old Town mindestens einen Tag lang genauer anzusehen, wenn ich drei Nächte im Bottger-Koch Mansion bliebe. Die Broschüre des Bed and Breakfast preist die Old Town Plaza mit ihren zweihundert Läden, Restaurants und Galerien an. Der Tag, den ich mir ausgesucht habe, ist ein drückend heißer Sonntag. Ich schlendere umher, betrachte jeden Winkel, jede Seitenstraße und jede Gasse. Eine Stunde vergeht. (Leider ist das Klapperschlangenmuseum geschlossen.) In einem winzigen Café hinter einem Souvenirladen, in dem Salzfässer, Einkaufstaschen und Ohrringe in der Form von Chilis feilgeboten werden, mache ich eine Pause. Erschöpft lasse ich mich auf einen Plastikstuhl fallen, ich fühle mich verschwitzt, bleich und fett. Trotzdem bestelle ich einen Teller Tamales, Maisbrei. Die Kellnerin, die gleichzeitig Inhaberin und Köchin ist, beklagt sich wohl eher scherzhaft über die Blasen an ihren Füßen und ihren Ehemann, einen Taugenichts. Der Tamales schmeckt wie Blumenerde, aber es ist nett, eine Bekanntschaft gemacht zu haben. Ich begebe mich wieder in die drückende Hitze und, den Bauch voll Tamales und Limonade, zum Mansion, um dort einen Mittagsschlaf zu halten. Ich finde, dass ich mit meiner Besichtigung der Old Town zufrieden sein kann.

Auf dem Rückweg frage ich mich, während ich mich zwischen den Decken mit den Waren der Pueblo- und Hopi-Händler durchschlängele, wo nur dieser ganze Schmuck herkommt? Ich stelle mir einen fernen Planeten vor, auf dem Handwerkersklaven leben, die Tag und Nacht ziselieren, hämmern und löten, um den offenbar unersättlichen Appetit der Erdenbewohner auf riesige Ohrringe, Fetischperlen und mit Türkisen verzierte Gürtelschnallen in der Größe von Radkappen zu befriedigen. Hier stelle ich mir bereits intergalaktische Ausbeuterbetriebe vor und habe noch nicht einmal Santa Fe und Taos gesehen. Das hier ist erst der Anfang. Früher oder später werde ich doch schwach und kaufe etwas, obwohl ich weiß, dass Dick und Jane Bleichgesicht hier im Schatten der Jemez Mountains noch ganz gut aussehen, aber zu Hause in Sarasota oder Secaucus mit dem Schmuck einfach nur bescheuert wirken. Außerdem hat mir eine Bildhauerin, die mit einem Hund und etwa acht Tonnen Hopi-Schmuck in einem riesigen Loft in Manhattan wohnt, erzählt, dass es die echten Sachen nur in New York gibt.

Wieder im Bottger-Koch Mansion gibt es eine andere Art von Kitsch. Wenn die Menge viktorianischer Antiquitäten begrenzt wäre, dann hätte die Besitzerin Yvonne Koch, eine zierliche, elegante Blondine, bereits seit langem ernsthaft gegen diese Bestimmung verstoßen. Diese Frau aber ist nicht zu bremsen.

Auf meinem Kingsize-Bett in einem Zimmer, das nach einer von Yvonnes und Ron Kochs Töchtern »Savannah« heißt, häufen sich eine Unmenge Kissen mit Rüschen und Blumenmustern, die sich nicht vertragen. Über dem Bett hängt eine Stola, aus der Blumen und Vögel herauslugen. In diesem Domizil gibt es keinen Lampenschirm ohne Fransen, keine Kommode ohne Deckchen, nichts ohne Schnörkel. Alles was sich einer Samtschleife nicht widersetzt, ist damit zusammengebunden. Ich fühle mich wie die Prinzessin auf der Erbse, wälze mich dauernd hin und her, mein Kreuz schmerzt, und ich schlafe miserabel. Diese Kissen haben etwas genauso Unheimliches wie die Puppen, die den Salon des Mansion bevölkern. Ich träume, ich würde von einem Kranz aus Heidekraut und Moosröschen stranguliert. Ich erwache, weil der Lavendelduft, der das gesamte Bettzeug durchdringt, mir die Luft zum Atmen nimmt.

Ich will Erde riechen und Wüstenluft und in ein frisches Brot beißen. Ich fliehe auf den Highway und mache mich auf die Suche nach der richtigen Mischung aus Adobe, Mesa und Himmel. Mein Ziel ist Acoma, das älteste Pueblo in New Mexico. Heute findet der jährliche Erntetanz in Acoma statt, eines der wenigen öffentlichen Feste. Acoma liegt fünfundsechzig Meilen westlich von Albuquerque, aber was seine Ähnlichkeit mit anderen nordamerikanischen Städten angeht, könnte es auch in Peru liegen. Ich hatte Fotos von Sky City gesehen, einer Siedlung aus Lehmziegeln, die nahezu unsichtbar auf einem malvenfarbenen Tafelberg aus Sandstein thront. Er erhebt sich etwa hundertzehn Meter aus der Wüste. Die Amerikaner sind es gewohnt, in oder in der Nähe von Orten mit dem Präfix »New« im Namen zu wohnen und überqueren ganze Ozeane auf der Suche nach der Antike. Dabei wäre das gar nicht nötig:

Acoma ist seit 1075 bewohnt. Wie die Anasazi-Felszeichnungen im Red Rock Country von Utah zwingt uns Acoma darüber nachzudenken, dass es bereits Hunderte von Jahren vor Kolumbus oder Leif Eriksson oder jedem x-Beliebigen mit milchweißer Haut und empfindlichen Füßen beachtliche Kulturen gab.

Ich bin schon ganz aufgeregt, dass ich an dem berühmten Fest von San Estevan teilnehmen werde, was offenbar jeder klar denkende Mensch im Südwesten der USA ebenfalls tut. Als ich gegen halb zehn eintreffe, herrscht auf dem Parkplatz bereits ein Gedränge wie beim Woodstock Festival. Aber meine Panik legt sich schnell wieder. Einmal abgesehen von den Bussen, die Unmengen Besucher ausspucken, dem »Tourist Visitors Center« und dem Sky City Restaurant im originalen Pueblo-Stil, ist das Acoma-Pueblo erstaunlich unberührt. Es ist echt, authentisch. Die Kinder in Acoma lernen noch die uralte Keresan-Sprache in der der Name des Pueblos, Aco ma, »Volk des weißen Felsens« bedeutet.

Weniger als hundert der schätzungsweise dreitausend Acoma-Pueblo-Indianer leben noch in Sky City. Die meisten Familien verließen den Felsen, damit ihre Kinder leichter zur Schule kamen. Aber die, die dort blieben, leben so, wie es ihr Volk seit Jahrhunderten tat. Sie trinken Wasser, das sie in natürlichen Zisternen sammeln. Es gibt keine Elektrizität, und das einzige Zugeständnis an die Moderne ist das Bataillon mobiler Toilettenhäuschen am Rand der Siedlung. Die Häuser, in denen sich auch die *kivas*, die Kulträume, befinden, sind bis zu vier Stockwerke hoch. Sie umgeben die kleine Plaza, auf der sich die aufwändig kostümierten Festivaltänzer zum unablässigen Klang der Trommeln vor und zurück bewegen. Am Vortag der traditionellen Festivals werden die Hornos der Pueblos eingeheizt, und dann wird die ganze Nacht Brot gebacken. In den letzten Stunden wird die Ofenhitze zum Garen von Kürbissen und Mais genutzt. Auf den 246 000 Morgen ihres Reservats züchten die Acoma Rinder und Schafe. Außerdem bauen sie Weizen, Mais, Melonen, Zucchini und Gras als Vierfutter an. Außerdem betreiben sie das florierende Sky-City-Kasino am Interstate Highway.

Bis 1540 hatten die Acoma nie einen Weißen gesehen. Seither dauert die Belagerung auf die eine oder andere Art an. In ihren sperrigen Konquistadoren-Regalien schleppte sich die Armee von Francisco Vásquez de Coronado den steilen, fast senkrechten Pfad auf die Lava-Mesa hinauf. Als sie wieder zu Atem kamen, sahen sie ein Gemeinwesen von Bauern vor sich, dem es an Wenigem fehlte und das Mais in schwindelnden Mengen gehortet hatte. Beeindruckt von dem Können der Eingeborenen, machten sich die Spanier daran, zu plündern, zu zerstören und zu versklaven.

Heute müssen alle »Anglos« eine Art Kontrolle und Einweisung über sich ergehen lassen, ähnlich der an einer mäßig bewachten Grenze. Ich bin es nicht gewohnt, mich als »Anglo« etikettieren zu lassen. Ich muss also zugeben, dass mir die Stammesverwaltung anfänglich etwas paranoid vorkam. Aber wer auf die Geschichte der Indianer auch nur einen flüchtigen Blick wirft, dem wird klar, warum der Anblick von Fremden sie zittern lässt. Noch Jahrhunderte, nachdem Cortés 1521 in Mexiko gelandet war, hielt die Gier der Spanier nach Land und Reichtümern an, und das trotz der Revolten der Indianer. Im späten 16. Jahrhundert unternahm der junge, in der Neuen Welt geborene Juan de Oñate von einer spanischen Siedlung am Rio Grande aus eine Expedition nach Norden. Als Oñate seinen Neffen zu den Acoma-Pueblos um Nahrungsmittel aussandte, brachten die Indianer diesen und sechs weitere Männer um. Die darauf folgende Vergeltungsschlacht kostete fast achthundert Acoma-Indianer das Leben. Die überlebenden Dorfbewohner wurden zum Missionshauptort Santo Domingo gebracht. Hier hackte man allen Männern über fünfundzwanzig einen Fuß ab. Sechzig Indianermädchen wurden in Klöster in New Spain (Mexiko) geschickt. Auch in den nächsten zweihundert Jahren floss das Blut von Pueblo-Indianer und Spaniern in grausamen Kämpfen. Viele Indianer, die dem Gemetzel der Spanier entronnen waren, wurden in die Sklaverei verkauft – sie erbauten die vielen hübschen Missionskirchen aus Baumstämmen, die sie die steilsten Berge hinaufschleifen mussten. Damit nicht genug, erlagen zahllose Indianer den Pocken, die die Spanier eingeschleppt hatten. Die Indianer rächten sich und massakrierten Priester und Patres. In einem der Ausbrüche von Gewalt brannten die Spanier sämtliche *kivas*, die Kultstätten der Pueblos, nieder. Im Jahre 1860 planten die Pueblos einen großen Aufstand, bei dem die Indianer alle, die mit den Spaniern sympathisierten, einschließlich Frauen und Kinder, töten wollten. Die Indianer unterbrachen die Wasserversorgung des Gouverneurspalastes in Santa Fe, in dem Hunderte Spanier Zuflucht gesucht hatten. Schließlich gelang es ihnen, die fremden Eindringlinge nach Süden, nach Mexiko, zu vertreiben. Zwölf Jahre später kamen sie zurück. Und das Morden ging weiter, die Pueblo-Indianer flohen zu den Hopi; später verbündeten sie sich mit den Spaniern, um den gemeinsamen Feind, die Apachen, zu bekämpfen. Die spanische Herrschaft endete offiziell 1848 mit dem Vertrag von Guadelupe Hidalgo, mit dem New Mexico an die Vereinigten Staaten fiel. Durch spanische Zwangsvollstreckungen und amerikanische Annexionen wurden aus den fünfunddreißig Millionen Morgen Land, die die Ureinwohner New Mexicos einmal besessen hatten, eine Fläche von der Größe eines Nationalparks. Das war noch vor dem Goldrausch und dem Bürgerkrieg, in dem Texas New Mexico besetzte. Einmal wehten sogar vier Flaggen über Santa Fe. Zuletzt vereinnahmten die staatliche Einheit, die Unteilbarkeit der Vereinigten Staaten und die Staatliche Forstverwaltung das Land der Indianerkommunen. Das Innenministerium wiederrief uralte Weiderechte.

Paranoid? Ich bin erstaunt, dass man uns überhaupt reinlässt. Jetzt verstehe ich, warum Lee Mayestew, der Hopi-Mann für die Öffentlichkeitsarbeit, auf meine Anfrage, ob es möglich sei, eine Hopi-Gemeinde zu besuchen, um den Frauen beim Backen zuzusehen, von mir die Vorlage eines schriftlichen Antrags verlangte, über den dann eine Kommission entscheiden werde. Die Kommission würde in zwei Wochen wieder zusammentreten, meinte er, dann könne ich gern anreisen. Ich erwiderte, das käme mir etwas übertrieben, vor allem zu kostspielig vor. Er war unerbittlich. »Aber ich interessiere mich doch nur für Brot!«, protestierte ich. »Ich gehöre keiner Organisation an, bin keine Anthropologin, keine Apologetin und nicht einmal Akademikerin! Mich interessiert nur der Proteingehalt von Winterweizen!« »Woher sollen wir wissen, dass Sie nicht unsere Rezepte stehlen, um sie für eigene Zwecke zu verwenden?«, fauchte er. Mittlerweile war ich davon überzeugt, dass er mich nur auf den Arm nehmen wollte, und lachte. Aber der Mann scherzte nicht. »Die Anglos haben uns schon so gut wie alles gestohlen. Sie kommen her, sprechen von participant observation und beginnen dann mit der Massenproduktion von Hopi-Schmuck, -Decken und -Töpferwaren.« Lee stellte mir ein Ultimatum: Ich hätte vor der Kommission zu erscheinen, oder mein Ansinnen könne nicht einmal in Erwägung gezogen werden.

Das erscheint mir dann doch etwas zu aufwändig. Ich beschließe, die Hopi nicht zu besuchen.

Die meisten Leute, die aus ihren Trucks und Minivans steigen, sind Indianer aus dem Acoma Reservat oder aus anderen Pueblos. Sie werden einfach am Besuchereingang vorbeigewunken, tragen Klappstühle und Kühltaschen herbei und stellen sich darauf ein, den Tag mit Essen, Tanzen und Trommeln zu verbringen. Wir Anglos werden durch das Tourist Visitors Center geschleust, um Eintritt zu zahlen, einen Betrag, dessen Höhe man selbst bestimmen kann, und uns in alle Bestimmungen einweisen zu lassen: Man darf die Asphaltstraße und auch die frei gegebenen Plazas und Straßen nicht verlassen. Um die Tänzer ist ein Bogen zu machen, und Kinder sind unter Aufsicht zu halten. Die nicht tanzenden Teilnehmer dürfen nicht durch Fragen oder Reden vom Geschehen abgelenkt werden. Es ist Abstand zu den Tänzern zu halten. Alkohol, Waffen, Rauschgift und Haustiere sind nicht erlaubt. Leuten, die nicht zum Pueblo gehören, dürfen *kivas* und Friedhöfe nicht betreten. Applaus für die Tänzer ist unerwünscht. Das Pueblo, dafür seien sie gesegnet, erlaubt keine Videokameras, Fotografen können aber Genehmigungen erwerben, und das reicht, um normale Touristen sich auf ihre Sinne, mit denen Gott sie ausgestattet hat, zu beschränken. Das Pueblo stellt Busse, die die Besucher auf die Mesa transportieren, doch ich kann etwas Bewegung vertragen.

Bis zur Sky City ist es etwa eine Meile. Die Straße führt sehr steil aufwärts, was wegen der zunehmenden Hitze und des Motorengedröhnes der Busse im ersten Gang das Gehen noch unangenehmer macht. In Shorts und einer ärmellosen Bluse komme ich mir verglichen mit den Divisionen Coronados fast nackt vor. Ich bin schweißgebadet. Der Asphalt unter meinen Wanderschuhen ist weich. Ich ignoriere die Regel, dass Fremde sich auf der Straße zu halten haben, und suche nach einem angenehmeren Weg auf die Mesa. Ein paar Kinder spielen an der Abzweigung eines Pfads, der zwischen ein paar Vulkanfelsen hindurchführt. Es ist der Padre's Trail, erfahre ich später, auf dem der Sandstein über die Jahrhunderte ganz abgeschliffen und entsprechend glatt ist. Als ich mich Halt suchend umschaue, entdecke ich in regelmäßigen Abständen Kerben zum Festhalten. Sie sind ebenfalls glatt wie Seife und verdanken ihr Entstehen der endlosen Prozession von Menschen, die diesen Weg benutzt haben.

»Meine Schwiegermutter hat jeden Freitag im Horno gebacken, aber jetzt benutzten wir ihn eigentlich nur noch bei Festivals«, erzählt mir eine Frau namens Rosie. Sie backt mit ihrer Schwester June – beide wohnen unweit von Sky City im Acoma-Reservat – einen Berg Krapfen für das Festival. Auf dem Tisch stehen neben einer Fettpfanne Honig, Puderzucker und Zimt. Die meisten Kulturen kennen Backwaren, die in Fett schwimmend ausgebacken werden: die Nordamerikaner Doughnuts, die Portugiesen Malassadas und die Deutschen Berliner. Diese Backwaren bestehen immer aus einer tödlichen Mischung aus Mehl, Backpulver, Milch und Öl oder anderem Fett.

Diese Krapfen sind keine indianische Erfindung. Ehe die Anglos über sie hereinbrachen, kannten die Indianer kein Weizenmehl, ihr Hauptnahrungsmittel war Maismehl. Die Indianervölker lernten den Weizen unter verschiedenen Umständen kennen, in den seltensten Fällen freiwillig. Die Navajos lernten das Backen einer Art Krapfen von den Ehefrauen der US-Army-Angehörigen, als sie in Fort Sumner interniert waren.

Rosies Teig besteht aus Weizenmehl, Milchpulver und Backpulver. Sie knetet alles, formt Fladen von der Größe eines Hamburgers und backt sie in Schweineschmalz. Anglos, die das dilettantisch ebenfalls versuchen, rollen den Teig häufig mit einem Nudelholz aus, während Rosie ihn mit instinktiver Sicherheit allein mit den Händen bearbeitet. Im Unterschied zu der massenhaften Herstellung dieser Spezialität frittiert Rosie ihre Pfannkuchen in Schweinefett, das von Schlachttieren aus der Region stammt. Sie zieht fettfreie Trockenmilch der normalen vor, weil diese den Teig zu klebrig macht. Das Fett muss richtig heiß sein. Je heißer es ist, desto weniger fettig werden die Krapfen.

»Das ist unser Leckerbissen für das Festival«, sagt Rosie, deren Tochter als Tänzerin auftritt. »Diese Krapfen sind das Einzige, was man nicht fertig kaufen kann.« Den ganzen Tag backt sie Krapfen für Besucher und Tänzer, die, nachdem sie stundenlang auf den Füßen waren und auf der Plaza stampfend, sich wiegend, verneigend und vorwärtsschleichend ihre Tänze vollführt haben, sehr hungrig sind. An der Plaza sitzen die Indianer auf den Hausdächern und betrachten das Spektakel von oben. Männer mit einem Kopfputz aus Adlerfedern bewegen sich im Kreis, die Arme unter riesigen Flügeln verborgen. Eine Reihe Tänzer mit Bärenköpfen rotiert mit den Armen, auf sie folgt eine Kette kleiner Kinder mit bemalten Kronen aus Holz. Einige Tänzer tragen an einer Schnur ein kleines Brot mit einem Loch in der Mitte um den Hals.

Alles um mich herum tanzt, isst oder kauft ein. Ich habe den Eindruck, dass die Leute einfach mehr essen, wenn sie nicht fotografieren oder mit dem Handy telefonieren können. An der Hauptstraße, die auf die Plaza einmündet, sind Tische und Stände, an denen Maiskolben, Tamales, Brot und Zimtgebäck verkauft werden. Imbissstände wechseln mit Tischen voller Kunstgewerbe ab, Kachina-Puppen, Tonwaren, Schmuck und noch mehr Schmuck. Unter ständigem Trommeln, das einem durch und durch geht, rücken Hunderte von Tänzern vor, einige Besucher tänzeln spontan hinter ihnen drein. Andere verweilen und betrachten die Türkise, Korallen und Acoma-Tonwaren.

Obwohl das örtliche Handwerk in den Jahren der Isolation und des Verfalls der Pueblos fast verschwunden war, hat es eine neue, geschäftstüchtige Generation wieder zum Leben erweckt. Geschirr zu sammeln fand ich immer furchtbar langweilig, aber wenn ich mit einem Finger über die glatte Oberfläche eines San-Idelfonso-Onyxkännchens streiche oder die Vögel, Hirsche und Schildkröten sehe, mit denen die Acoma-Tonwaren bemalt sind, dann erwecken sie in mir schon den Wunsch, so etwas zu besitzen. Alte Stücke können Hunderte oder gar Tausende Dollar kosten. Die Acoma-Töpfer verwenden feine, helle Tonerde, die sie im Reservat abbauen. Die Töpfe werden erst mit einem glatten Stein poliert und dann mit lebhaften, der Natur entnommenen in den Farben Orange, Braun und Schwarz auf weißem Grund bemalt. Einige dieser Töpfe gefallen mir sehr gut, aber die einzigen, die ich mir leisten könnte, würden von der Größe her nur in das Lehmziegeltraumhaus einer Barbie-Puppe passen. Ich muss mir diese Töpfe aus dem Kopf schlagen und sehen, dass ich weiterkomme. An einem der wenigen Tische, an denen nicht zusätzlich Plunder aus Hongkong feilgeboten wird, erstehe ich einen schmalen Halsreif aus, wie könnte es anders sein, Türkisen und Korallen. Ich reiche einem stark geschminkten Mädchen in knapper Kleidung das Geld, und sie legt mir den Reif um den Hals. Sie lächelt, steckt das Geld weg und verkündet: »Super! Jetzt kann ich ins Kasino gehen!«

Es ist an der Zeit, dass ich es den indianischen Besuchern gleichtue und mein Geld für das Wesentliche ausgebe: das

Essen. Ich reihe mich in einer chaotischen Schlange ein, um im Horno gerösteten Mais zu kaufen. Das muss wirklich ein Wundermais sein. Die Leute schieben und drängeln wie verrückt. Folgendermaßen bereiten sie ihn zu: Die Maiskolben werden in Butter gewälzt und mit Mayonnaise bestrichen. Darüber kommt eine dicke Schicht geriebener Parmesan, der mit Salz, Pfeffer und Paprikapulver bestreut wird. Ich bin froh, dass mein Mann nicht hier ist; er würde sicher ein paar spitze Bemerkungen über eine dreifacher Bypassoperation loslassen. Der Mais sieht so lecker aus, dass ich sofort reinbeiße – und mitten in einer Schar Fremder fast erstickt wäre.

Niemand bemerkt etwas. Ich ringe nach Luft und bin mir sicher, dass ich eine Kandidatin für den Rettungsgriff des amerikanischen Arztes Henry Heimlich bin, der einem die Faust in den Magen rammt. Ich scheine nur noch durch ein stecknadelkopfgroßes Loch atmen zu können und taumele in den Schatten einer Ruine auf einer Klippe. Hier sitze ich keuchend und jammernd, bis es mir wieder so weit gut geht, dass ich einen Schluck aus meiner Wasserflasche nehmen kann. Als ich mich wieder zurück in die Welt der Atmenden begebe, bemerke ich die Dorfkinder, die mich anstarren. Ein etwas zerlumpter Junge von etwa acht Jahren wagt sich als Erster vor. Er deutet auf den Maiskolben, der in seinem Papier auf dem Stein neben mir liegt und fragt: »Essen Sie den noch?« Freudig sehe dich dem Jungen dabei zu, wie er den Maiskolben in seine kleinen Hände nimmt und daran herumkaut. Ich lasse ihn nicht aus den Augen. Schließlich beherrsche auch ich den Rettungsgriff.

Die zunehmende Hitze, der glücklich überstandene Erstickungsanfall und der dauernde Lärm der Trommeln gehen mir auf die Nerven, und ich beschließe, ein weiteres Mal ungehorsam zu sein. Ich mache mich auf, die Seitenstraßen zu erkunden. Die Hornos, die ich dort sehe, entsprechen dem klassischen Bienenkorbmodell mit glattem Boden und einem nicht ganz mittigen Rauchabzug. Legte man einen Querschnitt an, käme ein Fundament aus Lehm, Steinen und noch mehr Lehm zum Vorschein. Die Kuppel aus Tonerde und Stroh wurde früher über einer Form aus Sand oder Erde erbaut, die, sobald die Kuppel ausgehärtet war, entfernt wurde. Es ist ein ziemlicher Aufwand, in einem Horno zu backen, hatten mir Rosie und June erzählt, deswegen versuchten die Acoma-Frauen auch so viele Brote wie möglich auf einmal zu backen. Die meisten Brote sind nach maximal einer Dreiviertelstunde fertig, aber es dauert mindestens eine Stunde, den Horno auf Backtemperatur vorzuheizen. (Nachdem man das Feuer entfernt hat, beträgt die Temperatur etwa 500 Grad.) Es lohne sich nur, wenn für viele Leute gebacken werde, meinten die Frauen.

Als ich auf die Plaza zurückkomme ist es so heiß, dass die Damen mit den Pfannkuchen Brennstoff sparen könnten. Auf dem Weg hinunter zum Parkplatz komme ich kaum durch das Gewimmel der Leute, die sich auf dem Weg nach oben drängen. Anderthalb Stunden später bin ich vollkommen fertig wieder im Bottger-Koch Mansion und froh über alles trotz zu viel Dekoration, zu viel Klimaanlage, zu großer Kissen und zu buntem Wandgemälde.

Ich erwache aus meinem Nickerchen und erfahre, dass Andrea, mit der ich schon als Kind gespielt habe, angerufen hat. Sie sitzt im Flugzeug auf dem Weg von Salt Lake City hierher, um sich mir anzuschließen. Andrea und mich verbindet eine dieser Freundschaften, bei denen man eine Unterhaltung einfach fortsetzen kann, obwohl man in der Zwischenzeit kaum Kontakt miteinander hatte.

Im Flughafen von Albuquerque kaufe ich mir einen caffè latte und für Andrea einen großen Kaffee und warte. Bald darauf sind wir, Kaffee trinkend und lebhaft im Gespräch, auf dem Weg nach Chimayo. Wir nehmen nicht die direkte Strecke, sondern versuchen noch jedes Pueblo auf dem Weg mitzunehmen. Ich bin mir nicht ganz sicher, was ich eigentlich suche, aber in Andreas Gesellschaft bin ich abenteuerlustiger. Wir befinden uns beide an der Schwelle der Wechseljahre und kichern und albern herum wie Teenager. Fast wie in alten Zeiten, abgesehen davon, dass wir mitten im Leben stehen und uns unsere Knie bereits etwas zu schaffen machen. Normalerweise liegen wir auch schon um neun im Bett. Ich muss an etwas denken, was Jonji, mein Lieblingsyogalehrer, einmal zu mir gesagt hat: »Wenn du älter bist, kannst du noch alles tun, was du immer getan hast, aber dann tut es weh.«

Wo sind nur alle? Auf schlechten Straßen fahren Andrea und ich fahren in unserem gemieteten Cirrus zum San Felipe-Pueblo, nach Santa Ana und Sandia – Letzteres bedeutet in der Tiwa-Sprache staubig oder sandig. Kein Name könnte passender sein. Bleibt die Frage, warum nicht alle diese Orte Sandia heißen. Wir ersticken fast am Staub, als wir auf dem Parkplatz aussteigen und uns erst einmal vorsichtig umsehen. Schließlich erinnern wir uns an die Lektüre von Hayley Mills (»Ich habe eine schonungslos brillante Idee!«), nehmen unseren ganzen Mut zusammen und setzen uns über alle Verbote hinweg. Auf einer staubigen, menschenleeren Straße gehen wir an offenbar leeren Schulen und einem Fremdenverkehrsbüro im Dornröschenschlaf vorbei. Das Dorf ähnelt eher einer Filmkulisse, und je tiefer wir vordringen, desto stärker haben wir das Gefühl, etwas sehr Verbotenes zu tun. Meine Hoffnung, auf Leute beim Backen zu treffen, schwindet. Wir wären froh, überhaupt einer Menschenseele zu begegnen.

Ich hatte einmal gelesen, das traditionelle soziale System der Pueblos teile diese in ein »Sommervolk« und ein »Wintervolk« auf. Das ist vermutlich das Einzige, was die Indianer mit den New Yorkern, allerdings nur jenen, die ein Sommerhaus in den Hamptons besitzen, je gemein haben werden. Die oberste Stammesherrschaft wird zwischen diesen beiden Gruppen, die auch als Hälften bezeichnet werden, hin- und hergereicht. Der Wachwechsel findet im Februar und September statt. Sind wir etwa in den Sommer-Winter-Übergang hineingeraten? Findet irgendwo eine Vollversammlung statt, die für alle von größter Wichtigkeit ist und an der nur die Hühner nicht teilnehmen?

Ich sitze mit Andrea auf der Hollywoodschaukel der Posada de Chimayo, einer ländlichen Pension am Rand der Sangre de Christo Mountains, wir trinken Tee und beraten uns. Wir bewohnen eine Hälfte einer Hütte aus Lehmziegeln und Holz, die von Felsblöcken, Dornbüschen und Agaven umgeben ist. Ein Schriftsteller, der sich gelegentlich hierher zurückzieht, bewohnt die andere Hälfte. Er lässt seine Tür einen Spalt weit offen, und irgendetwas an seinem Verhalten lässt mich vermuten, dass er noch nie einen Verlag gefunden hat und vielleicht sogar denselben Satz immer wieder aufschreibt. (Hiiiiiier ist Johnny!) Andrea und ich versuchen das Rätsel der verschwundenen Indianer zu lösen. Wir blättern in unseren Reiseführern und Homepage-Ausdrucken, um zu prüfen, ob wir möglicherweise irgendeine Evakuierung oder Umsiedlung übersehen haben. Die Wahrheit ist weder unheilvoll noch alarmierend. Im September werden in allen Pueblos Partys gefeiert, ein Festtag mit Tänzen jagt den anderen. Am nächsten Tag begegnen wir einem Indianer, der uns – als seien wir etwas dumm – aufklärt: Wenn in der Gegend ein Fest stattfinde, nähmen alle Bewohner daran teil. Das sind die Tage, an denen sich die Dörfer selbst feiern, und normalerweise dauern diese Feste vom Morgen bis zum Einbruch der Dunkelheit. Nur bei sehr wenigen sind Anglos zugelassen.

Ehe wir für einen Tag nach Taos fahren, statten Andrea und ich dem Santuario de Chimayo einen frühmorgendlichen Besuch ab. Die oft auch als das amerikanische Lourdes bezeichnete Pilgerstätte ist ein kleines, gedrungenes Gebäude aus Adobe mit zwei Glockentürmen, hinter der ein heiliger Berg aufragt. Im Innern gleicht es mit bunten Wandgemälden von wundertätigen Heiligen und einem Altar von dem großen, auch als Chilimaler bekannten Santero Molleno einem Schmuckkästchen. Der Altar erinnert an eine riesige Hochzeitstorte. Die Kirche wurde 1814 an einem heiligen Ort der Indianer erbaut – Chimayo ist die spanische Verballhornung eines Tewa-Wortes, das »guter, abblätternder Stein« bedeutet – und wird alljährlich von Tausenden von Pilgern, Indianern und Hispanos, besucht, die die Erde dort oben berühren, sich mit ihr einreiben oder sie essen, weil sie angeblich heilende Eigenschaften besitzt. An die Erde kommt man durch ein kleines Loch im Boden von El Pozito kleiner Brunnen, einem Raum, der eigentlich eine Nische in einem größeren Gelass ist, in dem sich Krücken, Stöcke, Brillen und Stützkorsetts neben Collagen aus ergreifenden Schnappschüssen, Briefen und anderen Dokumenten finden. Schon seit zweihundert Jahren holen sich die Gläubigen die Erde. In letzter Zeit seien sie regelrecht gierig geworden, erzählt Pater Roca, der in Portugal geborene Priester des Heiligtums. Pater Roca lädt mich in sein Büro ein. Er ist alt und gebeugt und sieht dem alten Prizzi aus dem Film *Die Ehre der Prizzis* unheimlich ähnlich. Er klingt sogar wie Prizzi, als er, wegen eines Schlaganfalls, aus einem Mundwinkel spricht. »Es werden eine Menge Dummheiten geschrieben, und jetzt kommen sie nur noch wegen der Erde, einzig und allein wegen der Erde«, faucht er. »Sie erweisen nicht einmal mehr Christus die Ehre, sie setzen sich nicht, nichts. Sie fragen nur, wo ist die Erde. Diese blöde Erde.«

»Tut mir sehr Leid«, sage ich. Pater Roca hat allen Grund, ungehalten zu sein. Seit sechsundvierzig Jahren versieht er hier seinen Dienst, und ist es leid, Dreißigpfundsäcke mit Erde vom nächsten Agway herbeizuschleppen, um das kleine Loch wieder aufzufüllen. Die Nachfrage nach Heilung ist so groß, dass es den Padre fast umbringt. Es sei nicht nur die Erde, klagt er. »Diese Leute sind dumm. Sie stellen dumme Fragen, wollen wissen, ob ich schon hier gewesen sei, als die Kirche gebaut wurde. Und ich sage ja. Ja, ich bin seit zweihundert Jahren hier. Ich sollte ihnen sagen, sie sollen zu Hause bleiben und dort in die Messe gehen und nicht wegen irgendwelcher Erde hierher kommen.« Ich nehme seine arthritische Hand und verspreche ihm, dass ich weder mündlich noch schriftlich dazu ermuntern würde, herzukommen und sich etwas von dieser dummen Erde zu holen.

Die ständig steigende Zahl der Pilger hat dort oben ein Dorf entstehen lassen, das hauptsächlich von den Einkünften aus den Parkplätzen lebt. Andrea und ich halten an einem der Souvenirläden, und ich kaufe einen Miniaturhorno, in dem man Weihrauch verbrennen kann. Neben ihm liegen sogar ein paar winzige Brote. Er ist so klein, dass er auf meiner Handfläche Platz findet. Wir fahren weiter nach Taos, zum nördlichsten Pueblo von New Mexico. Taos ragt aus einer hoch gelegenen Wüste zu Füßen des Wheeler Peak auf, des höchsten Bergs in New Mexico. Das Pueblo ist ein wohlhabendes Dorf, dem es gelingt, als lebendiger Ort weiterzuexistieren, obwohl es von einem steten Touristenstrom heimgesucht wird, der aus der zwei Kilometer entfernten Stadt Taos mit ihren Galerien und zahllosen Schmuckläden sowie aus Santa Fe herüberkommt. Taos ist ein Tiwa Pueblo, vielleicht nach tu-o-ta, dem »Platz mit den roten Weiden« benannt, oder nach tuah tah, »unten im Dorf«, vielleicht auch nach etwas ganz anderem. Heute steht es vermutlich für Kunsthandwerk, denn in Taos leben und arbeiten fähige Kunsthandwerker, die Trommeln, Gemälde, Töpferwaren, Figuren und Lederwaren in kleinen um die Plaza gruppierten Läden verkaufen. Von dem Platz aus bietet sich ein unbezahlbarer Blick auf die vor der Gipfelkette liegenden Behausungen aus Lehmziegeln. Man zahlt die Parkgebühr, bewundert die zeitlose Schönheit des Ortes, schlendert auf die Plaza, kauft ein paar kunsthandwerkliche Köcher als Stiftebehälter oder eine Trommel und geht zufrieden seiner Wege.

Aber irgendwo hinter dieser Plaza, an der es alles gibt, liegt ein Taos, das nicht für den öffentlichen Konsum bestimmt ist und in dem der Alltag ungehindert von unserem naiven Staunen und unseren ungeschickten Versuchen zu feilschen weitergeht. Wie aber dringt man in dieses andere Taos oder in das richtige Acoma oder Tesuque vor? Das ist unmöglich. Zumindest dürfen die Besucher dort vor Sonnenuntergang die Atmosphäre genießen. Andrea und ich hielten vor dem Jemez Visitors Center, besichtigten das kleine Museum und gingen dann in den Andenkenladen, wo eine Gruppe verschwitzter Touristen die Kasse belagerte. Neben der Tür stießen wir plötzlich auf ein Schild: »Jemez Pueblo für Besucher geschlossen.« Wir überlegen uns, welchen Sinn ein Besucherzentrum in einen Ort hat, in dem keine Besucher zugelassen sind. War es vielleicht schon ein »Besuch« des Jemez Pueblo, hier angehalten zu haben? Wir beachteten das Schild nicht weiter und fuhren ins Pueblo. Dort gehen wir zu einer Familie, an deren Haus das Schild »Töpferei« hängt. Die Besitzerin zeigt uns ihren Horno. Er ist mit einer Plastikplane abgedeckt. Durch die Küche gehen wir in ein kleines Wohnzimmer. Hier setzt sich die Frau an einen Kindertisch und führt uns vor, wie sie den Ton mit den Fingern formt. Andrea und ich kaufen jede eine kleine Schale. Jetzt sind wir tatsächlich »drinnen«, aber wir tätigen ein Geschäft, mehr nicht. Während wir uns in dem kleinen ordentlichen Haus aufhalten, sitzen ein Mann und ein größerer Junge nur ein paar Schritte von uns entfernt und schauen in den Fernseher. Kein einziges Mal wenden sie den Blick in unsere Richtung.

Wo Andrea und ich auch immer hingehen, überall stoßen wir, sofern wir nicht etwas kaufen wollen, auf steinerne Mienen und Schilder mit der Aufschrift KEIN ZUTRITT. Als Schriftstellerin machen mir diese Einschränkungen zu schaffen. Hier ist ein Ort, an dem mein Interesse und meine Begeisterungsfähigkeit nichts ausrichten können. Doch dann erinnere ich mich daran, dass in all den Jahren, in denen Howie und ich in einem historischen Gebäude direkt am Wasser in Provincetown Harbor wohnten, sich die Gäste der benachbarten Hotels und die Bewohner der Apartmenthäuser die Zeit damit vertrieben, mit verschränkten Armen von ihren Balkons im zweiten Stock auf uns herabzustarren. Sie waren vollkommen schamlos, als sei unsere Existenz – die Leute, die wirklich hier leben! – ein fortwährendes öffentliches Spektakel. Früh am Morgen trat ich im Morgenmantel vor die Tür, und schon hörte ich jemanden rufen: »Sagen Sie mal, was ist das für eine Hunderasse?« Ich weiß also, wie es ist, sich ständig auf dem Präsentierteller zu befinden. Nachdenklich schaue ich von der Taos Plaza aus auf die sich zusammendrängenden Adobe-Häuser.

Andrea und ich beschließen, eine Stunde lang getrennte Wege zu gehen, und ich unternehme einen Vorstoß, ins Herz des Ortes vorzudringen. Wo leben die richtigen Menschen? Es zeigt sich, dass man von dort, wo ich mich befinde, gar nicht zu ihnen gelangen kann. Der Weg ist zum Teil von einer natürlichen Barriere versperrt. Aber es fällt mir nicht schwer, mit dem Bäcker Geronimo Romero ins Gespräch zu kommen. Er lebt hauptsächlich von den Touristen. Seine Bäckerei liegt am Rand der Plaza sozusagen mit einem Fuß in beiden Welten. Sie besteht aus einem Horno von etwa 1706, einem Tisch mit Broten, die in durchsichtige Plastiktüten verpackt sind, und einem Stuhl, auf dem Geronimo sitzt und wartet, bis das Brot fertig gebacken ist. Er ist in Taos Pueblo geboren und aufgewachsen, später nach Albuquerque gezogen und unlängst zurückgekehrt. Er hat viel zu tun, backt sowohl für die lokale Bevölkerung als auch für die Touristen. »Die Leute aus dem Dorf kaufen mein Brot, besonders an Festtagen«, sagt Geronimo, der zu seinem Ärger meist Gerry gerufen wird. Auf die Frage nach seinem Alter antwortet er trocken: »Man ist immer so alt, wie man gerade sein will.« Ich schätze ihn auf Anfang vierzig. Er trägt ein gestreiftes Hemd, gut sitzende schwarze Jeans und Stiefel. Sein zu einem lockeren Pferdeschwanz gebundenes Haar reicht ihm bis zur Taille. »Wir sind die einzigen Bäcker hier im Dorf, und wir wurden wirklich gebraucht«, sagt er. Der attraktive Geronimo weiß sich auszudrücken, und der funktionierende Horno fasziniert die Leute. Die Touristen zucken nicht einmal mit der Wimper, wenn er ihnen fünf Dollar für ein rundes Brot abknöpft, das kleiner ist als ein großer Teller. Geronimo backt das ganze Jahr und auch, wenn der Horno von Schnee bedeckt ist. Jedes Frühjahr kleidet er den Boden innen mit frischer Tonerde aus und bedeckt den gesamten Horno mit Lehm, Tonerde und Stroh.

»Mein Brot erhält seinen Geschmack vom Feuer«, erzählt er mir. »Ich benutze Zedernholz, weil das am heißesten und schnellsten verbrennt und das süßeste Aroma hat. Wir benutzen es für alles Gebäck, auch für Cookies und Pies.« Geronimo vertraut mir an, jede Familie habe ihr eigenes, geheimes Brotrezept, aber alle enthielten immer etwas von den Zutaten: Weizenmehl, Salz, Zucker, Wasser, Fabrikhefe, Margarine oder

Schmalz. Geronimos runde Krustenbrote erinnern an typische Bauernbrote. Gelegentlich werden die Brote auch so gebacken, dass sich brötchengroße Stücke davon abreißen lassen. Das Festivalbrot *mandi* erinnert mit seinen drei Klauen an eine Bärentatze.

Das von Geronimo war eines von mehreren Broten, die ich auf meiner Reise durch Pueblo Country probierte. Und wie diese anderen Brote war es nicht weiter bemerkenswert. Das Getreide wird in der Gegend geerntet, und das Mehl nicht wie anderswo aufwändig mit Mühlsteinen gemahlen. Keiner der Bäcker scheint sich die Mühe zu machen, Sauerteig zu verwenden. Und trotzdem habe ich das Gefühl, dass sich noch ein ganz wunderbares Brot jenseits dieser öffentlichen Plazas verbirgt, obwohl sich die meisten Indianer und Hispanos, die dort leben, im Brotkonsum nicht vom Rest der US-Bevölkerung unterscheiden: Sie kaufen auf dem Markt Fabrikbrot. Die Anziehungskraft von Horno-Brot hat weniger mit seinen kulinarischen Qualitäten zu tun als mit der Tatsache, dass es – wie schon vor Jahrhunderten – aus diesen seltsamen und wunderbaren Öfen kommt. Als Andrea und ich durch die Wüste von Chimayo zurück nach Albuquerque fahren, überlege ich mir, ob das eigentliche Brot der Pueblos, alles Echte und Wahre des Pueblo-Lebens, ebenso unerreichbar ist wie die Menschen, die es backen.

197

Rosies Krapfen

Unter Zuhilfenahme von Beth Henspergers Breads of the Southwest

ZUTATEN:
10 dl ungebleichtes Weizenmehl
1 1/4 dl fettfreie Trockenmilch
1 1/2 Esslöffel Backpulver
1 Teelöffel Salz
4 Esslöffel Schmalz
4 dl sehr heißes Wasser
Mehl oder Maismehl zum Bestäuben
2 Liter Pflanzenöl zum Ausbacken

In einer Rührschüssel Mehl, Trockenmilch, Backpulver und Salz mischen. Mit einem Messer das Schmalz untermischen, bis der Teig krümelig wird.

Mit einer Gabel das heiße Wasser dazumischen und so lange gründlich rühren, bis der Teig zu einem Ball wird. Den Teig kurz durchkneten, aber nicht öfter als zehn Mal. Der Teig soll glatt und weich sein, aber nicht klebrig. Mit Küchenfolie abdecken und mindestens eine halbe Stunde bei Zimmertemperatur ruhen lassen.

Auf einer mehlbedeckten Fläche Stücke vom Teig abreißen, die einen Durchmesser von 5 bis 7 Zentimetern haben. Die Stücke mit einem feuchten Handtuch abdecken. Nacheinander diese mit einem Nudelholz zu einem dünnen Kreis ausrollen. Alles mit Küchenfolie abdecken und erneut (20 Minuten) ruhen lassen.

Etwa fünf Zentimeter Öl in einem großen gusseisernen Topf (etwa einem Bratentopf) oder in einer Fritteuse erhitzen, die Teigstücke immer einzeln in das heiße Öl geben und mit einer Zange vorsichtig hin und her schieben, bis sie an die Oberfläche kommen und golden und knusprig sind. Mit einer Gabel einstechen, bevor man sie vorsichtig umdreht, damit sie auf beiden Seiten gleichmäßig gebacken werden. Mit einem Schaumlöffel aus dem Öl haben und auf Küchenkrepp abtropfen lassen.

Ohne alles oder mit Puderzucker und Zimt oder Honig servieren.

Die Brötchenfrau
Huntsville, Alabama

> Wimmen, biznesfolk and preechers welcome.
>
> EMAILLE-SCHILD AN EUNICE'S COUNTRY KITCHEN, HUNTSVILLE, ALABAMA

> Wissen Sie, ein Mädel, das muss schon ordentlich was essen.
>
> AUS DEM LIED FRIM-FRAM SAUCE VON NAT KING COLE, TEXT VON REDD EVANS

Da, wo ich herkomme, gilt Baltimore bereits als tiefster Süden. Traurigerweise lernte ich buttergetränkte Grütze, echtes Southern-fried Chicken und Gegrilltes ohne Unmengen Glutamat aus einer Flasche der Firma Heinz erst sehr spät kennen. Gelegentlich tauchte so etwas wie ein Biscuit, ein weiches Brötchen, dampfend im Brotkorb eines Restaurants auf. Immer biss ich hoffnungsvoll hinein. Immer schmeckte es irgendwie nach Schinken im Schlafrock ohne den Schinken.

Die erste Begegnung mit einem richtigen Brötchen hatte ich irgendwo in Kansas. Das war Mitte der siebziger Jahre, auf einer Fahrt mit meiner ehemaliger Zimmergenossin aus alten College-Zeiten von Boulder in Colorado, wo Nancy an der Uni studierte, quer durchs Land nach New York. Uns blieben knapp drei Tage, um an unser Ziel zu kommen, deswegen fuhren wir auch nachts. Wir waren schon ganz heiser, weil wir die ganze Zeit die Lieder von Woody Guthrie und Tom Paxton gröhlten. Das ist die Musik, die einem in den Sinn kommt, wenn Amerika am Seitenfenster an einem vorbeizieht. Irgendwo östlich von St. Louis summten wir den Refrain von

»Hobo's Lullaby«, als wir an einem Trucker-Rastplatz anhielten. Wie immer blieben wir bis zum Ende unserer Liedes im Auto sitzen. »Hörst du das Summen der Schienen? Es ist das Schlaflied des Landstreichers.« Vollkommen übermüdet, ergatterten wir die letzten beiden Plätze am Frühstückstresen und überlegten, ob das flaue Gefühl im Magen auf Hunger oder auf Übelkeit zurückzuführen sei. Mit glasigem Blick starrten wir auf die Speisekarte. Ein Trupp Kellnerinnen erschien und servierte den Lastwagenfahrern einen Teller voller … ja was eigentlich? Überall um uns herum machten sich Männer beherzt über etwas her, das wie Erbrochenes aussah. Es handelte sich natürlich um Brötchen mit Bratensauce. Das war ein Kulturschock, der sich nur mit dem einer meiner nichtjüdischen Freundinnen vergleichen lässt, als sie bei uns zu Hause mit ansehen musste, wie wir zum Frühstück einen ganzen geräucherten Weißfisch aßen.

»Brötchen, Mädels?«, zwitscherte die Kellnerin. »Ja, bitte«, erwiderten Nancy und ich. »Butter und Honig oder Bratensauce?« »Butter und Honig!«, riefen wir erleichtert. Die Brötchen waren himmlisch. Locker, aber nicht krümelig, saftig, aber nicht fettig, knusprig und dennoch weich. Die beiden identischen Hälften waren mit einem Klacks geschmolzener Butter bedeckt, der sich wie Zuckerguss auf einem kleinen runden Kuchen ausnahm. Nachdem jede von uns etwa fünf Brötchen verdrückt hatte, wussten wir, dass das Gefühl in unserem Magen Hunger gewesen war.

Solche Brötchen bestehen sicherlich nur aus ganz wenigen Zutaten. Warum vertraut man in den Küchen des Nordens, wenn überhaupt, auf irgendwelche klebrigen Backmischungen oder Fertigteig aus der Papprohre? Und warum war – ist – mir das überhaupt wichtig? Meine Brötchenfixierung lässt sich in meine frühe Jugend zurückdatieren. Ich lag auf dem Wohnzimmersofa und las *Früchte des Zorns* von John Steinbeck. Ein ganzes Wochenende bewegte ich mich nicht vom Fleck und verschlang gebannt Seite um Seite. Nur sehr zögernd unterbrach ich die Lektüre, um etwas zu essen oder auf die Toilette zu gehen. Die Missgeschicke der Joads faszinierten mich und ließen, was damals nur selten der Fall war, meinen eigenen Kummer, er mochte noch so tief empfunden sein, lächerlich erscheinen. Wie später bei den Büchern *Nektar in einem Sieb* von Kamala Markandaya und *Erledigt in Paris und London* von George Orwell war ich hauptsächlich vom Kochen fasziniert oder von der erstaunlichen Tatsache, dass kaum gekocht wurde. Ich konnte mir vorstellen, wie es sein musste, sich verlassen zu fühlen, hundemüde und schutzlos wahnsinniger Hitze oder ebensolcher Kälte ausgesetzt zu sein. Aber richtiger Hunger war mir fremd, obwohl wir alle gerne behaupten, wir seien am Verhungern. Während mein Bruder, meine Schwester und ich jeden Abend üppige Hühnchen und Rinderbrust in Scheiben verspeisten, verfolgte ich begierig die Mühen der Joads. Am Ende jedes schrecklichen Tages versuchten sie, aus Schmalz und Mehl eine Mahlzeit herzustellen. Ein seltener Glücksfall gewährte ihnen zu diesem traurigen Mahl gelegentlich ein angeschimmeltes Stück Pökelfleisch. Aber die grenzenlos einfallsreiche Grandma Joad ließ sich nicht unterkriegen. Diese Frau hätte ein Schmalz-Mehl-Kochbuch schreiben können. Heute Abend: Mehl mit Schmalz! Morgen Abend: Schmalz mit Mehl! Mehl auf Schmalzbett, gebratenes Schmalz mit einer Prise Mehl, in Schmalz gebratene Mehlklöße, in Mehl geschwenkte Schmalzbälle, Schmalz-Mehl-Pie!

Für Leute bestimmter Jahrgänge, die in einer bestimmten Gegend in kleinen Verhältnissen aufwuchsen, war das Brötchen ein Grundnahrungsmittel in guten wie in schlechten Zeiten. So war es auch für Eunice Merrill, eines von zwölf Kindern eines bettelarmen Baumwollfarmers und Teilzeitpredigers. Dass ich auf »Tante« Eunice aufmerksam wurde, verdanke ich Don O'Briant, dem Reporter und Restaurantkritiker der Tageszeitung *Atlanta Constitution*. Er hat das Buch *Backroad Buffets & Country Cafes. A Southern Guide to Meat-and-Threes & Downhome Dining* (Imbisse an Nebenstraßen und Cafés auf dem Land. Ein Führer durch die ländliche Küche der Südstaaten) geschrieben. Ich fragte ihn, wer am besten die

Kunst beherrscht, die Brötchen der Südstaaten zu backen. O'Briant seufzte. »Ich kann Ihnen verraten, wo Sie ein paar verdammt gute Brötchen kriegen«, so oder ähnlich war seine Antwort. Er nannte mir ein paar Lokale. Eines weckte sofort meine Neugier, und zwar Eunice's Country Kitchen in Huntsville, Alabama. Die meisten Leute kommen zu Eunice wegen ihres Landschinkens und ihrer Brötchen. Vermutlich hat Eunice's Country Kitchen für Brötchen eine ähnliche Bedeutung wie Bach einst für die Kantate. Die handgemachten Brötchen von Eunice lassen auch zurückhaltende Esser richtig zulangen. Echte Fanatiker nehmen für diese Brötchen schon mal eine zweistündige Autofahrt von Birmingham in Kauf. Sie essen und fahren wieder nach Hause. Das bedeutet vier Stunden Fahrt, nur um zu *frühstücken*. Diese Dame musste ich unbedingt kennen lernen.

»Kommen Sie einfach, wann immer es Ihnen passt.« Es schien Eunice nicht weiter zu überraschen, dass eine Frau aus Massachusetts mit dem Flugzeug nach Alabama anreisen wollte, nur um sich die Küche eines Frühstückslokals an einer Ausfallstraße von Huntsville anzusehen. »Kommen Sie nicht am Dienstag«, sagte sie, »Dienstag ist Ruhetag.« (An diesem Tag geht sie zum Friseur.) »Ich melde mich noch mal, um Ihnen das genaue Datum mitzuteilen«, meinte ich, »damit ich auch ganz sicher bin, dass Sie in der Stadt sind.« »Rufen Sie an, wenn es Sie beruhigt«, erwiderte Eunice, »aber ich fahre nie weg.« Ich bat Eunice, mir ein Hotel zu empfehlen. »Dazu muss ich wissen, ob Sie auf Spesen reisen«, antwortete sie. »Wenn Sie nicht selbst zahlen müssen, dann sollten Sie im Hilton wohnen.« Ich war zwar auf eigene Rechnung unterwegs, bestellte aber trotzdem im Hilton ein Zimmer. Sogar über diese riesige Entfernung hinweg übten Eunice' charismatische Kräfte ihre Wirkung aus.

Nach einer kurzen Zwischenlandung in Raleigh-Durham, dem einzigen Flughafen der USA, in dem man buchstäblich zum Rauchen ermuntert wird, bestieg ich zusammen mit lauter properen Leuten in pastellfarbenen Sweatshirts und bequemen

Schuhen das Flugzeug nach Huntsville. Obwohl Huntsville als einer der wichtigsten Stützpunkte der NASA mehr und mehr an Bedeutung gewinnt, wirkt der Ort so beschaulich, als verharre er noch in Zeiten des Apollo-Programms. Viele Fluggäste schienen sich flüchtig zu kennen und fragten einander, wo sie sich das erste Mal begegnet seien. Die erste Frage lautete immer: »Und welcher Kirche gehören Sie an?«

Ich treffe zu feuchter Dämmerstunde in Huntsville ein, miete einen Wagen und mache mich auf den Weg zum Hilton. »Guten Aaabend«, begrüßt mich die Dame am Empfang mit dem gedehnten Akzent der Südstaaten. Die Leute aus dem Süden sehen einem immer so freundlich in die Augen. Daher kann man ihnen schlecht verübeln, wenn sie zunächst steif und fest behaupten, man habe keine Reservierung auf den Namen. An so exotischen Orten wie Neu-Delhi erwarte ich es nicht anders, aber auch in Amerika gibt es kein Hotel, in dem mein Name richtig buchstabiert wird. »Ah, da hab ich's. Sie werden unter Samuelson geführt.« »Herzlichen Dank«, sage ich. Mich plagen pochende Kopfschmerzen. Ich gehe auf mein Zimmer, ziehe mich aus und lasse mich auf das Bett fallen. Tante Eunice erwartet mich am nächsten Morgen, ehe es zu voll wird, sprich, um fünf Uhr morgens, wenn sie den Laden öffnet.

Als mich der Weckanruf aus tiefsten Träumen reißt, sind meine Kopfschmerzen noch schlimmer als am Abend zuvor. Da die Klimaanlage in meinem Hilton-Zimmer auf subarktisch eingestellt ist, trifft mich auf Huntsvilles Straßen fast der Schlag. Die Luft ist drückend wie in einem Dampfkochtopf. Der Gratisstadtplan aus dem Hilton weist mir den Weg zum Andrew Jackson Way. Ich biege um einige Ecken, und schon liegt die moderne, dicht bebaute City von Huntsville hinter mir. Zwischen Häuserblocks aus kaltem Granit und Glas stößt man hin und wieder noch auf vereinzelte bescheidene Lokale mit Namen wie Bubba's, aber die alte Baumwollmetropole Huntsville ist weitgehend platt gewalzt worden, um dem Raumfahrtprogramm, einer wachsenden staatlichen Universität und Hunderten von Hightechfirmen Platz zu machen. In der Innenstadt wird es nach Ladenschluss unheimlich still. Abgesehen von dem putzigen Baumwollpflücker-Plunder, der in ein paar Geschenkläden in der Innenstadt verkauft wird, existiert das alte Huntsville noch in ein paar baumbestandenen Straßen mit Wohnhäusern am Rande der City. Verschnörkelte Bungalows und prächtige Häuser aus der Bürgerkriegszeit stehen idyllisch zwischen Weiden, Kirschbäumen, Hickorys und Rosskastanien. Als sei das Vorschrift, steht auf jeder Veranda ein Schaukelstuhl.

Ich fahre an Karosseriewerkstätten, einem Grilllokal und einer Baptistenkirche vorbei. Sobald man Eunice's Country Kitchen erblickt, weiß man, dass das Essen verdammt gut sein muss. Ihre »Landküche« liegt einsam auf einem großen Kiesplatz inmitten eines Industriegebiets, wie man sie überall antrifft. Vermutlich ergeht es mir wie vielen anderen. Ich fahre erst einmal vorbei und muss warten, bis ich wenden kann. Das bescheidene Schild Eunice's, Landschinken & Hausgemachte Brötchen prunkt neben einem Coca-Cola-Logo und der Abbildung eines Schinkens, der aus einem Abc-Buch ausgeschnitten sein könnte. Das bunkerähnliche Backsteingebäude ist kleiner als ein durchschnittliches Lebensmittelgeschäft. An so einem Lokal würde ich normalerweise nicht einmal in äußerster Verzweiflung, geschweige denn absichtlich, anhalten. Ich lasse mir beim Aussteigen Zeit. Mir ist immer noch etwas übel von dem »Stroganoff«, das ich gestern auf dem Flug mit Heißhunger verputzt habe. Ich komme mir langsam etwas lächerlich vor, weil ich für das hier ein Flugzeug bestiegen und ein Zimmer im Hilton gebucht habe.

Im Gegensatz zur Übelkeit schwinden jegliche Zweifel, kaum dass ich eingetreten bin. Der Kontrast zum bunkerähnlichen Äußeren des Lokals ist verblüffend. Mich umgeben Kiefernmöbel und gemusterte Baumwollstoffe. Die Wände sind holzgetäfelt und mit Andenken übersät. In der Luft liegt der Duft von Bratenfett und Kaffee. Eunice erkennt mich sofort und streckt ihre stämmigen Arme aus wie ein Prediger im Fernsehen, der mich erlösen will. Sie trägt eine grellbunte Bluse aus

Taftimitat, dazu schwarze Hosen und einen schwarzen Handschuh. Eine Schönheit war Eunice wohl nie. Ihr Aussehen ließe sich vermutlich als großmütterlich bezeichnen – das silbrige Haar zu einer helmartigen Frisur getürmt, mit einer starken Brille und energischen, nicht mehr glatten Zügen. Ihre Lippen sind meist gespitzt, wenn sie sie nicht gerade zu einem entwaffnenden Lächeln verzieht. Sie erhebt sich zwar, um das »Mädel aus Massachusetts« zu begrüßen, thront aber sonst die meiste Zeit in einem eigens angefertigten Stuhl, denn sie leidet an Arthritis und kann ihre Gelenke kaum und nur unter großen Schmerzen bewegen. Der Stuhl ist eine Kreuzung aus Bar- und Laufstuhl und ermöglicht ihr, in aufrechter Position dem Treiben am jeweils lebhaftesten Tisch des winzigen Restaurants beizuwohnen. Eunice hat gut gelaunt fünf Operationen über sich ergehen lassen. Ihre Ärzte besuchen sie mit ihren Familien, um bei ihr Schinken und Brötchen zu essen.

Eunice' runder Tisch bei der Kaffeemaschine wird von einem Pfeiler durchbohrt, ohne den, wie sie mir versichert, das Gebäude einstürzen würde. Hier und am benachbarten »Lügnertisch« sitzen die Stammgäste, aber auch die Leute von den anderen Tischen, treten an Eunice heran, um sie zu begrüßen und zu umarmen. »Einige von ihnen sind hier aufgewachsen, und jetzt bringen sie ihre Kinder mit, um ihnen zu zeigen, was richtige Landküche ist.« Bei Eunice wird nur bar bezahlt. Nachdem die neumodische Registrierkasse wieder einmal den Geist aufgegeben hatte, kramte Eunice eine alte graublaue Geldkassette hervor, und jetzt zahlen die Gäste direkt bei ihr und warten geduldig, bis sie ihnen mit ihrer behandschuhten Hand das Wechselgeld reicht. Einer nach dem anderen kommen die Gäste, um ihr ihre Reverenz zu erweisen: ihr Internist mit seiner Familie, der stellvertretende Staatsanwalt, ein Bauunternehmer und der bekannteste Aquarellist in Huntsville. Alle bekommen eine Umarmung: »We love ya«, sagt sie zu jedem. Eunice hat zwei Töchter, einen Sohn und sechs Enkel, aber dies hier ist es, um das ihr Leben kreist: das Lokal, die Gäste, die täglichen Neuigkeiten, der Klatsch, die politischen

Scherze und die Begrüßung: »We love ya«, und das auch wirklich zu meinen.

»Gehen Sie ruhig rein«, sagt Eunice und deutet zur Küche. »Janie wartet schon auf Sie.« Die Küche ist klein, etwa T-förmig und sparsam eingerichtet. Es gibt einen vierflammigen Herd, einen Ofen, einige Schränke und zahllose Säcke White-Lily-Mehl, das ohne Treibmittel aufgeht. Die Küche hat sich in dem halben Jahrhundert, seit Eunice ihr Lokal aus einem anderen Teil der Stadt hierher verlegt hat, nicht mehr verändert. Eunice bietet saftigen Schinken feil, aber die Brötchen sind es, die ihr zur Berühmtheit verholfen haben. Das sind genau die Brötchen, die ihre Mutter einst für ihren Ehemann, den Prediger, und ihre zwölfköpfige Kinderschar, die für wenige Cent pro Tag Baumwolle pflückte, gebacken hat. Sie machte sie nach demselben Rezept wie schon Eunice' Großmutter. An dem Tag, an dem Eunice' Ehemann auf Nimmerwiedersehen verschwand, hat sie sich gesagt: »Ich muss etwas tun, also was kann ich?« Einfache Hausmannskost, sagt sie, habe sie am besten gekonnt. Das ist Hunderte von Eimern mit Crisco-Magarine her. Eunice liebt ihre Arbeit insbesondere, seit sie eine Berühmtheit geworden ist. Gäbe es Eunice nicht, hätte Huntsville jemanden wie sie erfinden müssen. Sie repräsentiert das alte, verschlafene, Lowtech-Alabama, das den bemannten Raketen, die von hier aus regelmäßig ins Weltall geschossen werden, nur noch als Kulisse dient. Eunice ist es recht, dass man über sie schreibt und sie als das patente Mädel vom Land verkauft, denn es hat nichts Herablassendes, wenn der Bürgermeister kommt, um sie um ihre Unterstützung zu bitten, oder wenn Repräsentanten von Staat oder Gemeinde sie um ihren Rat bitten.

Die Köchin Mary rührt in einem großen Topf und hat nichts dagegen, mir die Zutaten einer echten Südstaaten-Bratensauce zu verraten: Schmalz und Pulverkaffee. Ich schaue in den Topf, und mein Gesicht spiegelt sich in etwas, das aussieht wie eine Öllache und fast genauso riecht. »Die Leute sagen immer, huch, furchtbar, aber das Zeug schmeckt wirklich gut«, sagt Mary. Mir dreht es schon beinahe den Magen um. Hier in der Fremde überkommt mich das befremdliche Bedürfnis, zum Veganismus zu konvertieren.

Janie, eine dunkelhaarige, müde wirkende Frau, schuftet erst seit einem Jahr in Eunice' Küche. Sie ist das »Geheimnis« von Eunice' Brötchen: ein menschliches Wesen, das den Teig mit der Hand herstellt. »Die meisten Lokale wollen niemanden einstellen und benutzen Tiefkühlteig«, sagt Janie. Ihre Arbeit ist das Brötchenbacken, und damit ist sie von halb fünf Uhr morgens bis Feierabend um halb zwölf beschäftigt. Am Samstag, wenn am meisten los ist, verarbeitet sie bis zu zwölf Kilo Mehl. Wie alle Köche südlich der Mason-Dixon-Linie verwendet sie nur White-Lily-Mehl. Es eignet sich bestens für Brötchen, Kuchen und Pastetenkrusten, nicht aber für Brot. White-Lily-Mehl wird aus Winterweizen mit einem geringen Proteingehalt hergestellt, der zu einem puderartigen Feinbackmehl gemahlen und immer wieder gesiebt wird. Janies Brötchenrezept ist schlicht und fundamental und dem Jahrhundert von Grandma Joads zu verdanken. Die Zutaten sind White-Lily-Mehl, pflanzliches Backfett und Milch. Das ist alles.

Wo sind Buttermilch, Schmalz, Salz und Backpulver? »Ach!«, Janie macht eine wegwerfende Handbewegung. So machte schon Eunice' Mutter ihre Brötchen. »So backte meine Mom ihre Brötchen«, erklärt mir Janie und gibt fünf Pfund Mehl in eine riesige Edelstahlschlüssel. »Meine Mutter stellte morgens und abends frische Brötchen auf den Tisch«, meint Janie. »Wir halten auf unsere Traditionen.« Zum Mehl kommen zwei Pfund Crisco, das entspricht einem Kloß von der Größe eines Basketballs. Nun macht sich Janie mit den Händen an die Arbeit. »Man mischt alles, bis das Backfett in zehncentgroße Stücke zerkrümelt ist, dann gibt man die Milch dazu.« Janie schüttet etwa zwei Liter Milch dazu, und während sie die Schüssel mit der einen Hand dreht, mischt sie den Teig mit der anderen Hand. »Das ist die altmodische Art, Brötchen zu backen.« Der Teig sollte nicht zu dünn, aber auch nicht zu fett sein, sagt sie, feucht, aber nicht zu feucht. »Mit der Zeit hat man es im Gefühl.«

Janie nimmt den Teig mit beiden Händen und legt ihn auf einen alten, mit Mehl bestäubten Küchentisch. Sie drückt ihn flach, bis er die Größe einer Familienpizza hat. Dann knetet sie ihn durch, indem sie ihn immer wieder zusammenfaltet und flach drückt. Flach drücken und falten, flach drücken und falten, dann ist er bereit zum Ausrollen. Mit raschen, routinierten Bewegungen rollt Janie den Teig etwa einen halben Zentimeter dick aus. Zum Ausstechen benutzt sie eine leere Konservendose. Die Brötchen haben einen Durchmesser von etwa fünf Zentimetern und sind damit etwa genauso groß wie der sprichwörtliche Eishockeypuck. Die Backzeit beträgt acht bis zehn Minuten. Mit so vielen hungrigen Mündern direkt hinter der Küchentür und unzähligen Bestellungen für Schinken und Brötchen (*ham'n'biscuit*) ist jedes Blech bereits verplant, ehe es aus dem Ofen kommt. Der Durchschnittsmann verspeist vier bis fünf Brötchen auf einmal. »Einmal war einer hier, der behauptete, einundzwanzig Brötchen gegessen zu haben, aber wir haben nur siebzehn gezählt«, sagt Eunice. »Das war ein Prediger aus Texas. Er wollte einfach immer mehr.« Einer der Stammgäste erzählt mir, eine Besonderheit der Brötchen sei, dass sie einen zu Maßlosigkeit verleiteten. »Wenn sie mir zwei gibt, esse ich zwei«, sagt er. »Wenn sie mir drei gibt, esse ich drei.«

Janie und Mary belehren mich darüber, dass meine Vorstellung von Bratensauce vollkommen verfehlt sei. Ich dachte, jede Bratensauce bestehe per definitionem aus Bratenfett, Bratensaft, Geflügelinnereien oder irgendeinem anderen Nebenprodukt eines ordentlichen Bratens. Aber die Bratensauce, die zu Eunice' Brötchen serviert wird, ist im Grunde eine geschmolzene Variation dieser Brötchen. Das Rezept der Milch-Bratensauce ist fast identisch mit dem Brötchenrezept. Das ist wieder einmal auf den Einfallsreichtum von Frauen wie Grandma Joad zurückzuführen. Man verwendet nur Mehl, Milch und Fett. Und daraus entsteht wieder ein Wunder: ein Teller mit etwas Gebackenem mit einer Sauce darüber. Vor dem Herd stehend, erklärt es mir Mary: »Man gibt etwa drei Pfund Mehl in eine Bratpfanne mit Öl, bräunt es an und fügt dann Milch und etwas Wasser hinzu.«

Obwohl Crisco (Margarine) in den meisten Küchen des Südens zu finden ist, ist die Schmalz- oder Backfett-Debatte alles andere als erledigt. »Als ich klein war, haben wir Schmalz genommen, aber kaum jemand schlachtet noch Schweine«, erzählt mir Reba Gordon, die um die Fünfzig ist. Wir begegneten uns in der Misses Dresses Boutique in dem Pariser Warenhaus im Einkaufszentrum von Huntsville. Natürlich verwendet Reba White-Lily-Mehl, Crisco und Buttermilch. »Buttermilch ist ganz wichtig«, sagt sie. Da mischt sich eine andere Kundin ein, die etwas jünger ist als Reba. »Entschuldigen Sie, ich habe das eben nur zufällig mitbekommen«, meint sie. »Darf ich Ihnen sagen, dass Schmalz wirklich das A und O ist. Nur mit Schmalz werden die Brötchen richtig saftig.«

Die Leute, die sich bei Eunice versammeln, würden ihr da – mit Verlaub – nicht zustimmen. Unablässig trägt Ramona, eine übermüdete Kellnerin mittleren Alters, einen Teller Schinken und Brötchen nach dem anderen herbei. Kaffee nachzuschenken ist jedoch die Aufgabe der Gäste. »Wenn man aufsteht, um sich selbst nachzugießen, muss man auch allen anderen nachschenken«, erklärt Eunice. »Wollen Sie normalen oder koffeinfreien?«, fragt ein Gast, der gerade die Runde macht. »Ich mache da keinen Unterschied«, sagt Eunice, die Lichtjahre von der Grande-kein-Schaum-Latte-Meute trennen. Die Regel, Kaffee nachzugießen, gilt für alle, für die hohen Tiere der NASA genauso wie für die Kassiererin von Publix. Einmal kam der gerade neu gewählte Abgeordnete Bud Cramer, und Eunice bat ihn, beim Abräumen zu helfen. Der Lügnertisch ist laut Schild für Politiker, Fischer und andere unverfrorene Lügner bestimmt. An seiner B-Seite sind Frauen, Geschäftsleute und Prediger willkommen. Die Wände sind wie im Sardi's mit Autogrammpostkarten von Politikern und Astronauten bedeckt sowie mit den Wimpeln von Sportvereinen, Urkunden und einer lustigen Auszeichnung: ein gerahmtes altertümliches Taschenmesser mit der Inschrift »Tante Eunice, Ihre Küche ist genauso unvergesslich wie das erste Taschenmesser«. Auf der Seite eines japanischen Reiseführers ist winzig das Restaurant abgebildet. Mein Lieblingsbild ist ein gerahmtes Foto von Männern in Uniform. Die Inschrift lautet: »Für Tante Eunice. Von deinen Freunden mit dem großen Appetit. US Army Space and Strategic Defense Command Sensors Directorate.« Schließlich müssen alle was essen.

Kommen so bedeutende Honoratioren zu Besuch, dass ihre Sicherheit in Eunice's Country Kitchen nicht gewährleistet werden kann, dann liefert Eunice auch. »Da war mal eine internationale Konferenz im Raumfahrtzentrum. Als sie nach Hause flogen, haben wir Schinken und Brötchen mitgeschickt«, erzählt sie. Einmal sei Chip, der Sohn von Jimmy Carter, mit seinem Gefolge aus Geheimdienstleuten in Huntsville gewesen. Als er bei einer Frühstückstagung in einem anderen Restaurant verkündet habe, er wolle nichts essen, da er bereits bei Eunice gefrühstückt habe, sei Beifall ausgebrochen.

»Wenn ich sterbe, vermache ich alles der Bibliothek in Huntsville«, sagt Tante Eunice, die zweiundachtzig ist und betont, dass ihr Ende auch das von Eunice's Country Kitchen sein wird. »Ich wette, dass schon Leute aus allen Ländern der Erde hier waren. Jan Davis, die Kosmonautin, stammt aus Huntsville. Seit sie fünfzehn ist, kommt sie hierher, und jetzt bringt sie immer alle Jungs von der NASA mit.« Die Russen lieben ihr Lokal. Neben mir macht sich ein Bauunternehmer aus der Gegend über seine Brötchen mit Bratensauce her. »Seit ich denken kann, führt Eunice schon dieses Lokal«, sagt er. »Frühmorgens setze ich mich an ihren Tisch. Sie begrüßt ihren Arzt, ihren Pfarrer, den bekanntesten Aquarellisten von Huntsvilles und den Besitzer der größten Haushaltswarenhandlung der Stadt.« Die Bürgermeisterin von Huntsville, Loretta Spencer, kommt so oft wie möglich zum Frühstücken vorbei. Sie ist mit Eunice gut befreundet. »Als sie sich überlegte, ob sie für das Bürgermeisteramt kandidieren sollte, fragte sie erst einmal mich«, sagt Eunice. »Sie wollte wissen, ob sie mit meiner Unterstützung rechnen kann.« Wenn es bei diesem Amt allein auf Beliebtheit ankäme, dann wäre Eunice Loretta Spencers ernsthafteste Konkurrentin. Die »Eunice-soll-Bürgermeisterin-werden«-Plakate, die man kaufen kann, zeugen von einer im positiven Sinne aus allen Fugen geratenen Sammelaktion. Vor mehreren Jahren stellten einige ihrer Bewunderer Eunice im Scherz als Kandidatin für das Amt des Bürgermeisters auf. Eunice veranstaltete eine Pressekonferenz, die im Fernsehen übertragen wurde, und versprach einen »Lügnertisch« im Stadtrat. Ihre Plakate und Autoaufkleber waren ein glänzendes Geschäft. Den Erlös von 3300 Dollar übergab sie der Arthritis-Stiftung.

Eunice serviert mir ein Gericht. Der Anblick auf meinem Teller schockiert mich zutiefst. Ich starre auf eine dicke, gebratene Scheibe tiefroten Schinkens und Brötchen, die in »Bratensauce« schwimmen. Ein rundum tätowierter Mann mit Pferdeschwanz, der in einem Harley-Davidson-Hemd steckt, legt seinen Sturzhelm ab und setzt sich mir gegenüber. Eunice schenkt ihm ein mütterliches Lächeln, und er stellt sich vor. »Dave Roberts, freut mich, Ihre Bekanntschaft zu machen«, sagt er mit einem kräftigen Händedruck. Roberts ist Aeronautikingenieur, also ein Raketenwissenschaftler, und arbeitet im NASA-Zentrum. Wenige Minuten später weiß ich bereits, dass er auch für das israelische Verteidigungsministerium gearbeitet hat, seitdem ziert ein »Tante-Eunice-soll-Bürgermeisterin-werden«-Poster auch einen Coffee Shop in Tel Aviv. Wann immer er in Huntsville weilt, isst Roberts bei Eunice. Er arbeitet an irgendeinem Raketensystem, über das er sich weitschweifig auslässt. Er hat auch schon Romane geschrieben, allerdings noch keinen veröffentlicht. Als er von Eunice' Kochkünsten schwärmt, wird er regelrecht poetisch, schaut auf seinen Kugelbauch und tätschelt ihn liebevoll. Er berät mich, was ich wie essen soll. »Lassen Sie mich mal machen«, meint er, und ehe ich noch einen Ton sagen kann, mischt er schon Margarine mit Sorghum und ertränkt meine Brötchen darin. Dann würzt er den Brei und nimmt dazu eine weitere Riesenmenge Margarine und eine ordentliche Portion Salz.

Eunice erinnert mich an die Figuren in den Büchern von Eudora Welty. Ihr von spannenden Bekanntschaften und freundschaftlichen Gefühlen erfülltes Leben steckt voller Möglichkeiten, obwohl sie das Gebäude, das kaum größer ist als eine kleine Wäscherei, selten verlässt. In einer Kochkultur, die zunehmend von unbezahlbaren in Wein geschmorten Absonderlichkeiten auf einem Bett welker und pürierter Merkwürdigkeiten dominiert wird, grenzt es an ein Wunder, dass jemand den Leuten einfaches und ehrliches Essen vorsetzt. Eunice erzählt, sie glaube, ihre Brötchen wecken bei ihren Gästen Erinnerungen an die geborgensten Augenblicke ihrer Kindheit. Dann wollten sie vermutlich, dass ihre Kinder dasselbe erleben. Eunice wurde 1919 auf einer Baumwollfarm in der Nähe eines Dorfs namens Piney Woods in Madison County geboren. Ihr Vater Joseph Franklin Jenkins, der zudem Prediger war, heiratete Mary Magdalene Hornbuckle, und das Paar setzte sechs Mädchen und sechs Jungen in die Welt, die alle auf biblische Namen getauft wurden. Mit einem von zwei Pferden gezogenen Wagen fuhr die Familie sonntags zur Kirche. Ein Großteil der Nahrungsmittel wurde selbst angebaut. Eunice nahm ihren Lunch, Schinken und Brötchen, in einem Henkelmann in die Schule mit. Die Kinderkleider nähte ihre Mutter aus Mehl- und Düngemittelsäcken. Eunice war zwanzig, als sie zum ersten Mal in die Stadt kam. »Die Baumwollernte war zu Ende, und um zu feiern nahm Daddy uns auf die Kirmes mit. Ich hatte noch nie so viele Glühbirnen und Menschen auf einmal gesehen.«

Es fällt mir schwer, ein »Aw, sucks« (verflixt!) zu unterdrücken. Dann erzählt mir Eunice den Rest der Geschichte, der nicht unbedingt mustergültig ist. Um Geld für ihre Familie zu verdienen, arbeitete sie für sechs Dollar in der Woche als Kindermädchen. Später arbeitete sie als Kellnerin im Restaurant ihres Schwagers. Hier hielten der Sheriff und die Lokalpolitiker im Hinterzimmer Hof und ließen sich von den wartenden Restaurantgästen bestechen – mit Barem. Dabei lernte sie, so drückt sie das jedenfalls aus, Kaffee einzuschenken und den Mund zu halten. Mit einem Kredit von fünfundsiebzig Dollar auf ihre Lebensversicherung eröffnete Eunice ein eigenes Lokal, das Butler Grill. Es hatte vom Morgengrauen bis neun Uhr abends geöffnet und lag gegenüber der nicht mehr bestehenden Butler High School. Die Kids mochten Eunice so sehr, dass sie sie Tante Eunice nannten. Aber sie gaben nicht viel aus, und Eunice ging bankrott. Ihren jetzigen Standort bezog sie 1952, als die Stadt gerade den Highway ausbaute. Die Gegend war ein einziges Chaos. Bei Regen mussten die treuen Kunden von Eunice's Country Kitchen durch knöchelhohes Wasser waten. Nachdenklich erzählt Eunice von diesen Zeiten. Die Gäste setzten sich kurzerhand auf die Tische. Sie hätten sich auch an die Dachbalken gehängt, wenn das nötig gewesen wäre. Eunice hält das jedoch nicht für ihr persönliches Verdienst, sondern schreibt es ihrem Landschinken mit Brötchen – besonders ihren Brötchen – zu.

Ein halbes Jahrhundert lang hat Eunice dafür gesorgt, dass Bürgermeister, Abgeordnete, Staatsanwälte, Präsidentenanwärter und Astronauten ihre Brötchen bekamen. Nicht nur die phantastisch lockeren Brötchen ziehen die Leute an, auch die stets gute Laune der übermütigen und intelligenten Wirtin und die Tatsache, dass man sie sechs Tage die Woche von fünf Uhr früh bis halb zwölf Uhr mittags persönlich antrifft. Wenn sie im Morgengrauen das Lokal aufschließt, warten bereits die ersten Gäste. Eunice's Country Kitchen hat Weihnachten, Ostern und am Muttertag geschlossen. »Mir gefällt es bei der Arbeit besser als zu Hause. Ich mag Leute«, sagt Eunice, die allein lebt. »Bewegung ist gut für meine Arthritis.«

Eunice kommt jeden Morgen um vier in ihr Restaurant, eine Stunde, bevor geöffnet wird, aber das nur aus Sicherheitsgründen. Jahrzehntelang kam sie immer schon um drei. Eines Morgens wurde sie auf dem Weg von ihrem Haus zu ihrem Wagen von zwei Räubern zusammengeschlagen. Vater und Sohn prügelten gnadenlos auf Eunice ein und ließen sie in der

Annahme, sie sei tot, liegen. »Ich kam wieder zu mir und kroch die Stufen hinunter, dann kletterte ich in meinen Wagen und begann zu hupen.«

Am nächsten Morgen wurde ganz Huntsville auf der ersten Seite der Lokalzeitung über den Angriff auf eine der beliebtesten Bürgerinnen der Stadt informiert. Die Nachrichtenteams der örtlichen Fernsehsender hielten vor dem Krankenhaus Wache. Eunice, die sich langsam erholte, wurde mit Blumen, Geschenken und Karten mit Genesungswünschen überhäuft. »Sogar aus dem Weißen Haus kam ein Anruf. Das war phantastisch. Wirklich etwas ganz Besonderes.« Am Tag ihrer Entlassung feierte ganz Huntsville. Huntsville wollte Eunice.

Den Angreifern schwor man Vergeltung. Auf die Aussage einer Komplizin hin, die dann nur zu einer Bewährungsstrafe verurteilt wurde, erhielt er Zweiundvierzigjährige, der die Schläge ausgeteilt hatte, wegen Mordversuchs und Raubüberfall zweimal lebenslänglich ohne Bewährung. Sein achtzehnjähriger Sohn wanderte für fünfzehn Jahre hinter Gitter. Eunice' Verletzungen heilten, aber unter dem Trauma leidet sie noch immer. »Ich fühle mich nirgendwo mehr sicher«, sagt sie.

Ich will gerade los, da steigt Eunice von ihrem Thron. »Warten Sie, Liebes«, sagt sie. »Ich muss Ihnen noch Ihre Lizenz zum Lügen erteilen.« Eunice nimmt wieder Platz, um die Lizenz zu beglaubigen. Sie lautet folgendermaßen:

»Hiermit wird bestätigt, dass Susan Seligson, die durch ihren Ruf und viel Übung, gepaart mit lebhafter Phantasie, die nötigen Voraussetzungen erfüllt, ermächtigt wird, zu lügen, Ausflüchte zu machen und sich auch sonst nach Gutdünken über die Wahrheit hinwegzusetzen. Lügen dürfen ohne Ankündigung jederzeit und überall ausgesprochen werden.«

Unter »bestätigt von« steht die schwungvolle Unterschrift von Eunice. Sie überreicht mir die Lizenz. Sie hat sie mit »Love you, Aunt Eunice« unterschrieben. »Sollen wir Ihnen nicht ein paar Schinkenbrötchen einpacken, damit Sie im Flugzeug was zu essen haben?« »Nein, nicht nötig, vielen Dank«, erwidere ich. Ich sage nicht, dass ich jetzt erst einmal zu Hause ein paar Tage lang nur Broccoli essen will. Wir umarmen uns ein letztes Mal. Eunice legt mir ihre üppigen, in Polyester gehüllten Arme um den Hals und sagt: »Wir lieben Sie«, und ich versichere ihr: »Ich liebe Sie auch.« Und das ist, trotz der neuen Vollmacht, die ich gerade bekommen habe, keine Lüge.

Tante Eunice' Landbrötchen

ZUTATEN:
5 dl White-Lily-Mehl
5 dl Crisco pflanzliches Backfett
etwa 2 dl Milch

Den Ofen auf 275 Grad vorheizen. Mehl und Backfett in eine Rührschüssel geben, mit den Händen so lange mischen, bis die Masse grob krümelig ist. Genug Milch zugeben, der Teig darf nicht mehr an der Schüssel kleben. Den Teig auf ein mit Mehl bestäubtes Brett legen. Etwa zehnmal vorsichtig durchkneten.
Etwa einen halben Zentimeter dick ausrollen. Mit einer leeren Dose runde Teigstücke ausstechen und im Abstand von etwa drei Zentimetern auf ein ungefettetes Backblech legen.
Etwa 8 bis 10 Minuten backen. Ergibt 12 Brötchen.

Brijendras Küche
Indien

Europäer – und mit Europäern meine ich alle Menschen der westlichen
Welt, einschließlich Amerikanern – durchlaufen in Indien für gewöhnlich
einen Zyklus. Der sieht so aus: erstes Stadium, enorme Begeisterung – alles
Indische ist wundervoll; zweites Stadium, alles Indische ist gar nicht so
wundervoll; drittes Stadium, alles Indische ist entsetzlich. Für manche
endet es damit, für andere beginnt der Kreislauf aufs Neue.

RUTH PRAWER JHABVALA, *EINE WITWE MIT GELD*

Noch Wochen nachdem wir Indien verlassen hatten, spukte
mir sein Name im Kopf herum: Brijendra. Er war der sanfte
Diener meiner Freundin Shubhadarshini und seit fast zwei
Jahrzehnten für die Singhs unentbehrlich. Den ganzen Tag ruft
Shubbi nach Brijendra, ob sie zu Hause in Neu-Delhi am
Esstisch sitzt, vor dem Frisierspiegel ihr schwarzes Augen-
Make-up erneuert oder über Handy, wenn sie sich von ihrem
Chauffeur im BMW herumkutschieren lässt. Manchmal ist der
Ruf so kläglich wie der von Catherine, die in *Sturmhöhe* das
Moor nach Heathcliff absucht.

Ob er fordernd oder klagend herbeizitiert wird, nie ist er
weit weg. Er regelt alles und kümmert sich sogar um die Hunde. Brijendra ist klein und anmutig, hat kräftiges, seitlich
gescheiteltes Haar, einen schmalen Schnurrbart und bewegt
sich fast lautlos. Im ganzen Haus sucht er die Papiere, die
Shubbi verlegt hat, oder bereitet ihre Insulinspritzen vor. Chez
Singh: Sobald man sich länger als eine Minute irgendwo nieder-
lässt, erscheint er mit einer Tasse Tee. Meistens jedoch kocht

Brijendra. Überall an Indiens Straßen und auf den Märkten gibt es Bäcker, angefangen von einfachen *Chapati*-Verkäufern – ein Mann, eine tiefe Pfanne, ein Plan – bis hin zu den *Nan*-Bäckern, die das dicke Fladenbrot aus einem Ton-Tandoor ziehen. Aber Brijendra bringt mir alles bei, was ich über indisches Brot wissen muss.

Es scheint, als fühle sich jeder Amerikaner, der in Indien war, dazu berufen, seine Erfahrungen in Wort und Bild zu verewigen. Halb professionell oder in ernsthaftem Unvermögen breiten sie, die das Chaos, den Lärm und die Seuchen der Subkontinents überstanden haben, in Lokalblättern oder in Zusammenkünften des Rotary Clubs ihre Erfahrungen in den gesamten USA aus. Besonders gern verweilen sie bei dem Leben auf Indiens Straßen. Mit der Regelmäßigkeit eines Herzschrittmachers lässt der Besucher die Kamera klicken, um so Zeugnis von dem bunten und unablässigen Treiben abzulegen. Er lacht, ruft, schnappt nach Luft, kostet vorsichtig von irgendwas, hält sich dann seinen verdorbenen Magen und gratuliert sich schließlich dazu, allen Widrigkeiten bravourös getrotzt zu haben.

Selbstverständlich begab auch ich mich staunend ins Gewühl. Aber dank Shubbi durfte ich darüber hinaus das Leben hinter dem Getriebe der Straße schmecken und spüren. Wie auf den Märkten und an den Straßenständen wird auch in der indischen Küche alles vom Brot zusammengehalten. Die meisten Inder essen zu Hause. Sowohl einflussreiche Manager als auch kleine Angestellte nehmen einen Lunch zu sich, der zu Hause zubereitet und mittags warm geliefert wird. Im Norden »löffeln« die Inder ihre Currys mithilfe von *nan, chapati, roti, puri* und *paratha* aus den Tonöfen. Im tropischen Süden gibt es gesäuerte Reispfannkuchen, die *appam* heißen, und ihre ungesäuerten Verwandten *dosa*, taschengroße, dicke Crêpes, die mit stark gewürzten Kartoffeln und Zwiebeln gefüllt sind.

Brot ist mehr als nur ein Nahrungsmittel. Es ist Teller, Löffel und der Trommelschlag, der dem Mahl den Takt vorgibt. Ich konnte mich in Brijendras Küche zurückziehen und von dort aus in aller Ruhe in Augenschein nehmen, wie das Brot mit der Seele des indischen Lebens verwoben ist. In den Straßen von Alt-Delhi, im kleinsten Dorf in Rajasthan und im fast hysterischen Getriebe des Basars von Kalkutta sind ebensolche Finger wie die von Brijendra damit beschäftigt, den Teig elegant, methodisch und geradezu instinktiv zu bearbeiten. Wie viele Millionen *beedie*-fleckige Hände sind wohl gerade damit beschäftigt, zu kneten, zu drehen und platt zu drücken?

Obwohl die Küche eines wohlhabenden indischen Haushalts im Vergleich zur Außenwelt klösterlich einfach erscheint, ist dort immer sehr viel los. Sie ähnelt der eines Monarchen, eines Präsidenten oder eines Popstars. Der Koch muss fähig und willens sein, jeden Wunsch zu erfüllen. Mich erstaunt an Shubbis – Brijendras – Küche, dass sie so leer ist. Wo sind all die Sachen? In einem Haushalt mit Fahrer und Diener ist es nicht nötig, leicht verderbliche Lebensmittel zu lagern. Zumindest erwarte ich etwas der Speisekammer eines amerikanischen Makrobioten Vergleichbares, wo auf Regalbrettern sich Einmachgläser voller Nüsse, Körner und Bohnen reihen und bei dem alles Essbare unbedingt über Nacht eingeweicht werden muss. Mehrmals täglich kommt Brijendra aus seiner scheinbar leeren Küche und serviert dampfende Currys und Suppen und als Snack am Spätnachmittag Pakora. In dieser Küche zerkleinert Brijendra Dutzende von Hühnern, mahlt Pfeffer und Kardamom und stellt Käse her. Das Einzige, was ich entdecken kann, ist eine kleine Schale mit frischen Chilis.

Howie, unser Freund Lenny Alberts und ich verbringen einige Zeit mit Shubbi und ihrem Mann S. P. ehe wir gen Westen reisen, um Rajasthan zu erkunden. Lenny ist allein stehend und Mitte fünfzig, ein alter Freund, der unermüdlich alle fünf Kontinente bereist hat. Howie und ich sind immer mit Lenny und seinem Lebensgefährten David in Urlaub gefahren, bevor David an Aids starb. Wir drei sind aneinander gewöhnt. Wir ertragen gegenseitig unsere Höhen und Tiefen und können wie Geschwister streiten, ohne nachtragend zu sein. (Shubbi und S. P. begreifen nicht, dass Lenny schwul ist, in regelmäßigen

Abständen loben sie ihn für seine »Entscheidung«, sich nicht an eine Ehefrau zu ketten.) Shubbi und S. P. wohnen in einem großen, unübersichtlichen Haus in Sadhana Enclave, einem umzäunten Viertel mit einer Wiese in der Mitte, die umso bemerkenswerter ist, da es auf ihr weder Müll noch Kühe, keine illegalen Siedler, keine Affen oder auf der Leine hängende Wäsche gibt. Die Singhs beschäftigen einen Wachmann rund um die Uhr, zwei Fahrer, ein Hausmädchen und einen Gärtner, der sich um den Dschungel aus Aloe, Zitronenbäumen und Rotem Jasmin auf ihrem von einer Mauer umgebenen Grundstück kümmert. In Indien, wo eine Frau, die Kuhfladen auf der Straße verkauft, gar nicht mal der untersten Gesellschaftsschicht angehört, bedeutet das die Spitze der sozioökonomischen Pyramide. Im Sadhana Enclave leben Hindus und Moslems nebeneinander. Reichtum und Privilegien stellen einen wichtigeren gemeinsamen Nenner dar als der Glaube. Der Gebetsruf des Muezzins erschallt aus Lautsprechern über das Viertel, und einige der Hindus sind nicht sehr glücklich darüber. Aber Shubbi hat dagegen nichts einzuwenden: »Es ist wichtig, dass die Minderheiten zufrieden sind«, sagt sie. »Außerdem verursachen auch wir ziemlich viel Lärm.« Lachend erzählt sie, dass er Sohn eines ihrer Hindu-Angestellten unlängst sein erstes Wort rief: »Allah!«

Nur wenige Autominuten von Shubbis Haus entfernt liegt ein schickes neues Einkaufszentrum amerikanischen Zuschnitts mit einer Art English Pub und einem McDonald's, bei dem man fleischlose *aloo tikki*-Burger bekommt. Als Shubbi uns dorthin führt, fällt mir vor allem eines auf: die stickige Tiefgarage – die Art von Garage, in der ich nur ungern meinen Hund zurücklasse –, in der an jedem Wagen ein Chauffeur wartet, der entweder hinter dem Steuer sitzt oder den Lack poliert. Obwohl durch und durch eine Inderin, schwärmt Shubbi für dieses sterile Einkaufszentrum. Oft nimmt sie ihren Enkel dorthin zum Einkaufen mit und spendiert ihm bei McDonald's Eis in einer Waffel. Wenn S. P., der früher Pilot bei der indischen Luftwaffe war und jetzt eine internationale

Unternehmensberatung besitzt, nicht auf Geschäftsreise in Australien oder den USA weilt, sitzt er mit Shubbi vor einem riesigen Fernseher und sieht Filme, Nachrichten oder die indische Version der Millionär-Show. Auch Shubbis Vater war Pilot. Ihr Schwiegersohn fliegt für Jet Air, eine der beiden innerindischen Fluggesellschaften. In Shubbis und S. P.'s Familie gibt es weitere sechsundzwanzig Piloten. Shubbi schreibt Drehbücher für Filme und Videos und produziert diese auch. Sie hat sich hohe Ziele gesteckt. Ständig blättert sie in Büchern und Papieren und kneift hinter ihrer Gleitsichtbrille die Augen zusammen. An ihrem heimischen Arbeitsplatz ist sie von dem umgeben, was ihre Existenz ausmacht: einer Schachtel Rothman's, Feuerzeug, schnurlosem Telefon, Lesebrille und einer Tasse Kaffee mit Süßstoff. Obwohl ihre beiden Kinder schon groß und aus dem Haus sind, haben die Singhs mehrere Telefonnummern. Unablässig klingelt das Telefon.

Howie ist zum ersten Mal in Indien. Der Kulturschock hat noch nicht eingesetzt, was wohl daran liegt, dass es in Shubbis Heim ähnlich zugeht wie bei uns zu Hause. Zum Hausstand der Singhs gehören auch ein übergewichtiger Golden Retriever, ein Labrador mit hellem Fell und ein altersschwacher Terrier, der im Haus herumschleicht und auf Teppiche und gegen Stuhlbeine pinkelt. Shubbi lässt uns von ihrem Fahrer vom Red Fort zum Connaught Circle und von dort zum palastähnlichen Imperial Hotel fahren. Hier trinken wir Cappuccino und nehmen unter Palmen einen Lunch ein, der ebenso viel kostet wie in den USA. Howie sieht erleichtert, aber auch wachsam aus. Einmal abgesehen von dem Elefanten, den wir mitten im Kreisverkehr im Zentrum souverän sich bewegen sahen, rechnet er jetzt nicht mehr damit, dass Delhi sonderlich anders ist als London. Und ich denke mir nur: Ha! Der Bursche wird sich wundern. Noch hat Indien ihn nicht geblendet, aber auch nicht entsetzt. Es ist unmöglich, in dieses Land seinen Fuß zu setzen, ohne beides zu erleben.

Ich begegnete Shubbi auf meiner ersten Reise nach Indien 1992. Damals war ich allein unterwegs. Obwohl ich sehr viel

von dem Land zu sehen bekam, von der tropischen Malabar-
küste bis Darjeeling an den Ausläufern des Himalajas, galt dieser Trip hauptsächlich einem Chirurgen aus Madras, der Spen-
dernieren von den Armen beschaffte. Darüber wollte ich für
ein Nachrichtenmagazin berichten. Vor einem baufälligen Gebäude, in dem eine Dialyseklinik untergebracht war, standen
Hunderte von Männern und Frauen aus den umliegenden Dörfern Schlange, die hofften, als Spender in Frage zu kommen,
um eine gesunde Niere gegen etwa tausend Dollar in Rupien
einzutauschen. Für die meisten Inder ist das ein Vermögen.
Aber dieser Handel verbessert nur selten die Lebensumstände
der Spender. Mit dem Geld werden Mitgiften bezahlt oder
Spielschulden getilgt. K.C. Reddy, ein charismatischer Chirurg,
der in England studiert hatte, verteidigte diese Praxis damit,
dass es in Indien fast unmöglich sei, Nierenversagen im Endstadium zu behandeln – dazu gehöre auch, dass es keine normalen, das heißt tote Spender gebe. Ob er das wirklich meinte, weiß ich nicht. Ich fragte mich, wie es in seinem Herzen
aussah, einem Arzt, der die Spende einer Niere als eine Mani-
festation von Dharma bezeichnete, dem Gebot der Hindus, seine Pflicht zu tun. Ob er wohl seinem Sohn oder seiner Tochter erlauben würde, sich in diese Schlange einzureihen? Die
Klinik war ein unbeschreiblich deprimierender Ort. Ich hatte
eine schwere Erkältung, war übernächtigt und sah vermutlich
aus wie ein Wrack. Ich saß zwischen gelbhäutigen Patienten
und ihren Familien in einem Wartezimmer, das etwa so kom-
fortabel wie ein Gefängniszelle war, und mehrere Inder fragten mich, ob ich ebenfalls eine Niere bekommen würde.
Autsch!
Auf meinen Reisen habe ich eine Million »Freundschaften«
geschlossen, aber die Unterhaltungen waren durchweg ober-
flächlich. In den östlichen Kulturen ist die Großzügigkeit Fremden gegenüber etwas Grundlegendes, und Amerikaner erscheinen Inder besonders zu faszinieren. Wie Octavio Paz schreibt:
»Inder sind gastfreundlich und kultivieren die vergessene Reli-
gion der Freundschaft.« Bei Shubbi hingegen war es schon eher

eine Seelenverwandtschaft. Ihr kann ich alles anvertrauen. Obwohl sie es nie richtig aussprach, brachte ich ihr das Wort »schwatzen« bei. Und das taten wir, wenn wir beim Lunch saßen, irgendwo hinfuhren oder in den Ruinen antiker Tempel spazieren gingen. »Ich wünschte, du würdest zurück nach Indien kommen«, meinte sie einmal am Telefon, »damit wir swatzen können.« Wir begegneten uns durch einen glücklichen Zufall. Ich war im All India Medical Institute, um einen prominenten Nierenchirurgen zu interviewen, der zwar den Mangel von Spenderorganen beklagte, Dr. Reddy aber für einen unseriösen Geschäftemacher hielt. Dr. Kumar, ein ungewöhnlich gut aussehender Endvierziger, war ein Freund und ein Informant von Shubbi, die nicht nur fürs Fernsehen, sondern auch für Zeitschriften schrieb. »Ich habe eine Freundin, die über dasselbe Thema schreibt«, sagte Dr. Kumar zu mir, als er beim Lunch sein *chapati* in sein Korma tunkte. »Vielleicht kann sie Ihnen helfen. Rufen wir sie doch einfach mal an?« Nach einigen schmeichelhaften Bemerkungen, mit denen er mich einführte, reichte er mir sein Handy. »Schreiben Sie sich meine Adresse auf«, sagte Shubbi, »und kommen Sie einfach zum Lunch vorbei.«

Ich mochte Shubbi schon, noch ehe ich ihr Haus betreten hatte. Ein schwanzwedelnder Golden Retriever, der auf den Namen Bubka hörte, versperrte mir den Weg, und ich fühlte mich sofort wie zu Hause. Shubbi machte mir einen richtigen Filterkaffee und stellte mich ihrer Tochter Panna vor, einem Teenager. Brijendra servierte ein Gemüse-Korma und einen riesigen Berg heiße *roti*. Meine neue Freundin und ich verbrachten meine letzten Tage in Indien damit, uns zusammen Delhi anzusehen. Mit Shubbi zusammen zu sein ist, als würde man von einem Wirbelsturm erfasst. Sie ist eine riesige Frau mit langer Mähne einschließlich der roten Strähne der Brahmanen und wilden Augen, die dick schwarz umrahmt sind. An den Fingern, um die Handgelenke, den Hals und an den Ohren trägt sie ein bis zwei Pfund vierundzwanzigkarätiges Gold und mehr oder minder wertvolle Perlen. Die Ohrringe erinnern an dreistöckige Kronleuchter, und die Halsketten sind ein wildes Gewirr aus Göttinnen und Talismanen. Auf meinen Reisen mit Shubbi fiel mir auf, dass sie ihre Ringe immer passend zur Kleidung wählte. Shoppen ist bei ihr fast zwanghaft. Sie zahlt alles bar, und hat stets ein daumendickes Bündel 500-Rupien-Scheinen in der Tasche. Um das schlechte Gewissen zu beschwichtigen, kauft sie immer auch etwas für die Menschen, die sie begleiten, und außerdem gibt sie überaus großzügige Trinkgelder. Shubbi ist wahnsinnig clever, wahnsinnig belesen und auf ihre eigene Art sehr energisch. Außerdem ist sie ein erstaunlicher Anblick. Verkäufer beben in ihrer Gegenwart. Die Hosen ihres Shalwar Kameez fallen über große Wanderschuhe herab, die sie auf Anraten ihres Arztes trägt, dem ihr Bluthochdruck Sorgen macht. Sie leidet an einer schweren Diabetes. Auf einem Treck in die unwirtliche Wildnis jenseits von Ladakh, den sie für einen Dokumentarfilm über Schneeleoparden unternahm, führte sie außer ihrer Crew, ein paar Trägern und einem Führer auch einen Arzt mit, für den Fall, dass sie krank würde. Ihre Gesundheit ist anfällig, und S. P. und ihr Arzt müssen ihr in regelmäßigen Abständen den Kopf waschen. Doch ungeachtet ihrer schlechten Blutdruckwerte und den zwei Schachteln Zigaretten am Tag, zieht Shubbi ohne zu ermüden von Laden zu Laden durch die Basare und stopft ihre riesige Umhängetasche mit Büchern, CDs, Videokassetten, Stoffen, Sandelholzschnitzereien und T-Shirts für ihren kleinen Enkel voll. (Sechs Monate nach meiner Rückkehr nach Hause erhielt ich eine E-Mail von Shubbi: Sie habe einen schweren Herzinfarkt erlitten und das Rauchen aufgeben müssen. Jetzt versuche sie Diät zu halten, eine westliche Diät, was ihr überaus schwer falle.)

Dreimal am Tag backt Brijendra Brot. Er ist so ordentlich und genau, dass ich nie Mehl an seinem Ärmel entdecke. Die Küche hat eine lange Durchreiche, von der auch ich Brijendra beim Arbeiten hinterherspioniere. Das scheint ihn nicht weiter zu bekümmern. Aber ich weiß, dass Diener in Indien die gönnerhaften Bemühungen der Amerikaner, sie als Freunde zu gewinnen, nur kurios und ärgerlich finden. Amerikaner stellen fröhlich persönliche Fragen. Sie reden laut und langsam und hoffen, dass diese Leute, die kein Englisch sprechen, sie dann trotzdem verstehen. »Haben – Sie – Kinder?« Die meisten Mittelklasseamerikaner wollen niemandem zur Last fallen. »Nein, nein, nein«, sagen wir zum Gepäckträger. »Das trage ich selbst, machen Sie sich keine Mühe.« Mit diesem Verhalten schmeicheln wir uns wirklich bei niemandem ein. Es macht die Diener rasend. Wir meinen, uns rücksichtsvoll und fair zu verhalten, dabei nehmen wir nur jemandem die Arbeit weg, dessen ganze Existenz davon abhängt, Dinge zu tun, die man selbstverständlich selbst tun könnte, aber nicht tun sollte. Nicht verhelen möchte ich allerdings, dass es mir den Magen umgedreht hat, als ich zum ersten Mal gesehen habe, wie ein begüterter indischer Teenager mit den Fingern schnippste und einem älteren Diener nur ein einziges Wort (»Chai«) zubrüllte. Ich bin dankbar dafür, dass es bei uns zu Hause früher immer hieß: »Geh dein Zimmer aufräumen, die Putzfrau kommt heute.«

Brijendra beim Brotbacken zuzuschauen hat nicht nur etwas Beruhigendes, es ist auch instruktiv. Er hat wunderbar flinke Hände. Am besten lerne ich, wenn ich einfach nur zuschaue, und Brijendras Schweigen (er spricht nur Hindi) ist für uns beide von Vorteil. Ich kann mich konzentrieren; und ihm steht es frei, mich nicht weiter zu beachten. Mit der Ausnahme von *nan*, dem Tonofenbrot, das die Moslems in Indien eingeführt haben, ist Brijendras Küche, was Brot angeht, ein Mikrokosmos des nördlichen Indiens. Der enigmatische Brijendra führt mich in die Welt von *roti*, *chapati*, *puri* und *paratha* ein. Ich liebe es, ihm dabei zuzuschauen, wie er den Teig fest zu *paratha* zusammenrollt. Es fasziniert mich, zuzusehen, wie sich die *chapati* zu kleinen Kissen (super!) aufblasen, wenn er sie über eine Flamme hält. Und das alles aus einfachstem Teig: aus fein gemahlenem Vollkornmehl, Wasser und Salz. Nachdem es mir gelungen ist, mich in Brijendras Küche zu schmeicheln, erfahre ich, dass die Unterschiede im Teig minimal sind, es werden lediglich zwei verschiedene Pfannen verwendet, eine tiefe für *puri* und eine flache für *chapati* und *paratha*. Die *roti* – im Grunde das Gleiche wie *chapati,* nur mit etwas Öl oder Ghee, einer Art flüssiger Butter – schmecken nach Vollkornweizen und etwas verkohlt, da sie auf einer ungefetteten Eisenplatte, einer Tava, gebacken werden. Brijendra wirft den rund ausgerollten Teig auf die Tava. Er ist so dünn, dass die *roti* innerhalb von Sekunden braun werden. Hält man sie dann einen Augenblick über eine Flamme, gehen sie auf und erinnern an winzige Pitabrote. Bei Shubbi wird nur indisches Brot gegessen, obwohl es auch auf einigen Märkten westliches, nach Hefe schmeckendes Brot gibt. Inder halten dieses Brot für ein Vermächtnis der Kolonialmächte Portugal, Frankreich und Großbritannien und bezeichnen es als »Doppelroti«, doppeltes Brot. Der berühmte Koch Madhur Jaffrey schreibt, dass man den weichen, lockeren Teil der (Doppelroti) Brotscheibe rausreißt und wegwirft – normalerweise werden die Papageien im Garten damit gefüttert. Das Loch wird dann mit Fleisch-Korma oder mit dem, was gerade im Ofen ist, gefüllt.

In dieser Küche und in diesem Haus fühle ich mich sicher und geborgen. Und das ist gut, weil wir uns später zu Shubbi flüchten müssen, als mein Ehemann in Kalkutta den Blues bekommt. Aber ich greife vor!

Wer nicht am Tisch eines Einheimischen gegessen hat, wird das Essen eines östlichen Landes nie kennen lernen. Weil ich die indische Küche – ob in Indien oder zu Hause – nur von Restaurantbesuchen kannte, war mir so manches entgangen. Die meisten Inder essen nicht in Restaurants, außer sie müssen Geschäfte abwickeln, oder sind fern von zu Hause auf Reisen. Restaurants gibt es noch nicht lange in Indien, da dort die höchsten Kasten die von Außenstehenden zubereiteten Mahlzeiten für unrein hielten. Brijendras Essen ist einfacher und würziger als das, das ich bisher kennen gelernt hatte.

Beim Dinner geht es bei den Singhs wenig förmlich und sogar ausgelassen zu. S.P. hält seine haarsträubenden Reden und gibt verwegene Erklärungen ab, und Shubbi macht ihn anschießend zur Schnecke. Ihr Geplänkel findet auf Englisch statt, wenn es aber wirklich ernst wird, wechseln sie ins Hindi. Sie schreit ihn zusammen, und er wehrt verlegen und unwillig ihre Hand ab. Er ist verrückt nach ihr.

Nachdem er uns alle bedient hat, stellt Brijendra die dampfenden Schalen mit den Currys auf den Tisch: Gemüse, Kartoffeln, Hammel oder Fisch. Das Brot wird einzeln an die Tafel gebracht, ein *roti* nach dem anderen. Brijendra legt jede Woche mehrere Meilen zwischen der Küche und dem Esszimmer zurück, um dort die heißen *roti* zu servieren, die ebenso schnell verschwinden. Im indischen Teilstaat Pandschab wird Virilität im Scherz daran gemessen, wie viele *roti* ein Mann auf einmal essen kann. »Das hier ist ein Sieben-*roti*-Mann«, witzelt man beispielsweise. Das Brot, das zu einem indischen Mahl gehört, wird frisch serviert, und es wird so lange nachgelegt, bis man seinen Teller beiseite schiebt oder die Welt untergeht, je nachdem was zuerst eintritt. Alle drei Minuten kommt Brijendra mit einem dampfenden *roti*, *chapati* oder frittiertem *puri*-Brot ins Zimmer. Er hält die Brote mit einer Zange und legt sie lautlos ab. »Da kommt er ja schon wieder!«, heißt es dann immer, und Brijendra lächelt sanft, während wir protestierend die Arme schwenken: »Nicht noch eins!« Er zieht sich zurück, erscheint aber schon wenige Minuten später wieder und schwenkt seine getreue Zange. Nach dem Essen kann man sich kaum noch erinnern, wie viele *roti* man verspeist hat. Ich versuche, den Überblick zu behalten, aber es gelingt mir nicht. Nach den ersten zwei wird es bereits schwierig, das liegt hauptsächlich an dem ständigen Nachschub. Übrig gebliebene *roti* werden an die Hunde verfüttert, nicht nur an die Haushunde. In ganz Indien sah ich Frauen, die *roti* auf die Straße warfen. Aus dem Nichts tauchten streunende Hunde auf und verschlangen es. Inder werfen kein Essen weg. Sie geben es an die weiter, die weniger haben, egal ob Mensch oder Tier. Obwohl sie räudig sind und häufig an Tollwut leiden, machen die verstoßenen Hunde einen wohlgenährten Eindruck.

Beim Lunch will Lenny einmal ein *roti* mit dem Buttermesser aufschneiden. Shubbi fällt ihm in den Arm und weist ihn zurück: »Du darfst niemals ein Brot mit dem Messer schneiden«, sagt sie.

Inder sind vom Essen besessen und die meisten Inder, ob reich oder arm, essen ständig. Auf den Straßen drängt sich ein Imbissstand neben dem anderen, und das in allen Preislagen. In Kalkutta pachten Männer einen Platz von der Größe eines Badetuchs (oder nehmen ihn einfach frech in Besitz). Ein Kohlenfeuer, eine Pfanne zum Brotbacken, ein oder zwei Töpfe und wenig später zahlen schon irgendwelche Leute ein paar Cent für ein Essen.

»Paratha Street« heißt eine unglaublich schmale Straße in Neu-Delhi, weil sich hier Brotstand an Brotstand reiht. Überall sind die flinken Hände von Männern und Jungen damit beschäftigt, den hellen, seidigen Teig aus Mehl und Wasser in die Luft zu werfen, zu dehnen und auszurollen. Hin und wieder geben sie dem Teig auch noch einen Klaps wie dem Po eines Säuglings. Die Straße hat gerade Rikschabreite, und Howie, der bislang von den Massen durch ein Autofenster getrennt war, trifft beinahe der Schlag, als er sich zur Seite werfen muss, um einem Leprakranken auf einem Karren auszuweichen. Ich erinnere mich an meine ersten Besuche in Alt-Delhi. Damals schrieb ich meinem Freund Jack eine Postkarte: »Falls es hier eine Klinik für Kulturschock gäbe, läge ich auf der Intensivstation.« Kühe, Eselkarren, Rikschas, ein ständiges Kommen und Gehen von Männern, Frauen und Kindern. Mit ihren Latschen schlappen sie durch die offene Kanalisation. Die von Abgasen geschwängerte Luft ist zusätzlich voller Rauch. In Indiens Städten wird viel gehustet. Menschen scharen sich um Karren, die aussehen wie Warnungen der Gesundheitsbehörde vor der Cholera und an denen Snacks verkauft werden. In *Days and Nights in Calcutta,* das er zusammen mit seiner Frau, der bengalischen Romanautorin Bharati Mukherjee verfasste, beschreibt Clark Blaise, wie ihr kleiner Sohn bei ihrem ersten gemeinsamen Besuch in Indien einen Straßenverkäufer anstarrt und fragt: »Daddy, verkauft dieser

Mann Fliegen?« In den Dreck und das Elend mischen sich bergeweise Blüten von Ringelblumen, die bei einer Puja den Göttern dargeboten werden, und liebevolle Eltern halten wunderschöne Kinder hoch, deren Augen schwarz geschminkt sind und die klimpernde Ketten um ihre knubbeligen Fußknöchel tragen. Die Saris der Frauen präsentierten sich in einem Farbenreichtum, der auf Erden seinesgleichen sucht. In Indien lässt einen noch ein Haufen Lumpen verstummen, so farbenprächtig sind sie.

Wir streifen im Slum umher. Kanati, Shubbis Chauffeur, erwartet uns mit dem funkelnden Toyota auf einem Parkplatz genau an dem Punkt, an dem Neu-Delhi enger und dunkler wird und in Alt-Delhi übergeht. Howie will sofort hier weg. Lenny macht sich wie immer an seinem wahnsinnig auffälligen manuellen Fotoapparat zu schaffen. Ich quetsche mich hinter die Brotstände und stelle den Männern und Jungen aufgeregte Fragen. Sie müssen mich für verrückt halten. Ein Moslem mit einer Kappe knallt ein *nan*-Brot gegen die heiße Innenseite eines mit Kohlen beheizten Tonofens. Hinter einer dünnen Wand ist ein Junge damit beschäftigt, kleine Teigballen zu *chapati* auszurollen und sie auf einen Rost zu legen. Der *chapati*-Bäcker hält keinen Augenblick inne, als fürchte er, aus dem Rhythmus zu kommen. Es geht Schlag auf Schlag. Mit den Händen nehmen die *paratha*-Bäcker Teigbällchen – die während der letzten vier Stunden natürlich gegangen sind – und drücken sie flach. Sie bestreichen die *paratha* mit Ghee und rollen sie fest zusammen zu einer Schlange. Der Vorgang erinnert an ein Kind, das mit Knetmasse spielt. Die Schlange verwandelt sich in eine Spirale, einem Fliegenfänger oder einem Dauerlutscher nicht unähnlich. Alles geschieht in Sekundenschnelle. Würde man nur eine Sekunde den Blick abwenden, wäre die *paratha* wahrscheinlich bereits gebraten. Der Bäcker verteilt etwas mehr Ghee und schmeißt eine *paratha* in die Pfanne. Sie wird beim Bräunen langsam gewendet. Ich zahle ein paar Rupien für eine heiße *paratha*. Sie ist gleichzeitig solide und locker und erinnert an Zimtgebäck mit viel Butter. Unermüdlich backt er weiter.

An Ständen von Jaisalmer bis Kalkutta esse ich dampfend frisches *nan*-Brot oder *chapati*. Gelegentlich lasse ich das Gebäck aber sofort wieder fallen, nur damit es irgendeine Kreatur verschlingt, die weniger wählerisch ist als ich. Auf der Straße essen oder nicht? Das ist ein fortwährendes Dilemma. Eine Stimme sagt mir, das Brot sei gut für mich, frisch gebacken und noch heiß. Eine andere flüstert, dass so mancher Budget-Reisende mit Typhus zu kämpfen hat. Als ich zum ersten Mal nach Kalkutta kam, sah ich etwas, was ich nie vergessen werde. Der Besitzer eines Karrens mit Esswaren hatte sich nur einen Augenblick abgewandt. Das genügte. Eine Kuh, die gerade vorbeikam, leckte alles mit ihrer langen Zunge ab.

In Tamil Nadu in Südindien sah ich rasend schnelle Hände aus feuchtem Reismehl und Dal, dem indischen Grundnahrungsmittel aus zerstoßenen getrockneten Erbsen oder Linsen, einen Teig herstellen. Wenn man diese Mischung über Nacht gären lässt, wirft sie Blasen und beginnt zu duften. Mit Wasser verdünnt, wird dieser Teig in eine große Pfanne mit Öl gegeben, etwa so wie eine Crêpe. Das goldgelb gebratene Ergebnis ist herzhafter und mancherorts so groß, dass in der *dosa* eine würzige Kartoffelfüllung Platz findet. Einige Inder, denen ich begegnete, fanden es seltsam und amüsant, dass ich versuchte *dosa* zum Abendessen zu bestellen, etwa so, als würde ein Ausländer in den USA einen French Toast zum Dinner ordern. Obwohl sie die Größe von Bordgepäck hat, ist *dosa* ein Snack, der am Spätnachmittag gegessen wird. Das meine ich eben mit Indern und ihrem Essen.

In der engen *paratha*-Straße herrscht Tag und Nacht Betrieb, und der *paratha*-Duft vermischt sich mit dem der einfachen Kochfeuer der Leute, die auf den Bürgersteigen wohnen. Wo ich mich auch hinwende, kocht etwas, wenn nicht Speisen, dann Chai, überall gibt es Chai. Wie das Brot gibt der Chai dem indischen Leben seinen Rhythmus. Tee ist das indische Händeschütteln, die indische Umarmung. Die Journalisten, die in Gujarat die vom Erdbeben zerstörten Dörfer besuchten, berichteten beschämt und überrascht, dass die trauernden, obdachlosen Opfer darauf bestanden, ihnen Tee zu servieren. Der Mann mit dem Tee ist der Lebensnerv der indischen Straße. Für mich stellt jeder Teestand eine gute Gelegenheit dar, dem Lärm zu entkommen, innezuhalten, durchzuatmen, mich zu sammeln und zu versuchen, die Frage zu beantworten, was zum Teufel ich hier nur zu suchen habe. Am Teestand sind alle gleich. Hier bin ich nur eine in der Menge, nicht besser und nicht schlechter. Ein Geschäftsmann in westlicher Kleidung trinkt seinen Tee und blättert in der Zeitung *The Hindu*. Neben ihm steht ein zerlumpter Tagelöhner in einem schmuddeligen Dhoti und Sandalen. Der Tee ist süß, leicht mit Kardamom, Zimt und Pfeffer gewürzt und wird mit Milch getrunken. An einigen Ständen trinkt man aus Tongefäßen, die wie Blumentöpfe en miniature aussehen. Wenn man fertig ist, wirft man sie auf die Erde. Die Scherben werden später recycelt. In Indien wird nichts weggeworfen. Organische Abfälle werden von den Tieren gefressen, anderes wird wieder verwertet, gelegentlich in einem vollkommen anderen Zusammenhang. Aus einem Pyjama wird ein Turban.

In Indien hindert einen nichts am Kochen, die eigene Küche ist jederzeit in greifbarer Nähe haben. Pilger und Reisende aus fernen Landesteilen versammeln sich am Fluss oder auf der sonnenverbrannten Erde einer alten Festung und bereiten Festmahlzeiten zu. Es ist auch nicht ungewöhnlich, dass Familien direkt neben stark befahrenen Straßen oder auf dem gefliesten Boden eines belebten Bahnhofs ihr Abendessen zubereiten. Niemand muss in einem indischen Zug hungern. Selbst die lustigerweise Express genannten Züge scheinen keinen Bahnhof auf ihrer Strecke auszulassen. Jeder Stopp bedeutet einen weiteren Snack. Die Inder lieben dieses Wort. Aus dem Nichts scheinen die Händler aufzutauchen. Sie reichen Teller mit Samosa, Pakora oder würzigen Nüssen durch die offenen Fenster der Waggons. Auf Bahnsteigen sitzen Männer und braten *chapati*. Ihre Gehilfen reichen sie den Reisenden zu den Abteilfenstern hinauf. Außer den Ausländern, die sich mit irgendetwas zu infizieren fürchten, oder denen, deren Eingeweide bereits in Aufruhr sind, kaufen fast alle etwas. Ein Arm mit zahllosen Armreifen reicht ein paar Rupien nach draußen, ein Bananenblatt mit irgendetwas Duftendem verschwindet nach innen. Das geht den ganzen Tag so. Es wird ununterbrochen gegessen. Da sie unter ihren Saris unendlich viel Platz haben, naschen die indischen Frauen gern, beispielsweise in Honig getränkten Griespudding oder viereckige Kokosplätzchen, die einem auf der Zunge zergehen. Indische Matronen sind daher oft recht üppig, wenn nicht gar fett. In Gesellschaft dieser Frauen sehe ich fast aus wie ein Bikini-Model. Alles ist relativ.

Wegen Nebels, der einfach nicht weichen wollte, saßen wir einmal sieben Stunden im Jodhpur Airport von Delhi fest. Die Abfertigungshalle wies neben einer schrankgroßen Buchhandlung einen Stand auf, an dem es Tee, Wasser in Flaschen und Kekse in Tüten zu kaufen gab. Wir machten uns ans Lesen und versuchten uns in dem überall in Entwicklungsländern anzutreffenden Gleichmut zu üben. Um sechs Uhr machte eine Flughafenangestellte in einem rosa Shalwar Kameez in der Abfertigungshalle die Runde und weckte alle Wartenden. »Der Bus ist da!«, rief sie. Sollten wir etwa mit dem Bus nach Delhi fahren? Ich stellte mir eine Kurzmeldung vor, wie sie fast in jeder Nummer der *New York Times* zu finden ist: achtundzwanzig Tote bei Busunfall in Indien. »Kommen Sie, kommen Sie«, rief die Flughafendame, und alle erhoben sich. »Kommen Sie auch?« Wir schauten etwas verwirrt aus der Wäsche. »Falls Sie etwas essen wollen, der Bus wartet draußen. Beeilen Sie sich, er fährt gleich ab!« Wir schnappten unsere Mäntel und stiegen in den Luxusbus. Wie erwartungsvolle Schulkinder fuhren wir nach Jodhpur hinein. Der Bus hielt vor einem modernen Hotel, und wir begaben uns alle in ein sauberes, gut geheiztes Restaurant. Dort erwarteten uns bereits gedeckte Tische – Indian Airlines lud ein. Ein riesiges Büfett stand bereit. Wir aßen, tranken Bier und schlossen Freundschaften. Als uns der Bus zurück zum Flughafen brachte, wartete bereits unsere Maschine.

Shubbi ist ganz aufgeregt, dass wir bei ihr zu Hause wohnen wollen. Sie und S. P. beschließen, uns zu Ehren ein großes Essen zu geben. »Würdest du gern einen Sari tragen?«, fragt Shubbi. Nach ein paar Wochen in Indien, erscheint mir das gar nicht mehr so abwegig. Welche Frau mittleren Alters mit fortschreitender Zellulitis trägt nicht gerne ein Kleidungsstück, das im Wesentlichen einem riesigen Bettüberwurf gleicht? Alle Saris haben eine Größe und passen immer im Gegensatz zu westlicher Kleidung, deren Größen allen anderen, aber selten einem selbst passen. Nimmt man zu, wird einfach auch der Sari weiter. In ganz Indien gibt es nicht genug Saag Paneer, dass einem ein Sari einschneiden könnte wie eine Jeans.

»Der ganze Sari steht und fällt damit, dass nichts ins Rutschen kommt«, warnt mich Shubbi, als sie den Stoff doppelt genommen in den Bund meines Rocks steckt. »Das kommt mir ganz okay vor«, lüge ich. Wie um einen Maibaum führt Sie den Sari mehrfach um mich herum. »Wie komme ich in diesem Ding auf der Toilette klar?«, frage ich, als Shubbi die knittrige kakaofarbene Seide mit Streifen und rötlichen Schneeflocken ordentlich für den Teil des Saris fältelt, der der Schärpe eines Fünfsternegenerals ähnelt. Auf Zehenspitzen gehe ich, den Sari wie ein gebauschtes Hochzeitskleid raffend, mit ihr nach oben. »Tu das nicht!«, befiehlt sie. Trägt man einen Sari, braucht man auch einen Bindi, den Punkt auf der Stirn der verheirateten Frau. In ihrem Schlafzimmer verhilft mir Shubbi zu meinem dritten Auge unterhalb des Scheitels. Das Karmesinrot kommt aus einem kleinen Tiegel wie dem für Lip-Gloss. Dann sucht sie aus ihrem reichen Fundus ein paar rostfarbene Armreifen für mich aus. Mein langes Haar ist nach dem Duschen noch feucht. »Ich schicke dir einen Föhn nach unten«, sagt Shubbi. Der Föhn kommt in Gestalt eines menschlichen Wesens. Eine kleine Nepalesin erscheint barfuß mit einem Föhn und einer Haarbürste. Langsam und sanft macht sie sich an die Arbeit. Als sie fertig ist, legt sie die Hände zusammen, der Namaste genannte Dank, und geht auf Zehenspitzen wieder nach oben.

»Der Sari steht Ihnen wirklich«, dieses Kompliment macht mir später ein Gast aus dem Pandschab. »Ich dachte, Sie seien eine blauäugige Inderin.« Eine blauäugige Inderin! Shubbi hat mir gesagt, ich habe eine indische Seele. Sie nimmt mich zu Nina, ihrer Schneiderin, mit und bittet sie, mir etwas typisch Indisches zu nähen. (Lenny und Howie hingegen betrachtet Shubbi als hoffnungslosen Fall und typische amerikanische Fremdenhasser.)

Howie, Lenny und ich planen einen Trip durch die staubige Wüste von Rajasthan. Unser Hauptziel ist Jaisalmer und seine antike, immer noch bewohnte Festung, die *Tausendundeiner Nacht* entstammen könnte. Der erste, vollkommen abwegige Plan war, mit dem Zug von Delhi über Jaipur und Jodphur nach Jaisalmer zu fahren und von dort wieder zurück nach Delhi. Beim Studium der Landkarte schien uns das sinnvoll zu sein (je größer ihr Maßstab, desto sinnvoller). Wir hatten jedoch nicht bedacht, dass unser kleiner Ausflug mit Etappen von zwölf bis vierundzwanzig Stunden verbunden war und Abfahrt und Ankunft zu äußerst unbequemen *timings,* wie die Inder sagen. Der Trip hätte uns fertig gemacht. Selbst ein junger, Haschisch rauchender Rucksacktourist hätte dieses Programm nicht überlebt: mehrere Tage und zwei Nächte lang im Zug, der, obendrein notorisch unpünktlich, die Qualen noch um Stunden verlängert. Wir sind einigermaßen ratlos, was wir jetzt anfangen sollen. Aber eines Morgens – wir schlafen noch alle – ist Captain Singh, wie ihn seine Freunde nennen, bereits früh auf den Beinen. Im frisch gebügelten weißen Pyjama erteilt er über sein schnurloses Telefon seinem Reisebüro Anweisungen. Als wir zum Morgentee erscheinen sagt er, und diese Worte prägen sich mir ein: »Alles geregelt. Zug funktioniert nicht. Wir haben euch einen Fahrer gemietet. Der holt euch Sonntagmorgen ab und ist dann eine Woche lang für euch da. Macht euch keine Sorgen, es ist alles geregelt.« Wir hätten außerdem Glück, meint S. P., die Agentur schicke einen Fahrer, der Englisch spreche. Unglücklicherweise sind alle Toyota Land Cruiser unterwegs, wir werden also in einem Ambassador durch die Wüste Tharr rumpeln.

»Wisst ihr, was man über die Ambies sagt? Alles macht Lärm außer der Hupe«, witzelt S. P., als die Diener unser Gepäck im Kofferraum des wartenden Wagens verstauen. Der »Ambie« ist ein ausladendes, anachronistisches Fahrzeug und war bis vor kurzem das einzige Auto, das in Indien erhältlich war. In meinen Augen ist es denkbar ungeeignet, die Odyssee über einige der schlechtesten Straßen unseres Planeten anzutreten. Rajkumar, unser Chauffeur, ist ein magerer, nervöser Mann mit kräftigem, pomadisiertem Haar und Aknenarben. Eine erste Kostprobe seines fließenden Englischs erhalte ich, als er mir erklärt, warum es keinen Sinn habe, am Beifahrersitz nach einem Sicherheitsgurt zu suchen: »Nicht gut. Ist weg!«, sagt er und nickt wie eine dieser Figuren auf dem Armaturenbrett. Ständiges Nicken gehört in Indien irgendwie dazu. Ich schnalle mich schon an, wenn ich auf einem Parkplatz in eine andere Parklücke fahre. Aber irgendwie scheint dieses Dilemma zu Indien zu passen. Was man nicht ändern kann, sollte man besser hinnehmen. Man muss fatalistisch sein und der Kraft des Karma vertrauen. Was spielt es für eine Rolle, ob ich diesen Körper verlasse, weil ich zu Tode getrampelt werde, einer Epidemie zum Opfer falle oder ums Leben komme, weil der Zug entgleist oder weil ich in einen Frontalzusammenstoß mit einem TATA-Laster mit überhöhter Geschwindigkeit verwickelt werde? An der Straße von Jaipur nach Jaisalmer sind Kliniken so selten wie der Regen. Das ist ein weiteres vernünftiges Argument gegen Sicherheitsgurte: Sollten der Ambie und ich als rauchender Trümmerhaufen zwischen TATA-Stoßstangen und Kamelkarren enden, dann ist es sicher besser, sich auf dem Weg ins nächste Leben zu befinden, als so verstümmelt, dass man nicht wiederzuerkennen ist, in diesem zu verweilen.

Bald nachdem wir die Sadhana Enclave verlassen haben, wird deutlich, dass Rajkumar weniger Englisch versteht als ein durchschnittlicher amerikanischer Haushund. Das ist nicht weiter schlimm, doch etwas ärgerlich, zumal wir so viel Zeit miteinander verbringen werden. Wir sprechen lauter, als würde das einen Unterschied machen. In Jaipur steigen wir im alten romantischen Samode Haveli ab. Lenny und ich lassen Howie allein, der die schön gefliesten Innenhöfe und die Bögen im Mogulstil malt. Rajkumar rast mit uns die von Kolonnaden gesäumte Hauptstraße von Jaipur entlang und wartet auf unsere Anweisungen. Obwohl Jaipur sehr heruntergekommen ist, ist es ein magischer Ort. Seine breiten Straßen sind für königliche Prozessionen mit von Elefanten gezogenen Wagen und für Kamelkarawanen ausgelegt. Die verzierten Rajput-Gebäude und die Basare der Handwerker erwecken den Eindruck, als hätte sie jemand mit pfirsichfarbenem Lack übergossen. Langsam rollen wir an der üppigen Fassade des Hawa Mahal, des Palasts der Winde, vorbei, da dreht sich der bislang schweigende Rajkumar zu uns um und ruft: »Jaipur rosa Stadt! Alles rosa!«

Nach einer anstrengenden siebenstündigen Staubodyssee mit einer Rast an einer staatlichen Raststätte überquert der Ambie die Stadtgrenze von Jodhpur. Die *chapati* der Raststätte waren in Ordnung. Wenn man in Betracht zieht, dass *chapati* immer mit der Hand gemacht werden, sind sie auf dem indischen Subkontinent erstaunlich gleich. Wir hätten uns ausschließlich an das Brot halten sollen. Nachdem Lenny und ich die Currys auf unserem *Thali*-Teller verschlungen haben, obwohl sie verdächtig lauwarm waren, haben wir jetzt eine massive Diarrhö und außerdem pochende Kopfschmerzen. Unsere Knochen schmerzen. In dem Ambie kommen wir uns vor wie in einem Mixer. »Alles geregelt«, diese Worte verfolgen uns. Lenny hat einen schweren Husten, der von den staubigen Marmorbrüchen und den Abgasen der TATA-Laster, die alle ein Krischnabild ziert, nicht besser wird. Howie trägt wie Jesse James ein Tuch vor dem Gesicht. Als wir schließlich ins Ajit Bhawan stolpern, haben wir voneinander, von Rajkumar und Indien an sich die Nase voll.

Das Ajit Bhawan gehört zur wachsenden Kette so genannter Heritage Hotels. Diese wurden in ehemaligen, gründlich renovierten Maharadschapalästen, Havelis, eingerichtet, die den Ansprüchen westlicher Touristen genügen: ewig langes

Duschen, ständig frische Bettwäsche und Entertainment. Bei dem Wort »Heritage« fällt mir wie bei dem Attribut »historisch« oder »romantisch« immer nur eins ein: »Wir dachten, dass Sie sich wohler fühlen, wenn wir überall auch etwas aus Plaste verteilen.« In einem grünen Erlebnispark verteilt, in dem sich alle Gäste wie Maharadschas, Maharanis oder Raise fühlen, liegen die Hotelzimmer in Erdhütten, die Namen aus Kipling-Büchern tragen, Jasmina und Parvati beispielsweise. Lenny bekommt eine weiße, mit Leopardenpelzen und Speeren dekorierte Jagdhütte zugewiesen, in deren Mitte ein Teakbaum durch ein Loch im Dach himmelwärts wächst. Gewärmt von Kohlebecken, werden die Gäste allabendlich beim Dinner von finster dreinblickenden Musikern unterhalten. Zum Klang ihrer Instrumente, von Dhol, der Trommel Rajasthans, Sitar und Sirangi (Saiteninstrumenten), tanzen Mädchen einen Luvar, einen folkloristischen Reigen, der schier kein Ende nimmt. Das alles ist etwa so authentisch wie Disney World, und kann mich nicht beeindrucken. Hinter den Mauern pulsiert das authentische, gnadenlose, lärmende Chaos. Mein Versuch, dorthin einen Spaziergang zu unternehmen, scheiterte, weil eine Schar bettelnder Kinder mich dermaßen bedrängte, dass ein Mann aus seinem Auto steigen musste, um sie zu verscheuchen.

Im Ajit Bhawan wird Brot auf großen Tischen im Freien zubereitet. Das erinnert an Kochprogramme im Fernsehen. Ein Mann knetet den luftigen Teig für *nan*-Brot, drückt ihn flach und pappt ihn an die Wand eines Ton-Tandoors. Sein Nebenmann brät *chapati* und hält sie anschließend über die Flamme. Gelegentlich haut er auch *roti* in eine Pfanne.

»Jodhpur blaue Stadt! Alles blau!«

Rajkumar ist gesprächig, als er uns am nächsten Morgen abholt. Er hat sich rasiert und trägt ein blütenweißes, frisches Hemd. Jodhpur präsentiert sich tatsächlich fast ganz in Blau. Beton und Lehmziegel erstrahlen in einem hellen Indigoblau, das an die Kacheln eines Pools erinnert. Warum Blau? Die meisten Leute behaupten, dass sei eine Brahmanenfarbe. Die unteren Kasten schlossen sich dieser Ansicht an. Wieder andere meinen, dass diese Farbe die Moskitos abstößt. Warum malt man dann nicht alle Städte in Indien blau an? Oder jede Stadt in den Tropen und am Äquator?

Gerade als Rajkumar uns am Glockenturm der von einer Mauer umschlossenen Altstadt von Jodhpur absetzt, entdecke ich meinen ersten indischen Transvestiten. »*Hijra!*«, verkünde ich. »Das ist Mann, der trägt Frauenkleider«, flüstert mir eine Stimme ins Ohr. So kreuzen sich unsere Wege mit denen von Sandeep Singh Couhan. In Wahrheit hat er auf uns gewartet. Sandeep sieht gut aus, ist fit und adrett gekleidet und einer von den Hochstaplern, die es in allen Touristenorten Indiens gibt. Ein Student, der ewig Semesterferien hat, zur Verständigung zwischen den Kulturen beitragen will und sich fröhlich auf Englisch unterhält, während er sich an einen heftet wie eine Zecke. Schon seltsam, dass sich in einem so bevölkerungsreichen Land die Ausländer in Jodhpur immer an demselben Mann hängen bleiben. Alles wirkt wie ein Trick. Wie immer bemerken wir zu spät, dass sich Sandeep bereits zu unserem Führer ernannt hat. Es ist unmöglich, ihn abzuschütteln. Er treibt uns in Läden, in denen überteuerte und bereits alte Gewürze und schäbige Rajasthan-Turbane verkauft werden. Sandeep ist ein Profi. Das ist uns egal, gehen wir halt in den Gewürzladen mit, aber dann muss er uns auf den Getreidemarkt führen.

Es spielt keine Rolle, was man vorher gelesen oder gehört hat, nichts bereitet einen auf das richtige Indien vor. Einige verlieben sich in das Land, andere tun so, und der Rest fühlt sich einfach nur abgestoßen. Sandeep liest Touristen wie eine Visakarte. Manche befinden sich am Rand eines Nervenzusammenbruchs, und Sandeep versteht es, sie zu seinem Onkel mitzunehmen. Hier baut er sie mit etwas Geplauder wieder auf.

Im Gewürzladen lassen wir uns mit Sandeep im Nacken Safrantee in Porzellantassen aufdrängen und kaufen mit Siegellack verschlossene Päckchen mit Garam Masala, Biryani und Chai-Gewürzen. Der Händler gibt uns noch gratis ein weißes, stärkendes Pulver dazu, das er als indisches Viagra bezeichnet. Gewürze kommen einem immer wie das perfekte Mitbringsel vor, bis die Verpackung im Gepäck aufplatzt und alle Kleider wie ein Curry-Fertiggericht riechen. Aber sie sind nett verpackt, nach Farben sortiert, dunkelrot und terrakotta, und die Gebrauchsanweisungen sind charmant: »Das Knoblauchgewürz zusätzlich beim Kochen, damit es Geschmack gibt … (1 Löffel) mit etwas Wasser gemischt ergibt dicke Paste (Sauce), welche auf Brot von *chapati* zu streichen und zum essen servieren.« Wir hören dem gesprächigen Eigentümer zu, der damit angibt, dass sich seine Gewürze sehr gut in Alaska verkaufen. Dann dränge ich Sandeep, etwas für sein Geld zu tun. »Bring mich zum Getreidemarkt.«

Bald gehen wir durch enge Straßen. Die üblichen Geschäfte werden von Metzgern abgelöst. Wir befinden uns in einem Getto, denn die Hindu Brahmanen essen kein Fleisch, noch berühren sie es. Wir halten die Luft an und durchqueren den Tunnel aus Tierleichen, dann biegen wir in eine stille Sackgasse ab, in der Männer mit den bloßen Füßen Sesamkörner durch etwas, das wie Fliegengitter aussieht, streichen. Von Spreu und Staub befreit, werden die Körner in eine handbetriebene Presse gefüllt. Sie steht in einem Verschlag, der kaum größer ist als ein Kühlschrank. Ein hölzerner Mörser schlägt auf die Körner, und unten läuft das zähflüssige, reine Sesamöl heraus. Schon der Geruch ist so angenehm wie der Genuss eines Stückes Halwa.

Der alte Getreidemarkt von Jodhpur ist in einer ehemaligen Karawanserei untergebracht. Schon seit Jahrhunderten bieten die Bauern aus dem Umland auf dem Markt ihren Reis und ihr Getreide an. Die Händler aus den Dörfern und der Stadt erwerben hier säckeweise Reis, Linsen, Hirse, Weizen und Maismehl. Die Preise werden von der Regierung festgesetzt. Über den Ständen hängen Girlanden mit Zitronen und Chilis, die vor dem bösen Blick schützen sollen. Auf dem weitläufigen Getreidemarkt geht es, einmal abgesehen vom auf allen Basaren üblichen lebhaften Feilschen, friedlich zu. Wir riechen an Säcken mit Weizenmehl für *chapati* und *nan*, Linsenmehl für *pappaduam* und Reismehl für *dosa*. Der Reishändler zeigt mir, wie man prüft, ob der Reis gut und frisch ist. Man legt ein paar Reiskörner auf die Handfläche, schließt die Hand und bläst hinein. Dann riecht man daran, die Wärme des Atems sollte das Reisaroma entfalten.

Um zehn Uhr morgens kommt Rajkumar zurück. Er hat irgendetwas Präventives oder Kreatives mit den ramponierten Reifen des Ambie unternommen, und bald befinden wir uns auf der Wüstenstraße Richtung Jaisalmer. Die Stadt nahe der Grenze zu Pakistan breitet sich wie Lava um ihre antike, immer noch bewohnte, goldene Festung aus. In der Tharr-Wüste blühen hier und da grüne und gelbe Senfpflanzen, insgesamt gleicht sie jedoch einer gottverlassenen Mondlandschaft, in der sich nur Kamele, Schmuggler und pakistanische Spione wohl fühlen. Mit anderen Worten: Auch ich fühle mich hier wohl. Akazien, Luzerne, Hirse und Weizen, der zum Teil noch von Hand geworfelt wird. Eben geerntetes Getreide wird aus großen, flachen Korbschalen in die Luft geworfen, und das Stroh vom Wind fortgetragen. Die Körner werden in den von Benzinmotoren angetriebenen Mühlen gemahlen. Frauen mit wassergefüllten Tonkrügen auf dem Kopf schreiten die Straße entlang, und TATA-Laster rasen vorbei, als würden sie in einem parallelen Universum existieren. Zu beiden Seiten der Straße sind Leute, die vermutlich schon immer hier gelebt haben, mit unbegreiflichen Dingen beschäftigt. Eine Frau in einem eidottergelben Sari, mit Goldkreolen an den Ohren und einem goldenen Ring an der Nase, die Augen schwarz geschminkt, beugt sich über einen kleinen Krater im Asphalt und scheint nach etwas zu suchen, aber nach was? Vor einem Haveli etwa einen Kilometer von Jaisalmer Fort entfernt, hockt ein Mann den ganzen Tag auf der von Mist bedeckten Erde und zerkleinert Steine zu Kies. Warum arbeitet er ausgerechnet hier? Der Platz scheint vom Zufall bestimmt zu sein. Wohnt er zwischen den traurigen Souvenirläden? Vielleicht breitet er abends auch einfach nur seinen Charpoy aus und schläft neben dem Haufen Steine.

Auf der Fahrt gibt es immer etwas zu sehen, aber ich sehne mich danach, diese Straße endlich hinter mir zu lassen. Die letzten vierzig Meilen hat Rajkumar immer wieder einen Konvoy mit Raketenwerfern überholt. Die tödliche Waffe liegt nicht sonderlich gut befestigt auf einem Tieflader keine zwanzig Zentimeter von uns entfernt und zeigt genau in unsere Richtung. »Müssen Sie so nah ranfahren?«, frage ich. »Ha, ha, ha«, erwidert Rajkumar und schert in dem vergeblichen Versuch zu überholen nach links aus. »Große Armeekaserne, ha, ha, ha.« Mich beeindruckt Rajkumars Furchtlosigkeit angesichts dieser militärischen Übermacht. Uns kommt das Ganze wie die Parade einer Minirepublik vor. Ich habe schon Abteile zweiter Klasse mit indischen Soldaten geteilt und fand das recht entnervend, besonders dass ich ständig ihre Gewehrkolben in den Rücken bekam. Aber indische Reisende scheinen sich von Soldaten nie auch nur im Geringsten einschüchtern zu lassen.

»Jaisalmer!«, verkündet Rajkumar, und seine Stimme klingt erleichtert. Auch wir sind es. Nach ein paar unübersichtlichen Abzweigungen kommen wir drauf, dass unser Fahrer wohl noch nie hier war. Das hindert ihn nicht daran, uns zu erklären: »Jaisalmer, goldene Stadt! Alles Gold!!«

Bald ist die Straße von Kamelkarren, Rikschahs, Schulkindern und den allgegenwärtigen Wasserträgern verstopft. Ich hatte Zimmer im Hotel Jaisal Castle bestellt, einem der vielen alten Havelis in der Stadt. Es liegt jedoch auf den Wällen von Jaisalmer Fort, das sich wie eine Kulisse aus einem Zeichentrickfilm von *Tausendundeiner Nacht* in der Wüste erhebt.

Mit dem Auto darf man nur wenige Stunden am Tag in das Fort fahren, und bei unserer Ankunft ist es geschlossen. Rajkumar versucht, die Augen panisch nach oben gerichtet, mit dem Ambie den Stau unterhalb der Mauern des Forts zu umgehen. Die Fahrer in den Autos um uns herum deuten auf das Jaisal Castle. Einige Samariter stürzen aus einem kleinen Reisebüro. Oh nein! In unserem *Lonely Planet* steht, Jaisalmer sei voller Betrüger, die einem erzählen wollen, das gebuchte

Hotel sei geschlossen. Einer erzählte einer Gruppe von Touristen sogar, eine Bombe habe ihr Hotel zerstört.

Wir haben keine Wahl, und müssen es ihnen überlassen, mit der Situation fertig zu werden. Das Jaisal Castle thront dort oben, wir stehen hier unten und schauen hilflos zu, wie drei Jungen mit verdrossenen Mienen unsere Rollkoffer aus dem Kofferraum des Ambie zerren und durch den Dreck und Mist der Wasserbüffel zum Fort hinaufschleifen. Eine steile gepflasterte Straße führt hinauf zum Eingang des Forts und zu einer Herberge, die das Jaisal Castle sein könnte oder auch nicht. Unübersichtliche Gassen und Innenhöfe wechseln einander ab. Howie ist wütend, und Lenny bekommt eine Hustenattacke. Ich mache mir Sorgen um unsere Sicherheit, und auch Rajkumar scheint einem Anfall nahe. Aber schließlich langen wir vor dem riesigen, kathedralenähnlichen Portal des Jaisal Castle an.

Es ist das richtige, ein verfallenes, aber wunderschönes Haveli mit einem von Säulen, die eine Reihe vergitterter Fenster flankieren, umstandenen gefliesten Innenhof. Frauen besuchen ein Heiligtum, um einer Gottheit zu huldigen. Der Weihrauchgeruch mischt sich mit dem Curryduft aus einer winzigen Küche. Wir gehen hinter dem Besitzer her eine schmale, ausgetretene Treppe hinauf auf eine Terrasse, von der aus man über die Wüste bis nach Pakistan sehen kann. Wir bekommen zwei kalte, dunkle Zimmer mit geschnitzten Bettgestellen und Rajasthan-Teppichen. Mir gefällt es, aber die Männer sind alles andere als glücklich.

»Nicht gut, das«, faucht Rajkumar, der sonst nie seine Gefühle erkennen lässt. »Das schlecht.« Howie findet das Hotel charmant, aber schäbig. Lenny findet es unakzeptabel. Also werden wir morgen umziehen. Aber am Abend sitzen wir noch bei Vollmond im Innenhof neben einem großen Feuer, das in einem Kessel prasselt, und führen uns mit gutem *chapati* ein wunderbares Korma zu Gemüte. Am nächsten Morgen bin ich vor der Dämmerung auf, und gehe, während ich die Sonne aufgehen und den Mond blasser werden sehe, durch die stillen

Straßen. Die Läden sind noch geschlossen. Meinen ersten Chai trinke ich auf einer Kiste neben einem Lagerfeuer.

Später kommt Rajkumar uns abholen. Vollkommen aus dem Häuschen ruft er »Gut Hotel!« Wir eilen hinter den Gepäckträgern her aus dem Fort. Unser Gepäck rollt durch frische Kehrichthaufen. Das neue Hotel ist ausgezeichnet, ein riesiges Haveli, in dessen geräumigem Innenhof es wimmelt von französischen Touristen, die, von Kopf bis Fuß in Khaki gekleidet, in Hosen, deren Beine sich abnehmen lassen, um sie in Shorts zu verwandeln, zu einer Kamelsafari aufbrechen. Die Zimmer sind groß und sauber. Ich bin glücklich. Howie ist glücklich. Lenny ist sehr glücklich. Und Rajkumar, der eine Riesenprovision einsteckt, ist am glücklichsten von allen.

Lenny und ich bereiten unsere Safari vor, nur wir beide mit zwei Kameltreibern. Zu dem Dorf am Rand der Wüste ist es ein langer Ritt. Dort hat man für unser Mahl in einer Herberge eine Decke auf die Erde gelegt. Ich krieche in das Kochhaus aus Zement und sehe einem Jungen zu, der, über einen Propangasherd gebeugt, Weizen*chapati* und welche aus gemahlener Hirse aus der Winterernte zubereitet. Das Hirsebrot hat eine bläuliche Farbe, es ist trocken und relativ zäh. Das Mahl ist vorzüglich. Dazu gibt es einen »besonderen« Dessertwein, der wie Nagellackentferner riecht. Unsere Begleiter sind enttäuscht, dass wir nichts trinken. In der Vergangenheit haben Lenny und ich unter dem Einfluss von so namenlosem Gebräu Dinge getan, die wir später bereut haben.

Die Kameltreiber – der ältere, recht stattlich mit einem scharlachroten Turban, der andere etwas heruntergekommen und gefährlich wirkend – begleiten uns zu unseren Kamelen. Ich bekomme den gefährlich wirkenden, der den ganzen Tag genau zwei Worte zu mir sagt. Höhnisch lächelnd schaut er von Lenny wieder auf mich und murmelt: »Ihr Vater?« Während wir vorwärts schaukeln, unterhalten sich die beiden Männer lautstark. Wir halten in Dörfern mit strohgedeckten runden Hütten an, wo uns Kinder umringen und aggressiv auf unsere Umhängetaschen deuten. Einmal werden wir auch in eine baufällige Hüt-

te geführt. Hier serviert uns eine zahnlose mit dem Silber-
schmuck der Gegend behängte Alte Tee in angeschlagenen
Porzellantassen und starrt uns durchdringend an. Sie will sich
ein paar Rupien verdienen, aber wir haben sie in ihrer Siesta
gestört. Wir sitzen etwas betreten da und fühlen uns wie
idiotische Sahibs. Da langt der Kameltreiber mit dem Turban
tief in seine Tasche und zieht etwas in Alufolie Verpacktes
daraus hervor. »Opium?«, flüstert er Lenny ins Ohr. Unser be-
quemes Leben läuft in Sekundenschnelle noch einmal vor uns
ab.

Nach unserer Rückkehr nach Delhi erwartet uns Shubbi mit
Geschenken: Ich bekomme eine rot und gelb gemusterte
Shalwar Kameez und die Männer Baumwollhemden. Am sel-
ben Abend fliegen wir, noch etwas mitgenommen von unserer
Woche im Ambie, nach Kalkutta. Wir haben vor, dort fünf
Nächte zu bleiben. Nach ihrem Gepäck zu urteilen, hat Shubbi
genug eingepackt, dass es bis zum Monsun reicht.

Es gibt zwei Arten von Menschen auf der Welt: diejenigen,
die Kalkutta lieben, und solche, die normal sind. Es lässt sich
nicht leugnen, die Stadt ist unerträglich laut und stinkt. Verfall und Korruption sind an der Tagesordnung. Die Straßen
sind total verstopft. Kalkutta ist so dicht bevölkert wie eine
Kiste Sprotten. Zu behaupten, hier gebe es eine Unmenge Ob-
dachloser ist ungefähr genauso sinnvoll wie die Feststellung,
dass man in Peking wahrscheinlich vielen Chinesen begegnet.
In Kalkutta steht der größte Banyanbaum der Welt (eine ben-
galische Feige), außerdem gibt es dort eine erstaunlich saubere und effiziente U-Bahn sowie einen Park eigens für die Rat-
ten. Ich liebe diese Stadt.

Shubbi hat schöne Erinnerungen an diese Stadt. Obwohl sie
keine Bengalin ist, wuchs sie in Hooghly, einem Vorort von
Kalkutta auf, und studierte an der Santiniketan, der geistes-
wissenschaftlichen Universität von Westbengalen, die von dem
berühmten Schriftsteller, Maler und Nobelpreisträger Rabin-
dranath Tagore gegründet wurde. Bei meinem ersten Indien-
besuch habe ich das ganze Land bereist und war von Kalkut-

ta besonders begeistert. Man ist hier auf den Straßen sicher und findet sich in der Stadt so gut zurecht wie in Venedig: Man muss sich Venedig nur mit Kühen, mehreren Millionen überlaufenden Toiletten und einem Chor schwindsüchtiger Hustender vorstellen. Mich beeindruckte, dass in diesem brodelnden Durcheinander trotz Verfall und Korruption auf die Dinge Verlass war. Der Zug kommt pünktlich oder unpünktlich, eine Rikscha ist immer zu haben. Obwohl fast jeden Tag auf den Straßen demonstriert wird, was nicht selten in Krawalle ausartet, der Strom häufig wegbleibt, Epidemien grassieren und die Stadt von Fluten biblischen Ausmaßes heimgesucht wird, kann man sich darauf verlassen, seine Wäsche pünktlich aus der Wäscherei zurückzubekommen. Man wird vielleicht kein funktionierendes Telefon oder einen Flug nach Delhi aufzutreiben können, dafür findet man auf Schritt und Tritt einen Schneider, der einem sofort sein Shalwar Kameez säumt, und das fast gratis. Bei meinem ersten Besuch in Indien musste ich es mir abgewöhnen, Bitten zu wiederholen. Die Inder sind höfliche und reservierte Leute, die nie sagen würden: »Schon gut, ich habe Sie bereits verstanden.« Sie verstehen einen immer beim ersten Mal. Diese Lehre kam mich einmal im Coffee Shop eines Hotels teuer zu stehen. »Ich hätte gern einen Tee«, sagte ich zu dem viel beschäftigten Kellner und dann noch einmal: »Einen Tee bitte«, und als er in Hörweite war, wiederholte ich meine Bitte ein drittes Mal: »Einen Tee.« Wenige Minuten später erschien er mit drei Tassen Tee.

Ich hatte für uns Zimmer im Fairlawn-Hotel in der Sutter Street bestellt, in einer etwas verrückten, aber einnehmenden Herberge. Die Lobby ist überladen mit Korbmöbeln und Topfpflanzen. Hier spielen sich täglich Dramen ab. Das Fairlawn wurde vor gut zweihundert Jahren von einem Europäer gebaut. In der Bauurkunde ist es als »Pukka«-Haus bezeichnet, als ein Gebäude aus Ziegeln. Die damals herrschenden Nawabs erlaubten den Bengalen nur Behausungen aus Palmwedeln und Lehm. Seit 1962 steht Mrs. Violet Smith mit ihrem Ehemann Ted dem Hotel vor. Als Kleinkind kam sie mit ihren Eltern via

Pakistan aus Armenien. Im Jahr 1942 traf sie Ted, einen in Westbengalen stationierten Major der britischen Armee. Vi erzählt allen, die es hören wollen, dass sie schon Tom Stoppard, Sting, Dominique Lapierre, Patrick Swayze und die Schauspieler des Films *City of Joy*, der zum Teil in dem Hotel gedreht wurde, beherbergt habe. Mit Perücke, stark geschminkt, gesprächig und liebenswert erscheint Vi immer noch jeden Abend zum familiären Dinner, fadem, zerkochten englischen Essen, das im Zimmerpreis enthalten ist. Das letzte Mal, als ich im Fairlawn wohnte, stolzierte sie mit einem übergewichtigen Zwergpudel herum. Der schon etwas senile Ted saß, die Lippen permanent zu einem herablassenden Lächeln verzogen, im Safari-Outfit Tag und Nacht auf einem Stuhl neben dem Empfang, als rechne er damit, jederzeit zur Tigerjagd abgeholt zu werden. Die Kellner im Fairlawn tragen Turban und Kummerbund, eine seidene Leibbinde, und sehen einen höhnisch an, während sie einem gekochte Kartoffeln und fettiges Hammelfleisch servieren. Weil einige der Gäste davon wenig begeistert waren, stellte man vor einiger Zeit die viktorianische Sitte des »Betttees« ein, nach der einem der Diener noch vor Morgengrauen den Tee ins Zimmer stellt, damit Memsahib ihn beim Aufwachen sofort genießen kann. Das Fairlawn verfällt, die Betten sind steinhart, die sanitären Einrichtungen kläglich und die Zimmer schlecht und lieblos eingerichtet. Aber da es ein solches Hotel sicher kein zweites Mal gibt, will ich, dass Howie und Lenny es erleben, ehe es untergeht, was recht wahrscheinlich ist. Howie übt sich in Toleranz. Shubbi sehnt sich nach der Marmorpracht und dem Brahmanen-Komfort des nahe gelegenen Oberoi Grand. Lenny hält das Hotel für eine Absteige.

Am Tag nach unserer Ankunft feiert Violet ihren achtzigsten Geburtstag. Jemand hat ihr aus Übersee den ersten Big Mouth Billy Bass – einen tanzenden Plastikbarsch, ein Spielzeug – geschenkt, den der indische Subkontinent gesehen hat. Violet schaltet ihn ein, und das Personal schaut den trällernden, flossenwedelnden Fisch entsetzt an. »Aber das ist ja entzückend«, zwitschert Violet. Ich erinnere sie daran, dass ich schon einmal in ihrem Hotel gewohnt habe. »Oh natürlich, Darling!«, sagt sie. Sie legt mir die Hände auf die Wangen. »So entzückend.« Ich liebe dieses Hotel.

Shubbi ruft ihre Freundin und Kollegin Anu an, die uns zusammen mit ihrer Tochter Ritoo im Fairlawn abholt. Solange wir in Kalkutta sind, haben wir einen Chauffeur zu unserer Verfügung. Dafür hat S. P. gesorgt (»Alles geregelt«). Ich hatte mich darauf gefreut, die Stadt zu Fuß zu erkunden, aber jetzt sitzen wir wieder in einem Ambassador und quälen uns im Schritttempo zum Oberoi. (Zu Fuß sind es fünf Minuten.) Anu ist eine nette, wohlmeinende Frau, die etwas einsam mit ihrer Tochter, einem Teenager, in einem befestigten Apartmenthaus lebt. Wie die Sadhana Enclave soll es die Superreichen von der rauen Wirklichkeit der Straße abschirmen. Der fast fensterlose und vielfach verriegelte Gebäudekomplex gleicht eher einer Festung als einer beschaulichen Brahmanen-Enklave. Ihr Mann fährt als Kapitän auf einem Öltanker und kommt nur gelegentlich nach Hause. Ritoo, die gut in jedes amerikanische Einkaufszentrum passen würde, ist fast mit der Privatschule fertig und treibt sich mit einem Ökologen aus Deutschland herum. Trotz ihrer auffälligen Saris, ihrer lauten Stimme und ihrem Diamantschmuck kommt es mir vor, als habe Anu nichts zu lachen. Sie ist praktisch eine Gefangene. Sie erholt sich gerade von einer Operation der Schilddrüse. Die meiste Zeit sitzt sie einfach nur da: im Club, in ihrem Wohnzimmer, im Wohnzimmer ihrer Freundin. Dieser Ausdruck ist vielen reichen Inderinnen geläufig. »Ich sitze etwas bei Anu«, sagt Shubbi.

Da Shubbi der Meinung ist, wir sollen Indien rundherum erleben, schlägt sie vor, in einer der Vorstädte Kalkuttas, in Tangra, zu Abend zu essen. In Tangra leben Färber aus China in einem eigenen Viertel, da den Hindus der Umgang mit Leder verboten ist. In den schmutzigen Straßen von Tangra gibt es dreihundert Färbereien und eine Reihe chinesischer Restaurants. Ich finde diese Kombination etwas Besorgnis erregend, sage aber nichts, als wir in zwei Autos steigen, Howie mit

Shubbi und Ritoo, Lenny und ich mit Anu. Die Straßen werden immer dunkler, bis wir uns in einem der Hölle ähnlichen Niemandsland befinden, das nur von der Glut von Feuern erhellt wird. Die Restaurantschilder blinken im Halbdunkel, nur nicht das des Kafulok, das die Damen ausgesucht haben. Es hat montags Ruhetag. Einen Augenblick hege ich die Hoffnung, dass dieser Kelch noch einmal an uns vorübergeht, aber Shubbi und Anu steigen aus den Wagen und entscheiden sich nach kurzer Beratung für ein anderes Lokal.

Ich habe keine Angst vor Bakterien, aber als wir erneut anhalten, frage ich mich, ob man es wirklich riskieren sollte, an diesem gottverlassenen Ort etwas zu sich zu nehmen. Dieser Gedanke beschäftigt mich gerade, als Anu einen Schrei ausstößt: »Oh Gott, er ist gefallen!« Oh nein! Welch furchtbares Bild erwartet uns? Wir sind in Indien, hier kann alles passieren, und in der Regel weitaus Schlimmeres, als man sich vorstellen kann. Lenny und ich steigen zögernd aus. Als Erstes sehe ich die braune Farbe auf Howies Jackett, das ganz zerknittert ist.

Howie ist in einen Gulli ohne Deckel gestürzt. Er hatte ihn für einen Schatten auf dem Gehsteig gehalten und war einen Schritt zur Seite getreten, um Ritoo und Shubbi vorbeizulassen. Eine Meute von Leuten, die auf dem Gehsteig leben, hat ihn wieder herausgezogen. Er ist durcheinander, benommen und mit Schmutz bedeckt. Auf seiner Brille klebt irgendein giftiger Dreck. Mitfühlend stehen wir um Howie herum, der wieder auf die Beine zu kommen versucht. Shubbi schweigt. Lenny tastet nach Howies Puls. Anu brüllt in Bengali in ihr Handy. Mit wem spricht sie?

Es gelingt uns, Howie zu stützen und ins Auto zu verfrachten. Jetzt bemerken wir, dass ein Arm gebrochen ist und in die falsche Richtung zeigt. Anu sagt zum Fahrer: «Assembly of God Hospital.« Wir verlassen die Dunkelheit und fahren durch die lauten, verstopften Straßen der Stadt. Es geht nur sehr langsam vorwärts. Howie macht bereits wieder Witze.

Als wir endlich vor der Klinik halten, sehen wir, was Anus

panische Telefonanrufe bewirkt haben. Schulter an Schulter wie eine Elitetruppe erwarten uns der Chefarzt der Kardiologie, der Chefarzt der Neurologie, der Orthopäde und alle Schwestern. Die Privatklinik verfügt kaum über westliche Hightechgeräte, ist aber blitzsauber. Bevor wir die Station betreten, müssen wir unsere Schuhe ausziehen

Der Unfall geschah gegen acht, um Mitternacht kommt Howie aus dem OP. Er hat den Arm in einem riesigen Gips. Shubbi zeichnet eine Kali, die Muttergöttin der Hindus, auf den Gips und schreibt in Hindu darauf: »Ich fiel in das Schwarze Loch von Kolkata.« Wir gehen ins Fairlawn um etwas zu schlafen. Shubbi ist untröstlich. Sie macht sich Vorwürfe: »Ich hätte gar nicht erst mit euch nach Kalkutta kommen sollen.« Anu ist vollkommen niedergeschlagen und jammert. »Ich hätte meine Köchin etwas zubereiten lassen sollen.« Vi schüttelt den Kopf und seufzt. Sie macht uns Vorwürfe: »Da sehen Sie, was passiert, wenn Sie nicht hier im Hotel essen.«

Unser letzter Tag in Indien. Wir sind alle etwas mitgenommen. Howie ist erschöpft. Er hinkt, das Gewicht seines riesigen Gipsverbands macht ihm zu schaffen. Shubbi hat eine üble Erkältung. Was könnte uns jetzt aufmuntern? Dann fällt mir ein, was ich zu tun habe.

Ich will eine jüdische Hühnersuppe kochen. Shubbi gefällt die Idee. Sie schlägt vor, dass mich ihr Chauffeur zum INA fährt, dem vielseitigsten Markt in Delhi. Hier kaufen auch die wenigen Yuppies in Delhi ein. »Da bekommst du alles, was du brauchst«, meint Shubbi. Dill, Steckrüben, Eiernudeln und Bouillonwürfel. Ich erwarte so etwas wie einen Fairway- oder Balducci's Supermarkt, nur eben fernöstlich. Ich werde nicht enttäuscht. Ein Träger kommt barfuß hinter mir her, während ich auf der Suche nach den Zutaten für meine Suppe von Stand zu Stand gehe. Ich muss einen sehr energischen Eindruck machen, denn die englisch sprechenden Händler wollen wissen, was ich zu kochen vorhabe: »Hühnersuppe mit Nudeln auf jüdische Art«, erwidere ich, und sie lachen und nicken, freuen sich, dass sie mir jetzt helfen können. Ein Mann begleitet mich durch den ganzen Markt zu einem Stand, an dem ich Pastinaken kaufen kann. Ich suche nach frischem Spinat und nach rotem und gelbem Paprika für einen Salat. Die Hühner muss ich zum Glück nicht kaufen, denn die auf dem Markt sind noch sehr lebendig und gackern. Brijendra wird sich für mich darum kümmern. Ich entdecke eine Schachtel Eier-Fettuccini, die sehr gut geeignet sind.

Zurück im Sadhana Enclave greife ich aus Gewohnheit nach der Tüte mit den Einkäufen, um sie ins Haus zu tragen. Da fühle ich nur ganz schwach Kanatis Hand auf meiner Schulter. Er macht eine finstere Miene, was noch nie vorgekommen ist. Natürlich. Nur Diener laden Pakete aus. Ich mache mich frisch, unterhalte mich eine Weile mit Howie in unserem Zimmer und gehe dann in die Küche, um zu sehen, was dort los ist. Ich erkenne meine Einkäufe kaum wieder. Alles ist gewaschen und klein geschnitten und kunstvoll in großen Schüsseln aufgebaut. Shubbi reicht mir eine Schürze, und ich mache mich an die Arbeit. Jetzt ist Brijendra der Schüler. Mit verschränkten Armen hält er sich etwas auf Abstand und schaut mir zu. Ich kann mir auf seine Miene keinen Reim machen. Was hält er von dieser fremdländischen Frau, die seine Küche okkupiert? Ich hacke eine Mohrrübe klein. Brijendra schnappt sich die anderen und hackt sie im Handumdrehen. Für eine Besucherin der Herrschaft schickt es sich nicht, in der Küche ein Essen vorzubereiten. Recht bald wird mir klar, dass ich das Feld räumen muss, ich bringe Brijendra bei, wie man die Suppe kocht. Etwas verlegen, ziehe ich das Grünzeug durch das abgekochte, in Flaschen abgefüllte Wasser und schichte es in eine große Salatschüssel. Die Paprika und die gerösteten Mandeln, die Lenny und ich auf dem Basar in Kalkutta gekauft haben, lege ich obenauf.

Das Essen ist ein großer Erfolg. Panna und Sunny, Shubbis Tochter und Schwiegersohn, essen mehrere Teller Suppe und machen sich über den Salat her. Sie finden alles so »ungewöhnlich und delikat«. Aber niemand ist glücklicher als mein müder und einarmiger Howie mit einem neuen Tuch um die Schultern, der andächtig löffelt. »Du hättest auch noch *challah*-Brot backen sollen«, meint er und schlabbert eine Eiernudel. Das hätte ich natürlich, aber das brachte ich nicht übers Herz. Während wir uns unterhalten, ist Brijendra mit der Tava beschäftigt. Endlich hat er in seinem Reich wieder die rechtmäßige Kontrolle übernommen. Es erweist sich, dass heiße *roti* und Hühnersuppe wie füreinander gemacht zu sein scheinen.

Wir umarmen uns zum Abschied. S.P. meint, wir bräuchten uns keine Sorgen zu machen. »Alles geregelt«, sagt er. Und das ist es auch.

Brijendras Roti

ZUTATEN:
Wasser
5 dl Chapati-Mehl (aus einem Laden mit
indischen Lebensmitteln) oder 2,5 dl ungebleichtes
Weizenmehl gemischt mit 2,5 dl gesiebtem
Vollkornweizenmehl

Roti sollen sofort serviert werden. Brijendra bereitet sie als Letztes zu und serviert sie fortlaufend während die Familie am Tisch sitzt und isst.

In einer Schüssel (etwa 1 dl) Wasser mit dem Mehl zu einem weichen Teig mischen. Den Teig kneten, bis er glatt ist. Wenn der Teig zu dünn oder zu flüssig ist, etwas Mehl hinzugeben.

Den Teig zu einem Ball formen und mit einem feuchten Tuch bedeckt mindestens eine halbe Stunde in der Schüssel ruhen lassen.

Aus dem Teig 10 bis 15 kleine Bälle formen. Die Tava oder eine gusseiserne Pfanne einige Minuten lang erhitzen. Die Bällchen einzeln entnehmen, die verbleibenden zugedeckt lassen, plattdrücken, mit Mehl bestäuben und sehr dünn rund ausrollen. Das *roti* in die heiße (ungefettete) Pfanne legen. Kurz (etwa 1 Minute) backen, bis sich Blasen bilden, dann rasch mit den Fingern umdrehen und auf der anderen Seite nochmals eine halbe Minute backen.

Die Flamme eines Gasherds anzünden und mit einer Zange das *roti* über diese halten und drehen, bis es wie ein

Ballon aufgeht. Das *roti* auf einen Teller legen und mit einem sauberen Küchentuch bedecken. Jedes neue *roti* dazulegen.

Der wichtigste Verbündete des Militärs: Das Brotprojekt
Natick, Massachusetts

Brot ist der wichtigste Verbündete des Militärs:
Ein Soldat marschiert nicht weiter als sein Magen.

RUSSISCHES SPRICHWORT

Studien haben gezeigt, dass die Moral der Soldaten wesentlich verbessert
wird, wenn sie frisches Brot erhalten.

AUS EINER ÜBERSICHT ÜBER »SHELF STABLE POUCH BREAD«, DAS ERSTE BROT, DAS
IN DEN FELDRATIONEN DER US-ARMY ENTHALTEN WAR.

Ich bin auf dem Weg zu einer Frau, die zu den Leuten auf der Welt gehört, die am meisten über Brot wissen. Zuvor muss ich mich an einem Kontrollposten bei einem bewaffneten Offizier, der keine Miene verzieht, ausweisen. Mein Informant hat mich vorgewarnt und bereits dafür gesorgt, dass ich einfach durchgewunken werde. Trotzdem wirft der Wachoffizier einen langen nachdenklichen Blick auf meinen Führerschein. Er hält mir ein Formular hin, das ich unterschreiben muss. Dann nickt er fast unmerklich, tritt zurück und lässt mich weiter.

Ich befinde mich ein Stück außerhalb von Boston im Natick Research Development and Engineering Center der US Army, einer der größten Erprobungseinrichtungen des amerikanischen Militärs. Hier will ich mir die Küche einer Wissenschaftlerin ansehen. Linnea Hallberg ist nicht beim Militär, sondern Zivilangestellte, die entweder als Lebensmitteltechnikerin, Mikrobiologin, Molekularbiologin oder biochemische

Ingenieurin bezeichnet wird. Außerdem nennt sie sich noch gerne, und das nicht ohne Stolz, Bäckerin. Schließlich weiß Frau Dr. Hallberg ungefähr alles, was man über Brot wissen kann.

In einem niedrigen, schmucklosen Gebäude unter Dutzenden ähnlichen suche ich nach dem Büro von Linnea Hallberg. Ich gehe durch einen Korridor und finde sie in einem Zimmer, das etwa so groß ist wie eine Besenkammer, aber dreimal so voll. Linnea Hallberg ist breit, stabil und mindestens ein Meter achtzig groß. Zwischen den vielen Bücherstapeln, dem Krimskrams, von Kindern gemalten Bildern, Familienfotos und Erinnerungen an ihre Karriere bei der Armee bleibt gerade noch genug Platz für sie. Während bei den Kollegen ein ständiges Kommen und Gehen herrscht, ist Frau Dr. Hallberg die beständige treibende Kraft hinter dem, was Insider nur das Brotprojekt nennen.

Genauso geläufig wie einem Studenten der Botanik im ersten Semester die Formel der Photosynthese ist jedem ernsthaften Bäcker der chemische Prozess der Gärung. Richtige Bäcker kennen die Gesetzmäßigkeiten von Hitze und Feuchtigkeit und die Unberechenbarkeit von Kulturhefe und wilder Hefe. Aber Frau Dr. Hallberg forscht noch tiefer. Routinemäßig betrachtet sie die eigentlichen Brotmoleküle. Sie ist mit ihren Empfindlichkeiten und Schrullen vertraut, und weiß, wie sich ihre mehr oder minder flüchtigen Komponenten verhalten. Mit ziemlicher Genauigkeit kann sie vorhersagen, was diese Moleküle morgen und am Tag darauf tun werden. Sie hat Sandwichs eingefärbt und untersucht unter dem Mikroskop, wie Wassermoleküle mit der Zeit wandern.

Mithilfe eines Elektronenmikroskops und gelegentlich auch der eines Laserstrahls ist Linnea Hallberg buchstäblich durch Brotkrumen gereist. Ein aufregender Trip durch ein Universum, das sich die wenigsten von uns vorstellen können, durch ein weiches aus Kratern, Plateaus, Kämmen, Tälern, Höhlen und unheimlichen Taschen voller Luft bestehendes Terrain. Die vorherrschende Feuchtigkeit in dieser Welt beträgt 35 bis 40

Prozent. Darin liegt das Geheimnis der Lagerfähigkeit. Frau Dr. Hallbergs Forschungen erstrecken sich nicht nur auf Zusatz- und Konservierungsstoffe. Wenn sie sagt, sie sei sehr vertraut mit Brot, meint sie nicht in erster Linie sein Aroma und seine Struktur, sondern seine Molekular- und sogar Atomstruktur. Auf dem Sektor Brot leistet Frau Dr. Hallberg Vergleichbares wie ein Polymerforscher für die Herstellung von Goretex-Skijacken. Um dem Brot die Eigenschaften zu geben, die sie ihm laut Vertrag geben soll, muss sie Dinge wissen, bei denen die meisten anderen Bäcker blass vor Neid würden. Ihre Herangehensweise als Ingenieurin ist holistisch. Statt sich mit Einzelproblemen – beispielsweise dem Altwerden oder Zerkrümeln – auseinander zu setzen, versucht sie das Brot neu zu erfinden.

»In der Schule war Chemie mein Lieblingsfach«, sagt Frau Dr. Hallberg, »weil sie so viele Geheimnisse unseres Lebens erklären kann. Außerdem können wir sie einsetzen, um unser Leben zu verbessern.« Als Lebensmitteltechnikerin im so genannten Combat Feeding Program (etwa: Nahkampf-Verpflegungsprogramm) verbessert sie zwar nicht unbedingt unser Leben oder das von Leuten, die wir kennen. Aber da sie unsere Truppen glücklicher, ihren Marschschritt vielleicht ein wenig beschwingter macht, schulden auch wir Zivilisten ihr Dank. Sie hat das Schinkensandwich für den Schützengraben geliefert. Der Höhepunkt von Frau Dr. Hallbergs Jahren in der Bäckerei war ein patentiertes Brot, das so alltäglich ist, dass jeder selbstbewusste Yuppie schockiert wäre, würde er es bei einer Abendgesellschaft vorgesetzt bekommen. Das ist ihr vollkommen gleichgültig. Ihre einzeln verpackten Weißbrote werden nie auf den Seiten des *Gourmet* auftauchen oder in großer Zahl auf dem Union Square Greenmarket verkauft werden. Sollte das Rezept in der *New York Times* erscheinen, dann vermutlich nur im Wissenschaftsteil. Bisher findet es sich nur in einem Handbuch für das Militär. Zu den Zutaten gehören: Wasser, das den nationalen Trinkwasserbestimmungen entsprechen soll, und gebleichtes Hartweizenmehl mit einem Proteingehalt von nicht weniger als 12,5 Prozent und einer Maltosezahl von höchstens 0,2 Prozent. Die amolytische Enzymtätigkeit wird mit der Methode der sinkenden Zahl festgestellt und soll 240 Sekunden nicht übersteigen.

Lebensmitteltechniker sind seltsame Leute. Wir leben in einem Land der Spezialisten, und die Veränderung, die Brot durchläuft, sobald es trocken wird, hat ein lebhaftes wissenschaftliches Interesse ausgelöst. Die Wissenschaft vom Altern des Brotes ist so alt wie das Fabrikbrot. Vom ersten Tag an waren große Verluste wegen des Trockenwerdens zu beklagen. In *Sechstausend Jahre Brot* schreibt H. E. Jacob, dass 1923 eine Gruppe Wissenschaftler des Instituts für Lebensmittelforschung an der Stanford University die Verluste, die der Industrie durch altes Brot entstanden, untersuchten. Die Einbußen der Fabriken betrugen damals zwischen 6 und 25 Prozent. Jacob, zweifellos mit einer Begabung für die Marktforschung, stellt fest: »Die Käufer nehmen immer lieber das frische Brot als das alte.« Als Ironie des Schicksals erscheint es einem, dass die unverkauften Brote an die Brotfabriken zurückgegeben und dem frischen Brot beigemischt wurden. Während des Zweiten Weltkriegs verbot die US-Regierung wie jede Großmutter, die Vergeudung als Sünde bezeichnet, die Rückgabe von altbackenem Brot. »Unsere Kinder und Enkel«, schrieb Jacob vor sechzig Jahren, »werden altes Brot vielleicht gar nicht erst kennen lernen. Denn Altgeschmack ist ein chemisches Problem, dass eines Tages sicher gelöst wird.«

Er hatte keine Vorstellung vom Ausmaß dieses Problems. Wie viele Aspekte der Lebensmittelchemie ist der Altgeschmack subjektiv. Alt bedeutet für jeden etwas anderes, genauso wie »weich«, »knusprig«, »bitter« oder »süß«. Aus diesem Grund kommt dem Laien die wissenschaftliche Literatur über Lebensmittel oft etwas lächerlich vor. Auf der Universität hatte ich einen Professor, der wusste, dass mich obskure wissenschaftliche Zeitschriften faszinieren. Er schenkte mir alte Nummern von Blättern wie *Welt des Truthahns* und *Entwicklung von Lebensmitteln*. Hier wurden Phänomene wie das »cremige

Gefühl im Mund« erörtert. Ich habe seit Jahren keinen Kontakt mehr zu meinem einstigen Lehrer, musste aber an ihn denken, als ich einen Bericht des Quartiermeisters für Lebensmittel und des Aufbewahrungsinstituts des Heeres über »Möglichkeiten der Herstellung eines lagerfähigen brotähnlichen Produkts« las. Würden Sie mir bitte das brotähnliche Produkt reichen! Gesegnet seist du, unser Herr, König der Welten, der das brotähnliche Produkt auf Erden wachsen lässt.

John Corcoran, mein Professor, hätte mir freudig folgenden Abschnitt aus dem Bericht vorgelesen, in dem festgestellt wird, »dass die Veränderungen, die das Brot beim Altern durchläuft, Interesse hervorrufen und Untersuchungen nach sich ziehen, seit die Menschen nach Möglichkeiten suchen, mit denen sich die Qualität ihrer Lebensmittel verbessern lassen«. In dem Bericht steht nichts über die Entwicklung von Croutons oder Paniermehl – das bleibt den Historikern der Esskultur überlassen –, er versucht einzig und allein die jährlichen Verluste durch alt werdendes Brot zu ermitteln. Wer weiß das schon? Obwohl Fortschritte zu verzeichnen sind, »betragen die Rücklieferungen von altbackenem Brot an Brotfabriken in den USA schätzungsweise 3,5 Prozent der totalen Produktion«. Der Report fährt fort: »Unberücksichtigt bleibt das Brot, das oftmals zu Hause weggeworfen wird, weil sich Familienangehörige weigern, altbackenes Brot zu essen (dem, der versuchen sollte, die genaue Menge zu ermitteln, kann man kann nur viel Glück wünschen). Unberücksichtigt bleibt weiterhin der Rückgang des Brotverbrauchs in Institutionen wie der Armee. Der Wert, die Frische von Brot über längere Lagerzeiten zu bewahren, ist offensichtlich.« In anderen Worten: Dasselbe Militär, das Tausende von Dollar für eine Toilette ausgibt, ist nicht bereit hinzunehmen, dass auch nur ein merklicher Anteil altbackenes Brot im Müll landet.

Seit Jahrzehnten beschäftigt sich Linnea Hallberg beruflich ausschließlich mit Brot, und in gewissen Kreisen hat man ihr, möglicherweise etwas hölzern, die wohlverdiente Anerkennung ausgesprochen. Es dauerte viele Jahre, bis der Durchbruch zum lagerfähigen Brot gelang. Jedes Brot ist einzeln in einen schlammfarbenen Beutel verpackt und mit dem Etikett BROT, LAGERFÄHIG versehen. *Ce n'est pas le pain Poilâne.* Aber in biochemischer Hinsicht sind diese Brote wirklich ganz wunderbar.

Man muss sich nur vorstellen, welcher Herausforderung sich Linnea Hallberg stellt. Wenn es darum geht, Soldaten im Feld zu verpflegen, dann ist der Geschmack nur ein Aspekt von vielen. Dasselbe gilt für die Lebensmitteltechniker der NASA. Ein Croissant im Weltall? *Quelle catastrophe! Petit-déjeuner* bei Schwerelosigkeit bedeutet überall Krümel und die Gefahr, dass ein Besatzungsmitglied daran erstickt. Der Feldsoldat hat ein anderes Problem. Natürlich würde er (oder sie) gern etwas Leckeres essen, aber seine Erwartung ist bereits so herabgesetzt, dass er sich schon mit etwas zufrieden gibt, was in der Welt der Zivilisten kaum noch jemand essen würde. Für einen Soldaten, der in der Wüste in einer Höhle hockt, während um ihn herum die Granaten einschlagen, ist eine Hühnerpastete, die er mit Wasser anrührt, so etwas wie ein Filet Mignon. Aber auch verglichen mit, sagen wir mal, einem Burrito, einer gefüllten Tortilla, aus dem Automaten, welche Hoffnung gibt es für eine gefriergetrocknete Mahlzeit, die vakuumverpackt wer weiß wie lange in der Tasche einer splittersicheren Weste gesteckt hat?

Man stelle sich vor, ein Brot vorgesetzt zu bekommen, das unablässig durchgeschüttelt, abgekühlt, erhitzt und wiederum abgekühlt wurde, außerdem mit Schweiß und Dreck in Berührung gekommen ist, weil vermutlich jemand darauf gesessen hat. Dann erst lässt sich einschätzen, was Linnea Hallberg geleistet hat. Ihre einzeln verpackten Brote halten sich mindestens drei Jahre lang und sind auch nach einer Lagerung bei 60 Grad in Metallbehältern oder bei arktischem Frost unbeschädigt und fühlen sich noch elastisch an. Wo, bitte, ist das *pain au levain*, das Tage, sogar Jahre, in der arabischen Wüste oder in einem feucht-schwülen equatorialen Sumpf überstehen würde? Linnea Hallbergs Produkt ist wahrhaftig etwas ganz Besonderes: Es ist das erste Brot in Feldrationen der US-Army, das sich sofort verzehren lässt. Wie seine weniger technologisch avancierten Entsprechungen von Baltimore bis Bièvres entstand Hallbergs Brot aus Mehl, Wasser und Hefe an einem Ort, der sich nicht groß von der Bäckerei an der Ecke unterscheidet.

Zum ersten Mal hörte ich von Hallbergs Arbeit, als ich mich mit der zugegebenermaßen »brotbesessenen« Pavinee Chinachotti unterhielt. Sie ist Lebensmitteltechnikerin an der University of Massachusetts und Hallbergs Mentorin. Die übersprudelnde Einwanderin aus Thailand wurde 1999 von einer Eastern Food Science Conference zur Professorin des Jahres gewählt. Chinachotti erzählte mir, dass ihre ehemalige Doktorandin im Natick Center erstaunliche Dinge mit Brot veranstalte. Ob ich wisse, fragte Chinachotti, dass sich eine ganze Wissenschaft nur mit dem Altwerden von Brot befasse?

Die Forschung der Armee ist sehr umfassend. Abgesehen von Waffen haben die Soldaten sehr vielfältige, spezielle und dringliche Bedürfnisse. In den Natick-Labors dienen Divisionen von Berufssoldaten beiderlei Geschlechts ihrem Land, indem sie im Kreis marschieren oder in Schlammlöcher tauchen, um die Kriegstauglichkeit von Stiefeln, Hosen, kugelsicheren Westen, Öfen, Zelten und Schlafsäcken zu prüfen. Die meisten so genannten aktiven Kleidungsstücke, die man für ein Vermögen bei Eastern Mountain Sports oder Paragon erwerben kann, haben ihre Entstehung der Revolutionierung von Uniformen zu verdanken. Die Everest-tauglichen Anoraks, die Banker auf dem Weg von der Lobby zu einem wartenden Taxi vor den Unbilden der Witterung schützen, erwuchsen aus dem Einfallsreichtum der Plastikingenieure, die für die Regierung arbeiten. Ihnen haben wir die Mikrofaser zu verdanken, seit deren Erfindung es einfach nicht mehr dasselbe ist, lange Unterwäsche zu tragen. In Natick entwickeln Wissenschaftler eine bessere Innensohle für Kampfstiefel oder ein feldtaugliches Mittel gegen das Jucken in der Leistengegend. Außerdem basteln sie wahrscheinlich an der nächsten Generation taktischer Waffen. Das offizielle Motto des NSC, des Nationalen Sicherheitsrats, lautet: »Unser Ziel ist es, unsere Soldaten zu den am besten ausgerüsteten, gekleideten, ernährten und geschützten der Welt zu machen.«

Auch die gefriergetrocknete Pampe, die Wanderer unter dem Namen »Beef bourguignonne« oder »Koriander-Limonen-Huhn« kaufen können, gäbe es nicht ohne die Militär-Labors. Diese Mahlzeiten sind in den Campingläden nicht gerade billig. Im Jahr 1997 tat sich Natick mit dem Keksmulti Nabisco zusammen, um lagerfähige Produkte auf Getreidebasis zu entwickeln. Wer weiß, wenn das nach Plan geht, lassen sich normale Lebensmittel bald nicht mehr von Feldrationen unterscheiden.

Auf dem Natick Campus gibt es ein Museum mit alten Feldrationen, die ältesten stammen von 1932. Das ist ganz nach meinem Geschmack. Ich liebe aberwitzige Museen (meine beiden Lieblingsmuseen sind das ungarische Paprikamuseum und das Ava-Gardner-Museum). Ich bin zutiefst fasziniert, als mir Hallberg auf dem Gang durch die Ausstellung vorführt, was es über die Jahre und wegen der Kriege für traurige Dinge zu essen gab. Ich erinnere mich, dass mein Vater von irgendeinem Kleister auf Toast erzählte. Mit fünf brachte er mir ein lächerliches Marschlied bei, das ich bis heute nicht vergessen habe: »Einer gibt dir ein Brötchen und sagt, es sei gut. Eins fiel vom Tisch, und mein Kamerad war dann tot.« Das verpackte Essen in den Schaukästen war schon zum Zeitpunkt seiner Zubereitung ekelhaft. Würde man die Scheibe eines Schaukastens einschlagen und in irgendwas reinbeißen, würde es vermutlich nicht viel anders schmecken als damals an der Westfront. Es gab Cracker und Kekse, aber niemals Brot. »Die Armee hatte nur Trockenbrot in Dosen, so etwas wie Zwieback«, sagt Hallberg. Was Feldrationen und Feldküchen angeht, sind die USA seit langem führend. Unsere Soldaten müssen nie hungern. Von gefriergetrocknetem Obst bis hin zu Dörrfleisch und dem denaturierten Müll, den Amerika mittlerweile an seine Kinder verfüttert, herrschte nie ein Mangel an lagerfähigen Lebensmitteln. Während des Vietnamkriegs erprobte die Armee ein verbessertes Dosenbrot. Es war mit einem chemischen Konservierungsmittel versetzt, das scheußlich bitter schmeckte. Außerdem zerkrümelte das Brot leicht in den Dosen. »Soldaten klagen im Feld immer über das Essen«, meint Hallberg. »Es schmeckt nie so wie zu Hause.«

Die Armee ist trotzdem stolz auf die Vielfalt und besonders auf die Lagerfähigkeit ihrer Feldrationen. Auf appetitanregende Bezeichnungen legt man hingegen weniger Wert, hier ist das Militär vermutlich der Meinung, dass das Geld anderswo besser angelegt ist. Deshalb laufen die Artikel unter so verführerischen Namen wie »Traubengetränkpulver«, »Schinkenscheiben« und »Käseaufstrich«, bei denen einem wohl kaum das Wasser im Mund zusammenläuft. Unermüdlich sind Feldrationenspezialisten damit beschäftigt, den Speisezettel der Soldaten zu verbessern. Felddelikatessen kommen und verschwinden wieder. Die Armee von heute ist die erste, die lagerfähige Waffeln zum Frühstück genießen kann. Im Jahr 1998 wurde der Schweinebraten mit Reis und Grillsauce ebenso abgeschafft wie Thunfisch mit Nudeln. Stattdessen können sich die Soldaten jetzt an Hühnerstreifen in Salsa, Pasta mit Gemüsesauce à la Alfredo, orientalischem Huhn und Müsliriegeln delektieren. Im Augenblick ist Hallberg im Endstadium der Entwicklung einer feldtauglichen Parker House Roll, einem weichen Brötchen.

Bevor die Tütenbrote aufkamen, stammte das einzige Frischbrot der Soldaten aus den Öfen provisorischer, mit Dieselkraftstoff betriebener Feldbäckereien. Dieses Brot war nicht schlecht, diente aber nur Truppen, die an einem Ort verweilten. In großen Kriegen in gemäßigtem Klima leisteten diese Feldbäckereien der Armee gute Dienste. In den militärischen Konflikten der letzten Jahre erwiesen sie sich als logistischer Albtraum. »Diese Feldbäckereien bestanden aus mehreren Anhängern, die unter einer Reihe von Zelten aufgebaut wurden. In ihnen wurden täglich Tausende von Broten gebacken«, sagt

Frau Dr. Hallberg. »Im Zweiten Weltkrieg funktionierte das recht gut, aber heute ist das nicht mehr zu machen. Zuletzt wurden solche Bäckereien in Grenada eingesetzt und scheiterten an den chaotischen Bedingungen. Die Anhänger versanken regelrecht im Morast.« Im Falklandkrieg erging es den Bäckereien der Engländer noch schlechter. Auf dem zerklüfteten Terrain und bei dem starken Wind ist mit einer provisorischen Bäckerei einfach nichts anzufangen. »Auf den Falklandinseln hatten sie eine Menge Schafe«, meint Frau Dr. Hallberg, »aber kein Brot.«

Einmal versuchten Hallberg und ihre Kollegen sogar, die Feldbäckerei neu zu erfinden. »Wir sahen sie uns genau an und hofften, dass wir sie verkleinern könnten«, sagt sie. »Wir versuchten alle Komponenten auf einen Anhänger zu packen, aber der Nachschub der Zutaten und des Brennstoffs warf große logistische Probleme auf.« Hallberg zeigt mir ein Modell in Originalgröße der neuesten, hochmodernen Feldküche. Sie verfügt über einen ölgeheizten Ofen und Vorrichtungen zum Erhitzen. Alles ist sehr kompakt und rasch sauber zu machen, im Grunde nur ein System, um folienverpackte Essensrationen aufzuwärmen. Diese neueste Superfeldküche wird »Essenskarren« genannt, das besagt eigentlich alles.

Es war so offensichtlich wie schimmliges Wonder Bread, dass Feldbäckereien nicht mehr die Lösung waren. Die Armee war aber trotzdem noch sehr interessiert daran, die Truppen mit Brot zu versorgen. Da begannen Frau Dr. Hallberg und ihre Kollegen sich auf MREs (Meals Ready-to-Eat, fertige Mahlzeiten) zu konzentrieren oder fertig verpackte Feldrationen. Sie wussten, dass sie Biologie, Physik und die Erwartungen des Gaumens gegen sich hatten, und überlegten, was sie tun könnten. »Wir dachten nach. Sollten wir es mit einer A-Ration versuchen, mit einem lagerfähigen Brot, oder einer B-Ration aus einem Brotmix, zu dem man nur noch das Wasser hinzufügen muss«, erinnert sich Hallberg. Ich fragte mich, was aus den C-Rationen geworden war und aus der Plage meines Vaters während des Zweiten Weltkriegs, den K-Rationen. »Die sind weg«, informiert mich Frau Dr. Hallberg. »Die gibt es nicht mehr. Heutzutage geht es nur um A gegen B.« Ich bin froh, dass in diesem Punkt keine Zweifel bestehen, kann aber gar nicht recht sagen, warum. Vermutlich hängt das damit zusammen, dass ich gerne obskure Dinge weiß. Nächstes Mal kann ich bei einer Abendgesellschaft, wenn die Rede darauf kommt, sachkundig sagen, dass es keine K-Rationen mehr gibt. Die Rede ist jedoch noch nie darauf gekommen. Wahrscheinlich passiert das auch nie.

Ein Pulver oder ein Brot? Brötchen oder Scheiben? Wie dick oder dünn? Das am weitesten verbreitete Lebensmittel der Welt ist gleichzeitig, jedenfalls für das Militär, auch das problematischste. Möglicherweise hätte das Militär das Brotprojekt ganz aufgegeben und eingeräumt, dass es für einen Soldaten auf Patrouille ungefähr genauso sinnvoll ist, ein Brot mit sich herumzuschleppen wie eine frische Honigmelone. Aber vor einigen Jahren kam eine von der Armee in Auftrag gegebene Studie darauf, dass Soldaten, die Brot essen, besserer Stimmung sind. Im Unterschied zu Speiseeis, Whiskey oder dem Besuch der Ehefrauen, setzte die Armee auf das Brot zur Verbesserung der Moral, und damit konnte sie dienen. Frau Dr. Hallberg und ihre Brotprojekt-Kollegen begannen also zu backen, und das unablässig. Jedes neue, veränderte Rezept wurde mit den unterschiedlichsten Methoden analysiert. Aber meist testeten sie das Brot, wie das jeder von uns tun würde. »Wir kosteten es einfach«, sagt Frau Dr. Hallberg.

Das Projekt machte gelegentlich großen Spaß, dabei war es weitaus komplizierter, als man sich vorstellt. War das Ergebnis annehmbar, mangelte ihm die Feldtauglichkeit, oder es war feldtauglich und ungenießbar wie Pappe. Einige der Brote waren okay, solange man sie nicht extremen Temperaturen oder großer Feuchtigkeit aussetzte, andernfalls lösten sie sich auf, schmolzen oder explodierten. Nach einer Reihe gelegentlich sogar recht lustiger Flops wurde das sofort essbare, lagerfähige Brot mit dem poetischen Namen MILB-44360 A geboren. Während des Golfkriegs verzehrten die Bodentruppen davon

12 500 Tonnen. Seit kurzem bereichert das neueste Beutel-Sandwich den Speisezettel der Truppe. Wenn Frau Dr. Hallberg eine Version erfindet, die sich nicht auflöst, dann wird es diese Sandwichs bald auch mit Erdnussbutter und Gelee geben.

Frau Dr. Hallberg ist eine sehr sachliche Frau. In ihrer Freizeit macht sie Radtouren. Sie gehört zu den Forschern, die leicht in die Sprache eines Chemielehrbuchs verfallen. »Wir können das Altwerden durch eine thermische Kurve und durch regelmäßiges Scannen ermitteln. Es ist sehr wichtig, den Feuchtigkeitsgehalt konstant zu halten, oder es kommt zu einer Kristallisierung des Zuckers und zu einer Veränderung von Gluten und Stärke ...« So kann das stundenlang gehen. Bei der Transkription des Interviews kann ich ein lautes Gähnen nicht unterdrücken.

Frau Dr. Hallberg kann sich auch außerhalb des Labors fürs Essen begeistern. Ständig geht es zwischen »Hm, wirklich lecker« und wissenschaftlichen Auslassungen über die Rheologie von Cheeze Whiz hin und her. In einer Kultur, in der sich alles, auch Freude, messen lässt, haben zivile und militärische Tester dem Brot auf der bis 9 reichenden »hedonistischen Skala« im Durchschnitt den Wert 8,1 gegeben. Was bekäme dann neun, frage ich mich. Etwa heiße Karamellsauce? Und eins? Lebertran? Freude ist ein relativer Begriff, und wenn man das Ganze einmal hedonistisch betrachten will, dann ist die Zwei des einen, die Sieben des anderen. Immerhin: Brot schneidet gut ab. Das scheint allen zu gefallen.

Als Frau Dr. Hallberg ihr Schweizer Armeemesser aufklappt, um eines der zum sofortigen Verzehr bestimmten Brote frisch aus seiner schlammfarbenen Verpackung anzuschneiden, tut sie das, wie jemand, der einem einen selbstgebackenen Apfelkuchen kredenzen will. Sie reißt das Brotpaket auf und schneidet ein paar dünne Scheiben herunter. Eine isst sie mir zur Gesellschaft mit. Das Brot hat eine angemessene Konsistenz – Lebensmitteltechniker nennen das Mundgefühl –, es schmeckt etwas süßlich und hat einen leicht bitteren Nachgeschmack. Frau Dr. Hallberg erklärt mir, dass jeder Beutel nicht nur ein lagerfähiges Brot enthalte, sondern auch ein kleines Tütchen mit einer Substanz, die den appetitlichen Namen Amosorb trägt. Dieses Konzentrat frisst den Sauerstoff, und die Idee, es verpackten Lebensmittel beizufügen, brachte dem Natick-Team 1996 den angesehenen du Pont-Preis ein. Sauerstoff und das, was Lebensmittel absondern – Abbauprodukte wie die Techniker sagen –, vertragen sich einfach supergut.

Das Brot, ein leicht gebräuntes Oval etwa so groß und dick wie eine Reiseverpackung Kleenex, ist nicht weiter bemerkenswert. Abgesehen von der leichten Bitterkeit, schmeckt es vollkommen durchschnittlich. Und das ist das Bedeutsame. Frau Dr. Hallberg erklärt, warum das Brot nicht größer sein kann: Für einen richtigen Laib wäre so viel Feuchtigkeit nötig, dass die Lagerfähigkeit beeinträchtigt würde. Der Geschmack hat nur sehr wenig mit dem deutlichen, möglicherweise unerfreulichen Aroma der Zusatzstoffe zu tun, die die Haltbarkeit dieses Brotes verlängern. Es ist weich wie ein Bäckerbrötchen und besitzt auch dessen vertrauten Kauwiderstand. Das ist für unsereinen natürlich nichts Besonderes. Aber stellen Sie sich vor, wie das Brot einem Soldaten schmecken muss, der irgendwo tagelang auf Dschungelpatrouille ist. Wie es sein muss, wenn er es, verformt oder nicht, seinem knurrenden Magen zuführt, um seinen Hunger zu stillen.

Abgesehen von einigen Hightechgeräten, unter anderem einem Gaschromatografen, einem Elektronenmikroskop und einem Oszillator, mit dem sich die Molekularbewegungen der Bestandteile des Brotes bestimmen lassen, gleicht die geräumige, weiß gestrichene Testbäckerei von Frau Dr. Hallberg jeder anderen Großbäckerei. Ein Großteil der wenn auch nicht unkomplizierten Arbeit besteht schlicht im Backen. Irwin A. Taub, Frau Dr. Hallbergs geschätzter, inzwischen verstorbener Kollege, arbeitete am Brotprojekt, als er schwer erkrankte. Trotzdem machte er zu Hause in seiner Küche weiter. »Er hatte solches Heimweh, dass er es einfach nicht lassen konnte, und schickte mir immer Proben«, erinnert sich Frau Dr. Hallberg. Irwin war ein sehr kreativer Mensch, aber den Lorbeer ernten immer die anderen.« Ihre neuesten Experimente zielen darauf ab, das patentierte Brot noch zu verbessern. »Ich will die Lagerfähigkeit weiter hinauszögern und ihm mehr den vertrauten heimischen Geschmack geben, der sich auch halten soll«, sagt Hallberg. Die Lagerfähigkeit verlängern? Im Augenblick ist ein ungekühltes Beutelbrot nach drei Jahren immer noch essbar, das heißt nach drei Jahren im Permafrost, drei Jahren in der Sahara und drei Jahren im tropischen Regenwald.

»Was ich hier tue, umfasst jede Wissenschaft«, sagt Frau Dr. Hallberg. »Ich beschäftigte mich mit den physikalischen Aspekten und der Rheologie von Lebensmitteln – beispielsweise wie Ketchup aus einer Flasche fließt. Ich betrachte Lebensmittel auf der Ebene der Moleküle und sehe mir ihre Zusammensetzung durch das Mikroskop an. Ich befasse mich mit der Kinetik der Lebensmittel, der Auswirkung von Erhitzen auf Mikroben und schließlich mit Lebensmittelverpackung, Lebensmittelchemie und Mikrobiologie. In der Lebensmitteltechnik ist wirklich alles von Interesse.« Wer wissen will, welchen Einfluss Lebensmitteltechnik auf das moderne Leben hat, braucht nur den nächsten Supermarkt aufzusuchen. Hinter allen Fertiggerichten, allen abgepackten Lebensmitteln, allen Molkereiprodukten, alles, was in Schachteln, Flaschen oder Dosen angeboten wird, steht laut Frau Dr. Hallberg jemand, der sich das ausgedacht hat.

Frau Dr. Hallberg gibt mir zwei Beutel Brot mit nach Hause. Es ist beruhigend zu wissen, dass ich drei Jahre Zeit habe, sie aufzuessen.

Lagerfähiges Brot, Patent 5059432

Handbuch des Natick Research Development and
Engineering Center der US-Army

ZUTATEN:
Mehl, 50,53 Prozent der Zutaten total, nach Gewicht
Emulgator, 1 Prozent
Wasser, 28,96 Prozent
Backfett, 8,5 Prozent
Glyzerol, 6,34 Prozent
Hefe, 2,25 Prozent
Salz, 1,29 Prozent
Gummiarabikum, 0,5 Prozent
Kalziumsulfat, 0,25 Prozent
Xanthan, 0,25 Prozent
schnell lösliche Zitronensäure, 0,1 Prozent (kann durch
schnell lösliche Pottasche ersetzt werden)
Sahnearoma, 0,3 Prozent

Den Emulgator mit dem trockenen Mehl vermischen. Die
übrigen Zutaten hinzufügen und zu einem Teig kneten.
Den Teig aufgehen lassen. Anschließend in Stücke auf-
teilen, deren Masse dem erforderlichen Gewicht des End-
produkts entspricht.
Der Teig wird so lange gebacken, bis die Oberfläche eine
gleichmäßige, typische Brotkrustenfärbung aufgenommen hat, die der Farbe B in den Mustern entspricht, die
Vertragspartnern und Inspektoren (USDA und FGIS) vor-
liegen. Das Brot wird in rechteckigen Formen gebacken,

die sich nach unten hin etwas verjüngen, um die Ent-
nahme aus den Backformen zu erleichtern.

Das Brot darf in Polyäthylen oder anderem von der FDA
genehmigtem Lebensmittelverpackungsmaterial, das sich
versiegeln lässt, maximal 48 Stunden aufbewahrt werden,
ehe es endgültig verpackt wird.

VERSUCHEN SIE DAS NICHT ZU HAUSE!

La Fête du Pain
Paris, Frankreich

> Il y a beaucoup de quelque chose,
> das heißt irgendwas.
> Aaaaaaaaaaah, quelque chose,
> ist einfach fabelhaft.
>
> KAY THOMSON, ELOISE IN PARIS

> Le pain se lève!
> GEHEIMES KENNWORT DER PARISER REVOLUTIONÄRE BEIM STURM AUF DIE BASTILLE

Das Einzige, was ich zum Frühstück begehre, ist ein frisches Baguette, außen knusprig und innen weich, mit Bauernbutter und einer Tasse Café au lait, um es runterzuspülen. Dieses Frühstück will ich jedoch nicht in meiner Küche einnehmen, sondern in einem netten Café, das nach Holzmöbeln und Kaffee duftet und von dem aus man einen Blick auf die Straße hat. Ich will nicht, dass das Baguette diagonal geschnitten ist, sondern längs in zwei Hälften, die wie Wikingerschiffe aussehen und großzügig mit Butter bestrichen sind. Ich will, dass der Mann, der das Brot auf meinen Tisch stellt, mir »Bon appétit!« wünscht. Ich will, dass dieses gebutterte Baguette *tartine* heißt.

Ich will in Paris sein. Ich will dort sein, wenn es nieselt, stürmt und unerträglich heiß ist. Ich bin nicht wählerisch, ich würde jederzeit dorthin fahren. Für mich ist Paris das Gegenmittel zu Amerika, wo jeder Lunch ein Proteincocktail aus der Dose ist, sich die Leute beim Abendessen über Fettanteile unterhalten und Hunde zu Hause bleiben müssen. Einerseits sehne ich mich danach, von Santorini bis Samarkand so viel wie möglich von der Welt zu sehen, andererseits genügt es mir, immer wieder nach Paris zu fahren.

Wir haben gute Freunde in London, und Howie schlägt in regelmäßigen Abständen vor, dass wir dorthin fahren. Meine Antwort darauf lautet stets: »Wie wäre es, wenn wir Geld sparen, und du fährst allein?« Warum auch London, sollen die Freunde doch herkommen. Warum nicht Paris? Damit meine ich, warum ein dunkler Pub und nicht ein helles, freundliches Café? Warum Crumpets, diese süßen Pfannkuchen, und nicht ein Croissant? Wie Gotteshäuser einen Pilger erfreuen die Cafés von Paris mein Herz und besänftigen meine Seele. Dazu noch das duftende frische Brot, Kaffee und einen herzhaften Salat, und ich habe alles, was ich will und brauche.

Auf den Straßen von Paris macht es Spaß, allein zu sein. Falls man nicht gerade zwanzig Jahre alt und durch einen Dauerkuss untrennbar mit dem Partner verbunden ist, lässt man eheliche Verdrießlichkeiten lieber hinter sich. Diese würden einen ohnehin nur von den aufregenden Dingen ablenken, die ständig um einen herum vorgehen. Daher gehen Howie und ich in Paris tagsüber getrennter Wege. Er hat eigene Pläne: Museen, Buchhandlungen und Läden für Künstlerbedarf. Einen ganzen Nachmittag kann er damit zubringen, Federn für Füllfederhalter zu begutachten. Paris ist für solch einen Mann wie geschaffen. Howie gefällt es, im Les Deux Magots einen wahnsinnig überteuerten Lunch zu essen, um dann den ganzen Nachmittag dort zu sitzen und die Gäste, die kommen und gehen, zu skizzieren. Ich streune einfach durch die Straßen, schlage willkürlich eine Richtung ein und laufe den ganzen Tag. Gelegentlich setze ich mich in ein Café. Wenn ich anständige Schuhe trage und einen erprobten Regenschirm dabei habe, schaffe ich mühelos acht bis zehn Meilen am Tag, weil es überall etwas Neues zu bewundern oder zu entdecken gibt, ein schönes Portal, einen Garten oder einen Laden für Seide und Spieldosen. Man kann sich immer darauf verlassen, dass einen die Métro dorthin zurückbringt, wo man aufgebrochen ist (ihr Plan hat für mich etwas von der

Sesamstraße, weil ich mit der New Yorker U-Bahn aufgewachsen bin). Ich bewege mich im Zickzack über die Seine und erkunde schmale Gassen und gepflasterte Straßen. Ich bin die geborene Bummlerin, und Paris ist das Paradies für Bummler. Einmal verbrachte ich einen ganzen Tag auf dem Friedhof Père Lachaise bei Größen wie Molière und Chopin. Gegen den Hunger hatte ich mir ein Brot mitgenommen.

Die Stadt Paris schlägt jeden in ihren Bann. Eine Freundin und Mutter sagte einmal zu mir, wenn sie sich, Gott behüte, ein Leben ohne ihre Töchter vorstellen müsste, so wäre ihr dieses nur in Paris möglich. Nicht nur die Eleganz und Schönheit der Stadt berühren mich, sondern auch die kleinen Dinge. Ich bin erfreut, in einem Laden etwas sorgfältig eingepackt zu bekommen, was nur vier Dollar gekostet hat, oder wenn eine Sekretärin mich mit den Worten »Ne me quittez pas« zum Warten auffordert. Ich liebe es, dass die Franzosen ihre Kinder als vollwertige Mitglieder der menschlichen Rasse behandeln. Ich staune, mit welcher Inbrunst die Franzosen der Schönheit frönen. Diese Leute können ganz beiläufig ein Sandwich machen, bei dem man sein eigenes am liebsten wegwerfen würde. Irgendwie gelingt es den Franzosen, dass alles immer zum Anbeißen aussieht. Wenige Dinge auf diesem Planeten sind verlockender als die Auslagen einer Pâtisserie, aber fast genauso appetitlich wirkt ein Geschäft, das Besteck oder Schreibpapier verkauft.

Am meisten aber nimmt mich das Verhältnis der Franzosen zum Essen ein. Gleich einer guten Ehe ist es beneidenswert, liebevoll und ungezwungen. Dem französischem Gaumen ist es egal, ob er »gutes« (sprich anämisch fettfrei) oder »ungesundes« (deftig und gehaltvoll) Essen schmeckt. Es ist eine Wohltat, den Parisern dabei zuzusehen, wie sie sich freudig über ihren *gratin dauphinois* hermachen. Diese Freude überträgt sich auch auf anderes, und trotz aller Besessenheit (und ich bin da keine Ausnahme) auf dieser Seite des Atlantiks, scheint die Freude am Essen die Menschen nicht davon abzuhalten, einigermaßen schlank zu bleiben.

Neben dem Eiffelturm ist das Baguette das Symbol der Karikaturisten, das wie kein anderes Paris verkörpert. Baguette ist das französische Wort für Stab, ein Klischeewort, das es mit »La vie en rose« oder dem sprichwörtlichen »Oh-la-la« aufnehmen kann. Wie ein Regenschirm oder ein Schoßhund ist das Baguette ein Pariser Accessoire. Von einem Baguette ein Stück abzubrechen und es in der Métro oder auf der Straße zu essen scheint eine schon fast instinktive Handlung zu sein. Als hätte die Hand, die nach dem Brot fasst, einen eigenen Willen. Und wie die Eloise von Kay Thompson feststellte: Für Kleinkinder lassen sich aus Baguettes wunderbare Ski herstellen.

Hinsichtlich des Kulturgutes Baguette, ist jedoch nicht alles rosig in dieser Stadt des Lichts. Seit zwei Jahrzehnten müssen sich Frankreich im Allgemeinen und Paris im Besonderen mit einer Brotkrise auseinander setzen. Natürlich ist der Ausdruck Krise sehr relativ. Es hat keine Aufstände gegeben. Weder wurden glücklose *boulangers* oder korrupte Getreidehändler gelyncht noch Gefängnisse gestürmt. Es ist eine Krise der Art, die der Schriftsteller Rudolph Chelminski als einen »der traurigsten Aspekte des Preises, den wir für den Fortschritt zu zahlen haben«, bezeichnet.

Die Situation verbessert sich jedoch fortlaufend, und Paris ist *sans doute* nach wie vor die Brothauptstadt der Welt. Meine Rolle hier, die einer umherstreifenden Skribentin, lässt sich jedoch nur mit der eines tiefgefrorenen Brötchens vergleichen. Lionel Poilâne, der berühmteste Bäcker der Welt, antwortet nicht auf meine E-Mails, Briefe und Faxe. Warum sollte mich das auch überraschen oder enttäuschen? Dieser Mann, *le roi du pain*, der Cäsar des Sauerteigs, schwebt in den höchsten Sphären. In den letzten Jahren hat er seine Geschäfte auf den Globus ausgedehnt. Im Juni 2000 eröffnete er eine Filiale in London mit Verkauf über Internet. Poilâne geizt nicht mit seiner Kunstfertigkeit und seinem Können, aber da er seine von Hand gebackenen Brote inzwischen nach Tokio und Manhattan liefert, zieht er es vor, seine Weisheiten in Büchern und über eine Homepage mit einem Mitteilungsblatt und einer Brotbibliographie zu verbreiten. (Poilâne gelang etwas, was es bis dahin wahrscheinlich noch nie gegeben hatte: Ein glaubwürdiges, unverfälschtes und traditionelles Unternehmen mithilfe von Lizenznehmern zu vergrößern. Der Holzbrotofen seines Lizenznehmers in London ist der erste, seit diese Öfen nach dem großen Feuer 1666 verboten wurden. Angefangen vom Kastanienmehl aus dem Périgord bis hin zur Butter kommen alle Zutaten aus Frankreich.) Ich dachte, es wäre vielleicht interessant, sich mit dem etwas weniger unnahbaren Jean-Luc Poujaurans, dem Schöpfer des *baguette biologique,* offenbar dem ersten Brot aus Bioweizen, in Paris zu unterhalten. Er hat jedoch ebenfalls keine Lust, Fragen zu beantworten. Aus dem Schweigen, dem ich überall begegne, schließe ich, dass es einfacher ist, Zutritt zu einem Beduinenlager zu erlangen, als einen prominenten Pariser Bäcker zu interviewen.

Wir sind den ersten Tag in Paris, dann den zweiten, und niemand ruft zurück. »*Est-ce qu'il y a des messages?*«, frage ich jedes Mal hoffnungsvoll am Empfang des Hotels, und der freundliche Manager entgegnet leicht betrübt: »*Non, Madame.*« Paris und Brot: Ich bin sicher nicht die Erste, die sich dafür interessiert. Was, frage ich mich, hoffe ich zu erfahren? Ich merke, dass ich mich nicht so sehr um das gute Brot kümmere, sondern um das mittelmäßige. Wer hätte ahnen können, dass an vielen Stellen in Paris das Brot kaum besser ist als in den Filialen von Au Bon Pain, die es überall in den USA gibt? Ich war in den charmantesten Cafés, und dort hat das Brot nicht anders geschmeckt wie das halb aufgebackene Zeug von Sara Lee. Obwohl immer noch zahllose Leute auf dem abendlichen Nachhauseweg ihr Baguette unter den Arm geklemmt tragen und es aus vielen Einkaufstaschen auf den Boulevards von Paris herausragt, essen die Franzosen ein gutes Drittel weniger Brot als noch zu Beginn des 20. Jahrhunderts. Nach Jahrhunderten der Wachsamkeit und ihrem charakteristischen kulturellen Purismus, begannen die Franzosen in den sechziger Jahren mit etwas Unaussprechlichem. Sie begannen mit der Massenproduktion von minderwertigem, haltbarem Brot. Den Verfall beschleunigen Fabrikhefe, Knetmaschinen, die den Teig eher misshandeln, und Mehle, die in Riesenmühlen aller ihrer Kraft beraubt werden. Im Jahre 1988 ebnete die Aufgabe der Preiskontrolle für Baguettes den billigen Fabrikbroten den Weg, die die Restaurantkritikerin und Paris-Skribentin Patricia Wells nur als »schlabbrige Hochstapler« bezeichnet. Aber im Unterschied zu Amerikas stillem Aufstand von Leuten, die das Geld und die Möglichkeiten haben, sich Alternativen zuzuwenden, gibt es genug französische Bürger, deren tiefe Bestürzung über diesen *horreur* dem einfachen, etwas teureren Bäckerbrot ein erstaunliches Comeback beschert. Weil sie fürchteten, dass diese haltbar gemachten Hochstapler ihren guten Ruf beeinträchtigen könnten, begannen die französischen Bäcker selbst eine »Kampagne für gutes Brot«. Sie zogen gegen die Mittelmäßigkeit zu Felde. Die Regierung hat die Standards verschärft, damit nicht jeder Jean und Jacques sein Brot *artisanale* nennen kann. In einer Verordnung vom Herbst 1993 werden *les vrais boulangers* von den Herstellern von Fabrikbrot unterschieden. Diese Verordnung sieht vor, dass so genanntes *pain maison* in der Bäckerei vom Mischen und Kneten des Teigs an selbst hergestellt sein muss, und nur nicht eingefrorenes Brot ohne Zusatzstoffe die stolze Bezeichnung *pain traditionnel de France* verdient. Die Tage der Schande haben bald ein Ende. *Le pain se lève ...*

Was macht ein echtes französisches Brot aus? Das Wichtigste ist vielleicht, dass dieses Brot relativ salzig schmeckt. Französische Bäcker mischen dem Mehl Salz in einem Verhältnis von 2 Prozent bei. Im Unterschied zu den Italienern, die vor vierhundert Jahren wegen einer horrenden Salzsteuer ohne Salz auskommen mussten und seither ohne Salz backen, halten die Franzosen Salz für einen unverzichtbaren Bestandteil eines richtigen Brotes. Die Salz- und Reinheitsgesetze sind der Grund, warum französisches Brot dem italienischen überlegen ist. Das liegt nicht allein am Geschmack. Salz verstärkt nicht nur den Geschmack, sondern bindet auch Feuchtigkeit. Das Brot bleibt länger frisch. Laut Gesetz dürfen die französischen

Bäcker dem Baguetteteig keine Konservierungsmittel beifügen. Die einzigen legalen Zusatzstoffe sind ein Levit genanntes Enzym, Vitamin C und Roggen- und Bohnenmehl.

Ich habe gelesen, dass die Zahl französischer Jugendlicher, die Bäcker werden wollen, rückläufig sei. Das ist kaum überraschend. Die Arbeit findet in überhitzten Räumen statt, sie ist ungesellig und außerdem anstrengend. Die Männer von der Müllabfuhr haben im Vergleich dazu regelrecht bequeme Arbeitszeiten. Einige Bäcker fangen bereits um zwei Uhr morgens an. Wer würde sich heute so einen Beruf aussuchen? Ich hoffte, einigen angehenden Bäckern zu begegnen. Bereits von zu Hause hatte ich einen Besuch der École de Boulangerie et de Pâtisserie de Paris vereinbart, aber der ist erst in ein paar Tagen. Im Augenblick besteht meine Recherche darin, so viel Brot an so vielen verschiedenen Orten wie möglich zu essen. Das ist ziemlich anstrengend, aber ich werde es wohl schaffen.

Wir haben im Hotel de Buci in einer Seitenstraße des Boulevard St. Germain Quartier bezogen, einem unaufdringlich eleganten Viersternehotel mit freundlichem Personal. Hier ist es erstaunlich still, wenn man bedenkt, wie viel Betrieb auf der kurzen und regen Rue de Buci herrscht. Cafés wechseln mit gut besuchten Delikatessenläden ab. Es ist Mai, und alle Welt hält sich, als sei ein Gebot ergangen, auf den Straßen auf. Um acht Uhr abends sind die winzigen Bistrotische der Cafés mit Bier- und Weingläsern sowie Zigarettenschachteln belegt. Mancherorts stehen die Tische so weit in die Straße hinein, dass Autos nur noch im Schneckentempo oder gar nicht mehr durchkommen. An einem lauen Frühlingsabend sind die Pariser Zuschauer und Darsteller eines großen Spektakels.

Obwohl uns das im Grunde lieber ist, hatten wir nicht geplant, in einem Hotel zu wohnen. Wir wollten dieses Mal sparsamer sein und uns weniger wie Touristen aufführen. Ursprünglich wollten wir eine Wohnung mieten. In Gesprächen mit Freunden, die in Paris eine Wohnung gemietet hatten, gewannen wir den Eindruck, dass sie dort richtig heimisch geworden waren. Wir ließen uns überzeugen. Welcher Abonnent der *New York Review of Books,* der etwas auf sich hält, will schon wie jeder Pauschalreisende mit einem *Frommers-Reiseführer* in einem Hotel absteigen? Der Mieter »wohnt« nicht nur, er hat am »Leben« teil, auch wenn es nur für magere zwei Wochen sein sollte.

Agenturen, die Wohnungen vermitteln, gibt es mehr, als Bänke im Bois de Boulogne, und haben wir uns an eine gewandt? Nee! Auf die Empfehlung eines dieser Freunde, die immer ihre Mitmenschen bekehren wollen, wandten wir uns an eine Vermittlung für Akademiker, einigten uns auf ein Objekt und leisteten eine Anzahlung. Der Vermittler hatte uns die Wohnung beschrieben, aber wir hatten nichts zu Gesicht bekommen, nicht einmal solche fotokopierten Fotos, die Makler sonst so gern verschicken und die aussehen, als seien sie von einem unzulänglich funktionierenden Satelliten aufgenommen worden. Als wir mit Jetlag und Magenverstimmung eintrafen, meinten wir Opfer eines grausamen Streichs geworden zu sein. Vielleicht war auch bei der Übersetzung etwas verloren gegangen. Ich stehe mit beiden Beinen fest im Leben. Ich habe auf Wiesen geschlafen, in Autos und auf Flachdächern, aber diese Wohnung war ekelhaft, sie kam einfach nicht in Frage. Sie war dunkel, schmutzig und mit dieser Art abgenutzter Möbel eingerichtet, die man manchmal mit einem Schild »GRATIS« irgendwo auf einem Bürgersteig stehen sieht. Abgesehen von einigen Flecken, für die sich vermutlich die Spurensicherung hätte interessieren sollen, waren die Wände kahl. Der einzige traurige Tisch stand schief, es roch nach Küchenschaben-Killer, und die meisten Tankstellen haben sauberere Toiletten vorzuweisen als diese Wohnung. Noch dazu schwamm eine tote Küchenschabe in der Kloschüssel. Normalerweise verlässt mich mein charakteristischer Optimismus angesichts solcher Krisen nicht. Ich hasse Auseinandersetzungen und sage meist: »Schon okay.« Ich war erschöpft und hatte keine Lust, alle unsere Sachen zurück zum Büro des Vermieters zu schleppen. Wir könnten ja eine Menge Blumen kaufen, dachte ich. Da schaute Howie unters Bett und sagte gelassen: »Lass uns verschwinden.« Ich war vernünftig genug, dort nicht auch noch nachzuschauen. Es war seltsam, wie blasiert sich der Makler gab. Anstandslos gab er uns unser Geld zurück. Das Ganze war schneller vorbei als ein schlechter Traum. Wir hielten ein Taxi an und fuhren in die Rue de Buci, in der wir früher schon logiert hatten. Wir lieben die Rue de Buci. Obwohl man dort im Hotel nicht kochen kann, ist es angenehm, von so viel appetitlichen Sachen, Geflügel und Käse, umgeben zu sein. Wir waren erleichtert, wieder am gewohnten Ort zu sein.

Heute ist bereits der dritte Tag, und ich tue mir *un petit peu* Leid. Unter einem strahlend blauen Himmel schlendere ich zusammen mit Howie auf der Rive Droite am Châtelet vorbei. Als wir auf den Platz vor dem Hôtel de Ville kommen, sehen wir eine Menge weißer Zelte. Die Massen drängen sich. »Hier ist was los«, sagen wir wie aus einem Mund und beschleunigen unsere Schritte. Action ist für den Touristen, was der Nektar für eine Biene ist. Wir sehen ein Schild und machen nur das eine Wort *Pain* aus. »Pein?«, fragt Howie. Was für eine Versammlung würde sich schon mit Pein beschäftigen? Howie und sein mangelhaftes Französisch! Während er noch darüber nachdenkt, ob es bei diesem Festival wirklich um Schmerzmittel gehen kann, denke ich, dass es wirklich einen Gott geben muss. Denn wir sind zufällig auf die *Fête du Pain*, das Brotfestival, geraten.

Wir gehen in das nächste Zelt und nehmen uns eine englische Broschüre. Es gibt alle möglichen Sprachen. Es ist der erste Tag eines vier Tage währenden jährlichen Festivals, das gerade erst erweitert wurde. Bisher war es den Franzosen vorbehalten, jetzt werden Aussteller aus *tout l'Europe* willkommen geheißen. Wir sehen uns eine Reihe Plakatwände an: die Geschichte des Mehls von der Aussaat bis zur Ernte des Weizens, vom Dreschen, dem Trennen von der Spreu, über das Verlesen bis zum Mahlen. Es handelt sich um eine benutzerfreundliche Ausstellung. Der Besucher kann sich ein paar Körner aus einem Korb nehmen oder eine Weizengarbe anfassen.

Hinter Tischen schneidet eine Reihe Frauen Baguettes, Vollkornbrote und *pain de campagne* in Stücke zum Probieren, und die Besucher langen zu, als stünden sie kurz vorm Verhungern. Wahrscheinlich handelt es sich um Touristen, die die horrenden Kosten des morgendlichen Croissants kompensieren wollen. Bisher ist diese *affaire* nicht weiter der Rede wert.

Als Nächstes kommen wir in das Bäckerzelt. Hier geht wirklich die Post ab. Wie mechanische Figuren einer Dampforgel kneten eine Schar Bäcker Teig, rollen Baguettes, gehen vor Öfen in die Knie und balancieren Bleche. Ein schmaler Tisch reicht von einem Ende des Zelts zum anderen, und hier stehen dicht an dicht mindestens hundert Schulkinder in Schürzen und rollen, angeleitet und ermuntert von einer Gruppe Bäcker, krumme Baguettes. Die Acht- bis Zehnjährigen kämen aus ganz Paris, erklärt mir eine Lehrerin. Das Festival, das in seinem fünften Jahr stattfindet, lädt immer um die tausend Kinder ein, von denen der oder die eine oder andere später das Bäckerhandwerk erlernen wird. Das hofft man zumindest. Obwohl die anwesenden Bäcker allesamt Männer sind, sehe ich, dass sich die Mädchen viel geschickter anstellen als die Jungen. Mit ihren kleinen Händen bearbeiten die Mädchen den Teig ganz selbstverständlich, während die Jungen auf ihn einprügeln. Die Mädchen bekommen etwas ungleichmäßige, aber annehmbare Baguettes zustande. Die von den Jungen weich geprügelten »Baguettes« hingegen sehen bestenfalls aus wie mit Tennisbällen gefüllte Socken.

In ganz Frankreich feiern Bäcker *La Fête du Pain*. Im Tal der Loire und in den Wohnvierteln von Paris stehen Tische vor den Bäckereien mit Proben von Backwaren, Informationsbroschüren und handtellergroßen, herzförmigen Broten, die man als Andenken ein Jahr lang aufheben soll. Aber hier im Hauptzelt des Festivals »*tout les enfants sont boulangers*«, jedenfalls laut meinem »*petit passeport du pain*«, den ich an der Information bekommen habe. Der Bäcker »arbeitet, während wir anderen schlafen«, verrät uns der *passeport*. »Mit Liebe backt er das Brot, das wir essen.« Eine kurze Beschreibung ist dem

»*grand mystère, le goût du pain*« gewidmet. Warum Brot so schmeckt, wie es schmeckt, ist ein Rätsel, das sich nur mit der Zusammensetzung der Marsatmosphäre vergleichen lässt. Forscher haben hundertfünfzig Gerüche ermittelt, die zum Geschmack von Brot beitragen, das damit nicht hinter denen einer Rose zurücksteht. Ich finde diese Information überflüssig. Dasselbe könnte man doch wohl auch von Pickles behaupten? Aber es freut mich, dass sich im französischen Handelsministerium eigens eine Abteilung damit beschäftigt, alle möglichen obskuren Informationen über Bäckerbrot zu verbreiten.

Die *Fête du Pain* ist in einer Kultur, die gelegentlich sogar als panivor bezeichnet wird, Teil einer PR-Kampagne, die die Franzosen dazu bewegen soll, Brot zu essen. Als müssten ausgerechnet die Franzosen lang und breit davon überzeugt werden, verkündet die Brotbrigade des Handelsministeriums Slogans wie »*Le pain pour tous*« (Brot für alle), »*Le pain, l'atout santé*«, Brot für die Gesundheit der Kinder, der Sportler (»*Bon pain, bon sport*«), der Schwangeren, der Diabetiker und derjenigen, die abnehmen wollen. »*Le pain doit trouver sa place dans chacun de nos repas*«, rät die Brot- und Gesundheitsbroschüre. Brot hat seinen Platz bei jeder Mahlzeit. Weiterhin wird erklärt, dass »*deux tartines de pain … c'est le menu idéal du petit déjeuner à la française.*« *Excusez-moi*, aber diese Informationen kommen mir so nützlich und überfällig vor wie ein Aufruf an die Japaner, Tee zu trinken, oder den Italienern Tugenden des Rotweins erläutern zu wollen. Ich bin erstaunt. Es hat den Anschein, dass die Wächter der Kultur bereits den Tag fürchten, an dem *les français* Cornflakes zum Frühstück verlangen oder, noch schlimmer, Schnittbrot aus der Fabrik, wie man es überall in den USA und in Großbritannien bekommt.

Wenn man sich *La Fête du Pain* und die Indoktrinierung der Schulkinder ansieht, könnte man meinen, das Baguette sei mindestens so alt wie die Französische Republik. Auf der französischen Tafel ist es jedoch eine relativ neue Erscheinung. Bis ins frühe 20. Jahrhundert war das typische französische Brot ein runder Fünfpfundlaib, die *miche*. Eine geglückte längliche Variation dieses täglichen Brotes erwies sich als knuspriger. Die Leute riefen nach mehr Kruste und weniger Innerem, sagen die Brothistoriker. Wahrscheinlich war es die Nachfrage, die die Bäcker dazu veranlasste, das Gewicht des Standardbrotes allmählich auf gute zweihundert Gramm abzusenken. Das Brot wurde länger und graziler, bis schließlich das Baguette von heute herauskam. Das Verhältnis von Kruste zu Innenleben ist optimiert, und das Brot eignet sich ausgezeichnet, um es in eine Tasse *chocolat* zu tunken. Obwohl die Historiker das bisher übersehen haben, finde ich, dass das Baguette auch deswegen so erfolgreich ist, weil es sich so hervorragend für Fahrradkörbe und Schultaschen eignet und dafür, unter den Arm geklemmt zu werden. Im landesweiten Sortiment ist es sicher das benutzerfreundlichste.

Ein Baguette herzustellen erfordert ziemliche Übung und Vertrautheit mit dem Teig. Das demonstrierte die Schar der *petit boulangers* beim Festival nur allzu deutlich. Daran muss ich denken, als ich die zukünftigen wahren Bäcker Frankreichs in der École de Boulangerie et de Pâtisserie de Paris treffe. Diese Einrichtung ist siebzig Jahre alt. Sie begann mit sieben Schülern und examiniert inzwischen zweihundert Bäcker jährlich. Seit 1996 ist sie in den renovierten Anciens Chais de Bercy untergebracht. Die Gebäude stehen Giebel an Giebel wie die Häuschen bei einem Monopolyspiel aufgereiht. Durch Glastüren betrete ich ein riesiges, blitzendes Foyer, von dem aus es zu den Schulküchen geht. Meine Führerin Danielle Laurent erklärt mir, unter den Auszubildenden finde sich alles, von Lehrlingen über Bäcker, die ein Diplom erwerben wollen, bis hin zu Erwachsenen, die das Backen nur aus Freude an der Sache lernen wollen. Die Schüler kommen aus Japan, Afrika und Europa, sie alle haben sich dem handwerklichen Backen verschrieben und wollen den Trend des viel geschmähten *pain industriel* umkehren. In diesen Mauern benutzen die künftigen Bäcker nur natürlichen *levain* und lernen, wie es der provenzalische Schüler Bernard Leblanc ausdrückt, »das Brot mit Liebe zu backen«. Diese Herangehensweise ist relativ neu, und die idealistischen jungen Bäcker verstehen sich mehr als Kunsthandwerker denn als Techniker. Leblanc ist Vollzeitstudent, sein Vater war Bäcker in Tours. Für das »Cafeteria-Brot«, das man den französischen Massen andreht, hat er nur Verachtung übrig. *Boulangers*-Anwärter kommen in diese makellose, neonbeleuchtete Institution, um sich mit dem Handwerk eines traditionellen Dorfbäckers vertraut zu machen. »Wir lernen alles über das Feuer und darüber, wie man genau die richtige Temperatur erzeugt«, sagt der Pariser Laurent Sarrazin. Wie Leblanc spricht auch Sarrazin davon, dass die Nation endlich die düsteren achtziger Jahre hinter sich lasse, in denen sich das Fabrikbrot wie eine moderne Plage im Land verbreitet habe. »Man lernt, wo das schlechte Brot ist«, sagt er. »Dieses Brot ist ohne Liebe und mit zu viel Hefe gebacken. Aber jetzt wird das Brot immer besser. Die Leute haben einfach einen besseren Geschmack.«

Sind die Franzosen wirklich in der Lage, die Uhr zurückzudrehen? Möglicherweise mit Ausnahme von Lionel Poilâne, dessen Hauptbäckerei in Bièvres bei Paris über eine ganze Batterie von Holzöfen verfügt, um genug *pain Poilâne* für den Weltmarkt herstellen zu können, ist das, was wir Fortschritt nennen, dem französischen Bäcker ein Gräuel. Aber die besten traditionellen Bäcker sagen, dass immer mehr Pariser das mittelmäßige Brot leid sind. »Schauen Sie doch«, sagen sie, »die Pariser sind sogar bereit, den Kosmos ihres eigenen Viertels zu verlassen, um Brot in einer Boulangerie zu kaufen, zu der sie ein ganzes Stück laufen oder sogar eine Haltestelle weit mit der Métro fahren müssen.« Man muss sich nur die Käuferschlange vor der ersten Poilâne-Bäckerei in der Rue Cherche-Midi ansehen, die dort seit 1932 besteht. Sie zieht sich den Boulevard St. Germain entlang zur Rue Monge, am Flohmarkt, am Islamischen Institut und am Naturgeschichtlichen Museum vorbei bis zur Place Monge. Dort drängte ich mich in die wunderbar duftende und wahnsinnig enge Eckbäckerei von S. Hervet, nach dessen vielfältigen und exotischen Sauerbroten ebenfalls angestanden wird.

Die Hervets sind seit zwei Generationen Bäcker, und ihre Bäckerei liegt seit 1959 im selben Haus. »Vor zwanzig Jahren backten wir nur Baguettes«, sagt Madame Hervet, eine silberhaarige Dame, der der Pony in die warmen blassblauen Augen fällt. Die Hervets genießen den Ruf, Neuerer zu sein. Neben ordentlichen Baguettes backen sie Sauerteigbrote, unter anderem ein Zehnkornbrot, eine *fougasse* mit Oliven und ein Roggenbrot mit Kümmel. »Viel weniger Leute verlangen heute noch Baguettes«, sagt Madame Hervet und wischt sich den Schweiß von der Stirn. Wir stehen im Lager an ein Regal gelehnt und sind vom geschäftigen Ladenlokal aus nicht zu sehen. »Heute backen wir unterschiedliche Brote. Wir suchen nach dem besten Mehl und dem hochwertigsten Getreide. Wir kaufen Mehl nur von kleinen Mühlen. In der Nachkriegszeit gab es viel *pain industriel,* aber jetzt kehren wir zu den traditionellen Methoden zurück. Für Bäcker sind gute Zeiten angebrochen.« Das Bäckerleben ist jedoch hart, man braucht Kraft, und die Arbeitszeiten sind strapaziös. Deswegen backen Frauen auch kein Brot, sondern sind für die Pâtisserie zuständig. »*C'est un petit peu difficile pour les femmes.* Um vier Uhr morgens anfangen und das sechs Tage pro Woche.«

Auf dem Rückweg zum Boulevard St. Germain komme ich an mehreren Bäckereien vorbei, vor denen *Fête-du-Pain*-Tische mit Proben von *pain au levain* und *pain biologique* stehen. In den ebenfalls dort ausliegenden *Fête*-Broschüren wird das scheinbar unnötigerweise immer Gleiche wiederholt: »Pariser, esst viel Brot!«

Ich hatte Lionel Poilâne komplett abgeschrieben und gebe zu, dass ich über den Korb, den er mir gegeben hatte, irgendwie erleichtert war. Wahrscheinlich hätte mich seine erhabene Person vollkommen zum Verstummen gebracht. Aber es gibt einen anderen hoch geschätzten Bäcker in seiner Familie: Poilânes Bruder Max, eine schillernde, leidenschaftliche Persönlichkeit. Er gilt als gesprächig und vielseitig gebildet und ist nicht nur Bäcker, sondern war früher in der biochemischen Forschung tätig. Ich hatte gelesen, dass er ein unbeirrbarer Purist und fanatischer Brotliebhaber ist, der Brot auch noch zum Dessert isst. Seine treue Kundschaft betet ihn an. Ruhm und Reichtümer sind ihm unwichtig. Für mich kommt es mittlerweile nur noch darauf an, dass er bereit ist, mich zu treffen. Monsieur Poilâne scheint sich nicht nur darauf zu freuen, er macht mir am Telefon fast den Hof. »Soll ich Sie noch einmal anrufen, um Sie daran zu erinnern?«, frage ich auf Französisch (er spricht kein Englisch). »Nein, nein, ich denke schon selbst daran, weil das ein ganz besonderer Tag ist.« »Oh?« »*Mais oui*, der Tag ist schon allein deswegen denkwürdig, weil ich Sie treffe.«

Er besitzt drei Läden einschließlich einer kleinen Filiale an der Place Constantin Brancusi unweit des Gare Montparnasse, aber backt alles Brot an der Place du Marché St. Honoré in der Nähe der Tuilerien. Ich bin mir nicht sicher, ob ich so ohne weiteres dorthin finde, plane viel zu viel Zeit für die Fahrt mit der Métro ein und komme zu früh. Als ich die Bäckerei betrete, die an der Ecke einer stillen Straße mit Wohnhäusern liegt, ist Poilâne noch nicht da. Dem Gespräch der Buchhalterin mit einem Mann, von dem ich später erfahre, dass er Poilânes Schwiegersohn ist, entnehme ich, dass er mich vergessen hat. Ich höre, wie die Buchhalterin ihn telefonisch daran erinnert, dass es mich auch noch gebe, und denke, so viel dazu, ein weiterer Flop. Die Buchhalterin, eine freundliche Dame mit flammendroten Haaren in Kittelschürze spürt meine Verzweiflung und versichert mir, es sei alles in Ordnung. »Er bittet Sie, im Café gegenüber zu warten«, sagt sie und führt mich, fürsorgliche die Hand auf meine Schulter legend, über die Straße. Dem Betreiber und den Kellnern erklärt sie, ich sei Gast von Monsieur Poilâne, und nach einem vielstimmigen »*Ah oui*« darf ich bestellen, was ich will. »*Alors, Madame, asseyez-vous et Monsieur Poilâne, il arrivera bientôt.*« Endlich läuft alles wie am Schnürchen. Ich beglückwünsche mich, dass ich *la langue* fließend beherrsche. Hier, etwa zehn Métro-Haltestellen von den Touristenhorden in St. Germain-des-Prés entfernt, wird nur wenig oder überhaupt kein Englisch gesprochen. Während ich mich mit dem Kellner über das Wetter unterhalte, fühle ich mich wie zu Hause. Wie liebe ich doch Paris!

Das Café wird von den Bewohnern des Viertels besucht. Es hat hübsche Fenster, Spitzengardinen und eine kleine Bar. Ich mache Faxen, um ein gut gelauntes Kleinkind zu unterhalten, das zwischen den Tischen herumwackelt, und bald erscheint auch Monsieur Poilâne, das heißt Max. Der *andere* Poilâne. Sein freundliches, ausdrucksvolles Gesicht hat etwas Übermütiges. Er trägt einen vollen, ordentlich gestutzten rotblonden Schnurrbart, der mit einer roten Fliege kontrastiert. Sein Gesicht hat etwas von einem Pantomimendarsteller. Poilâne ist ein kleiner, drahtiger Mann, hüpft mehr als dass er geht. Er ist ständig in Bewegung, lehnt sich beim Sprechen weit zu seinem Gegenüber vor und legt einem die Hand auf den Arm, wenn er etwas betonen will.

»*Je vous en prie*«, sagt Poilâne und schnellt vor, um meine Hand zu ergreifen. Dann erzählt er mir, wo er gewesen sei und warum er sich verspätet habe. Anschließend begrüßt er die anderen Gäste, die alle entweder seine Angestellten oder mit ihm verwandt sind oder beides. Das kleine Kind, mit dem ich Faxen gemacht habe, ist Poilânes Enkel. Er wird zur Begrüßung durchgekitzelt.

Während sein Bruder Lionel der »Retro-Innovation« anhängt und ein riesiges Unternehmen, das alte handwerkliche Methoden bewahrt, teilweise sogar im Cyperspace betreibt, ist Max die absolute Verkörperung des Retro. Alles ist altmodisch, von seiner Arbeitskleidung bis hin zu *les fours,* den fünf Holzöfen der Bäckerei, dem *pain au levain,* das recht sorglos aufgestapelt daliegt, und dem Kronleuchter, der den kleinen gefliesten Empfangsbereich ziert.

»Sie wollen also eine wissenschaftliche Arbeit *sur le pain* schreiben«, sagt Poilâne und setzt sich mir gegenüber an den kleinen Tisch. Er entschuldigt sich, kein Englisch zu sprechen.

»Alle bei mir zu Hause können Englisch außer mir«, sagt er. Poilâne gibt dem Kellner ein Zeichen, uns Weißwein zu bringen. Wir trinken – der Wein ist kühl und etwas süß –, und Poilâne, dessen Vater ebenfalls Bäcker war, erzählt mir, er sei ein glücklicher Mann: »*J'aime bien la vie!*« »Ich fühle mich sehr der Tradition verpflichtet«, sagt er, »weil in der Tradition die Weisheit steckt. Ich glaube an das, was ich tue, und an die Qualität meines Brots.«

Poilâne ist auch etwas in den Vereinigten Staaten gereist. Das Land habe ihn beeindruckt, besonders Chicago, das habe er sehr europäisch gefunden. Aber als ich ihn nach der Qualität des Brotes frage, macht er nur eine wegwerfende Handbewegung. »Solches Brot esse ich nicht«, sagt er. »Das tue ich nie – *ce n'est pas du pain.*« Das ist kein Brot. Er vergleicht es mit schlechtem Kaviar. »Ich kann keinen schlechten Kaviar essen, weil ich schon einmal guten probiert habe«, sagt er. »Das ist eigentlich schade. Die Sensibilität leidet.« Das sei kein Brot, weil der Weizen minderwertig sei und das Wasser nicht rein, und mit wenigen Ausnahmen werde das Brot in mit Gas oder elektrisch beheizten Öfen gebacken. Dabei sei es das Holz – *le bois* –, das dem guten Brot seine Vitalität verleihe. In seinen fünf Öfen verbrennt Poilâne nur unbehandeltes helles Holz, *le bois propre*. Es ist sehr teuer und brennt langsam. Die Zuteilung wird staatlich kontrolliert. »Aber das Ergebnis«, meint Poilâne, »ist so viel erfreulicher.« Sein Brot sei nicht perfekt, sagt Poilâne. »Perfekt? McDonald's stellt Dinge her, die perfekt sind. Ich mache *le vraie pain*, das wahre Brot, und das ist immer etwas unterschiedlich.«

Poilâne lacht über die Vorstellung, er könne im Schatten seines berühmten Bruders Lionel stehen. »Ich habe keine Konkurrenz«, sagt er und zwinkert frech. »Alle Leute aus der Gegend kommen zu mir. In der Straße gibt es zwei weitere Bäckereien, und der eine Bäcker kauft das Brot in *meiner* Bäckerei. Was meinen Bruder und mich angeht, ist es gut, dass es zwei von uns gibt, weil wir lernen, Frieden zu halten. *Il faut absolument la paix.*« Und Jean-Luc Poujaurans? »Ich liebe ihn!«, sagt Poilâne. »Er ist einzigartig. Ein sehr interessanter Mann!«

Laut Poilâne blieb die Vorherrschaft des französischen Brots wie so vieles andere im Zweiten Weltkrieg auf der Strecke. »Ah, *la guerre*«, sagt er seufzend und hebt sein Weinglas. »Ich muss Ihnen sagen, dass der Krieg vieles sehr beeinträchtigt hat.« Erst nach dem Krieg wurde durch den Wohlstand der fünfziger Jahre das Graubrot vom Weißbrot verdrängt. »Dunkles Brot galt als Armeleutebrot, als mittelmäßiges Brot, außerdem war es das Brot der Soldaten, *le pain sale,* schmutziges Brot. »Mit allem dunklen Brot hatte es mit dem Krieg ein Ende«, sagt Poilâne. Das ist bedauerlich, denn das »schmutzige« Brot ist das nährstoffreichste. Und Poilâne müsste das wissen, in seinem Leben als Forscher war sein Fachgebiet die Gastroenterologie. »Ich bringe für meine Arbeit die wissenschaftlichen Kenntnisse der Physik und Biologie mit«, sagt er.

Poilâne vergleicht den Weizen in seinem Brot mit einem Ei, das glaube ich zumindest zu hören. Nach fast zwei Glas Wein kriege ich, um die Wahrheit zu sagen, nicht mehr recht mit, was Poilâne sagt. Ich habe kaum etwas zu Mittag gegessen, und es geht schon auf sieben Uhr zu. Außerdem bin ich berühmt dafür, dass ich nichts vertrage. Ich merke, dass ich aus der Rolle der Reporterin falle und mich dem Alkohol, der Schwerkraft und dem Erstaunen überlasse. Mit einem Wort: Ich bin betrunken. In diesem Moment ist mir Monsieur Poilânes Französisch so geläufig wie Chinesisch. Auch ist mir schleierhaft, wie ich mir je einen Reim auf das bekloppte Gekritzel in meinem Notizbuch machen soll. Ich weiß nicht einmal, wie ich zum Quai des Grandes Augustins kommen soll, wo Howie und ich zum Abendessen verabredet sind. Oder war es in der Rue Dauphine? Und wie hieß das Restaurant gleich wieder? »Eines ist tierisch, eines pflanzlich, es stirbt, um die nächste Generation zu befruchten. Man entdeckt die Erde im Ei eines Vogels oder einer Henne neu.«

Comment?

Meine Güte. Jetzt wird es brenzlig. *Merde.* Poilâne plaudert munter drauflos und führt mich über die Straße zur Bäckerei. Wir gehen nach unten. Dort steht ein schweißgebadeter Mann ohne Hemd und heizt die Öfen ein. Er gieße Wasser über die Holzkohle, um die Hitze gleichmäßig zu verteilen, sagt Poilâne und hält mir einen Korb unter die Nase: ich solle an diesem wunderbaren Teig riechen! Es ist das inzwischen vertraute *parfum*, die Gerüche der Gärung. In einem Augenblick, in dem ich dringend etwas frische Luft gebraucht hätte, betäubt mich dieser Geruch fast.

Poilâne ruft mir ein Taxi und setzt mich fürsorglich auf die Rückbank. Ich murmele Quai des Augustins und nicke während der kurzen Fahrt durch die verstopften Pariser Straßen tatsächlich ein. Wie durch ein Wunder fällt mir der Name des Restaurants wieder ein, und dort wartet Howie bereits. Er ist begierig, alles über das Interview mit dem unbekannten Bruder des Brotkönigs zu erfahren. Aber das muss warten, weil mir der Kopf fast in meine Lammkeule mit frischem Thymian fällt. »Du hättest Brot essen sollen«, meint Howie.

Wir verlassen das angenehme Hotel de Buci, und ich verabschiede mich mit Handschlag vom Manager. »Für Sie, Madame«, sagt er und macht mir ein Geschenk: eine Anstecknadel mit dem Eiffelturm aus Bergkristall. »Kommen Sie bald wieder nach Paris«, sagt er und hängt den Schlüssel an seinen Haken. »Tut mir Leid, Madame. Immer noch keine Nachrichten.«

Einfaches Baguette

ZUTATEN:
Erster Teig:
150 g ungebleichtes Weizenmehl
etwa 150 ml kühles (ca. 15 °C) Wasser
1 Prise Trockenhefe

Hauptteig:
310 g ungebleichtes Weizenmehl
1 ? Teelöffel Trockenhefe
etwa 150 ml kühles (ca. 15 °C) Wasser
den gesamten ersten Teig
2 Teelöffel (etwa 10 g) Meersalz

Erster Teig: Mehl, Wasser und Hefe in einer mittelgroßen Rührschüssel gut durchmischen und 12 Stunden gehen lassen (über Nacht genügt in der Regel). Der Teig sollte eine Kuppel bilden, luftig und rundum klebrig sein. Versuchen Sie den Moment abzupassen, bevor er wieder in sich zusammenfällt. Wenn sich die ersten Blasen auf der Oberfläche bilden, hat er den besten Geschmack und die meiste Kraft.

Der Hauptteig: Mehl und Hefe in eine Rührschüssel oder die Schüssel der Küchenmaschine geben. Etwas Wasser um den Rand des ersten Teigs gießen, um diesen abzulösen, und alles in das Mehl gießen. Den Teig so lange umrühren, dass er noch klebrig ist, aber bereits zusammenhält und einem Klumpen gleicht. Das Salz hinzufügen und die Masse so lange kneten, bis der Teig fest und elastisch, aber noch nicht vollkommen glatt ist; die Oberfläche sollte immer noch etwas rau sein.

Den Teig in eine leicht geölte Schüssel geben (oder die Schüssel der Küchenmaschine etwas einölen und ihn dort liegen lassen). Abdecken und 2 Stunden gehen lassen, nach der ersten Stunde einmal plattdrücken (oder häufiger, falls der Teig sehr nass oder locker ist; das unterstützt das Gluten).

Den Teig in zwei Hälften teilen und vorsichtig zu zwei länglichen Blöcken formen. 20 Minuten ruhen lassen, dann zu zwei langen dünnen Baguettes formen. Die Baguettes unter einem Küchentuch 30 bis 40 Minuten ruhen lassen, bis sie fast die doppelte Größe angenommen haben. Auf ein leicht gefettetes Backblech legen und mit einer leicht gefetteten Plastikfolie abdecken.

Den Ofen auf 250 Grad vorheizen. Bevor die Brote in den Ofen kommen, diese mehrmals schräg einschneiden. Den Ofen mit Dampf füllen, indem Sie in den ersten fünf Minuten zweimal Wasser hineinsprühen. Die Hitze auf 200 Grad reduzieren und die Brote 20 oder 25 Minuten weiterbacken. Wenn sie goldbraun sind, aus dem Ofen nehmen und auf einem Gitter abkühlen lassen.

Ergibt: 2 Baguettes.

Aus: Lora Brody, *The Kitchen Survival Guide,*
Bread Machine, Baking. Perfect Every Time und
The Cape Cod Table

Danksagung

Für ihre Ermutigung und ihren Enthusiasmus danke ich Sara London, Sinan Unel, Suzanne Strempek Shea, Vivian Bower, Janice Allee, Lois Griffel, Madeline Miller, Seth Bauer und meinen Eltern Rhoda und Jack Seligson. Ich danke auch denen, deren Großzügigkeit mir meine Arbeit erleichtert hat, insbesondere Omar Douad, Mazen Hamadeen, Tim Allen, Bob Walsh, Michael London und Lora Brody.

Meine tief empfundene Dankbarkeit möchte ich meiner Lektorin Sydny Miner aussprechen. Als wir Haarschnitte zu vergleichen begannen, wusste ich, dass wir uns glänzend verstehen würden. Die Reise war mir vom Anfang bis zum Ende ein Vergnügen. Für ihre unermüdliche harte Arbeit, Freundschaft und Weisheit werde ich meiner Agentin Susan Ramer immer verpflichtet sein.

Schließlich möchte ich meinem besten Freund, Ratgeber, Gewährsmann, Tanzpartner, Spüler, Publicitymanager, Hofnarren, Therapeuten und meiner Muse danken. Sie sind alle ein und dieselbe Person: mein Ehemann Howie Schneider. Möge er mich weiterhin vorwärts stupsen.

Quellennachweis

Bibliographie

Abu-Lughod, Lila, *Veiled Sentiments. Honor and Poetry in a Bedouin Society,* University of California Press, 1986.

Ahmed, Akbar S., *Living Islam,* Facts on File, 1994.

Alford, Jeffrey and Naomi Duguid, *Flatbread and Flavors. A Baker's Atlas,* William Morrow, 1995.

Allen, Brigid, ed., *Food. An Oxford Anthology,* Oxford University Press, 1995.

Blaise, Clark and Bharati Mukherjee, *Days and Nights in Calcutta,* Doubleday, 1997.

Denzer, Kiko, *Build Your Own Earth Oven,* Hand Print Press, 2001.

Dupaigne, Bernhard, *The History of Bread,* Harry N. Abrams, 1999.

Guinaudeau, Madame, *Traditional Moroccan Cooking. Recipes from Fez,* Serif, 1994.

Hensperger, Beth, *Breads of the Southwest,* Chronicle Books, 1997.

Jacob, H. E., *Sechstausend Jahre Brot,* Rowohlt, 1954.

Jaffrey, Madhur, *A Taste of India,* Atheneum, 1988.

Lonely Planet Travel-Survival Kit, *Jordan & Syria,* Lonely Planet, 1997.

Mackintosh-Smith, Tim, *Yemen. The Unknown Arabia,* Overlook, 2000.

Mernissi, Fatima, *Dreams of Trespass,* Addison Wesley, 1994.

O'Brien, Edna, *Mein Irland,* dtv, 1999.

Ortiz, Joe, *The Village Baker,* Ten Speed Press, 1993.

Paz, Octavio, *Im Lichte Indiens,* Suhrkamp, 1999.

Sonnenfeld, Albert, *Food. A Culinary History,* Columbia University Press, 1999.

Trager, James, *The Food Chronology,* Henry Holt, 1995.

Ward, Sue, Claire Clifton and Jenny Stacey, *The Gourmet Atlas,* Macmillan USA, 1997.

Wells, Patricia, *The Food Lover's Guide to Paris,* 4th ed., Workman, 1999.

Wing, Daniel and Alan Scott, *The Bread Builders. Hearth Loaves and Masonry Ovens,* Chelsea Green, 1999.

Wood, Ed, *World Sourdoughs from Antiquity,* Ten Speed Press, 1996.